1위

가장 많은 수험생들이
선택하는 공무원 국어

공단기 국어 과목 패스 수강생 기준

선재국어가 제시하는 매일 학습 전략

전 범위 하프 모의고사
매일매일 꾸준한 문제 풀이

문제 풀이 속도를 높여
시간을 단축하게 하는 최고의 훈련

변화된 출제 기조에 맞춰
신유형, 추론형 독해 강화

2026 선재국어

신유형
매일 국어

3

이선재·선재국어연구소 편저

수비니겨

시간을 단축하기 위해서는 일상적인 훈련이 필요하다

가장 좋은 문제로 꾸준하게 훈련하라

인사 혁신처는 2025년도부터 공무원 9급 국어 시험의 출제 기조를 전환하면서, 지엽적인 지식형 문제의 출제를 지양하고 독해와 논리 등의 추론형 문제를 강화하고 있습니다. 이에 따라 앞으로의 공무원 국어 시험은 논리 영역을 새로이 공부해야 할뿐만이 아니라, 짧은 시간 안에 많은 지문을 정확하게 읽는 것이 무엇보다 중요하게 되었습니다.

2025년 국가직과 지방직 시험이 우리에게 던진 화두는 바로 '시간 단축'입니다. 풀이 시간을 단축하기 위해서는 강의만 많이 들어서도, 시험 직전에 몰아치기 식으로 학습만 해서도 안 됩니다. 가장 중요한 것은 **개념을 학습한 뒤에 양질의 문제로 꾸준히 훈련하는 것,** **이것만이 정확도를 높이고 풀이 시간을 단축할 수 있는 유일한 방법이라는 것**을 잊으면 안 됩니다.

그러므로 지금 수험생들에게 필요한 것은 바로 **국어 학습에 대한 부담을 줄이면서도 실전 감각을 더욱 예리하게 만드는, 효율적인 국어 학습 전략**일 것입니다. 《2026 신유형 매일 국어》는 일상적인 문제 풀이를 통해, **부담 없는 분량으로도 최대의 효과를 낼 수 있는 최고의 전략**이 되리라 확신합니다.

>> **언제라도 가능하다**: 개념 학습이 끝난 뒤 언제라도 시작할 수 있는

>> **학습 부담이 줄어든다**: 평상시에 국어의 감을 유지하며 실전 감각도 키울 수 있는

>> **신유형에 강하다**: 강화된 추론형 독해와 신영역 논리 문제를 다양하게 훈련할 수 있는

《2026 신유형 매일 국어》는 빠르게 이론을 정리한 뒤, 일정한 양의 문제를 체계적으로 풀 수 있도록 만들었습니다. 즉 **적절한 분량을 부담 없이 공부하면서 자신의 약점을 보강하여 변화하는 시험에 완벽하게 대비할 수 있도록** 구성한 것입니다. 하루에 **각각의 주제별로 신영역 논리, 추론형 독해, 문학 제재 지문, 실용 문법, 어휘 등의 문제를 모두 풀어 볼 수** 있으며, 한 시즌의 문제 풀이 안에 전 영역의 유형을 정리하고 이를 복습하도록 구성하였습니다.

《2026 신유형 매일 국어 1》은 기본 유형 편으로, 필수 개념과 유형을 확실하게 익히기 위한 문제들로 구성되어 있습니다. 수험생들이 낯설어 하는 논리 영역을 앞부분에 배치하고, 동일한 독해 유형을 집중적으로 풀어 보게 함으로써 하나의 유형을 확실하게 익힐 수 있도록 하였습니다. 또한 문제 순서를 기본서의 흐름과 동일하게 배치하여, 문제를 풀면서 자연스럽게 핵심 이론을 다시 복습할 수 있도록 하였습니다.

이어지는 《2026 신유형 매일 국어 2》는 독해가 취약한 수험생들이 생소한 제재에 익숙해질 수 있도록 제재별 지문 독해를 중심으로 구성하였습니다.

《2026 신유형 매일 국어 3》은 시즌 1과 2에서 익힌 기본 유형을 바탕으로 보다 다양한 유형과 실력형 문제를 풀며 자신의 약점을 보완할 수 있도록 구성하였습니다.

그리고 《2026 신유형 매일 국어 4》는 실전형 모의고사로 구성하여, 시험 직전 실전 감각을 최대한 갈고 닦을 수 있도록 하였습니다.

이렇듯 기본 개념에 대한 학습과 영역별 강화 학습, 그리고 신유형 및 추론형 강화 학습까지, 《2026 신유형 매일 국어》는 어떠한 문제가 나와도 흔들리지 않는 실력을 갖출 수 있도록 도와줄 것입니다.

가장 좋은 문제로, 가장 효율적인 방법으로 대비하라

더 이상 출제 기조에 맞는 좋은 문제를 찾기 위해 헤매지 마십시오. 더 이상 풀이 시간이 모자라는 것에 대해 두려워하지 마십시오. 우리의 꾸준한 훈련이 반드시 풀이 시간은 줄이고 정확도는 높일 것입니다.

우직하고 끈기 있게 목표를 향해 나아가는 수험생 여러분들을 위해, 저는 더욱더 좋은 문제와 자료로 합격을 앞당기기 위해 노력하겠습니다. 여러분의 땀과 노력이 합격이라는 소중한 열매로 맺어지기를, 진심으로 소망합니다.

2025. 7. 노량진 연구실에서

이선재

✦ ✦ ✦ 2026 《매일 국어》는 이렇게 나와요!

매일 국어 1

특징 | 국가직 / 지방직 시험과 난도 및 유형 동일

♦ 전 범위 유형 학습
♦ 동일한 문제 유형을 반복 훈련 ➊ 문풀 스킬 익히기
♦ 교재 순서에 따라 문제를 구성
　➊ 개념 복습 효과 극대화

회차당 문제 구성은 이렇게!

01 공문서 --→ 공무원 시험 1번은 너! 너부터 잡자
02 논리 ┐
03 논리 ┘ --→ 동일 유형 반복 풀기 예 생략된 전제만 반복
04 유형 독해 ┐
05 유형 독해 │
06 유형 독해 │ ┈→ • 어휘 + 복합 지문 포함
07 유형 독해 │ ┈→ • 다양한 지문으로, 동일 유형 반복 훈련
08 유형 독해 │ 　　예 내용 추론만 반복
09 유형 독해 ┘
10 문법 지문 --→ 빼먹지 말자, 문법 독해

매일 국어 2

특징 | 국가직 / 지방직 시험과 난도 및 유형 동일

♦ 제재별 독해 강화
　(인문, 철학, 시사, 경제, 과학, 문학 평론 등)
♦ 다양한 유형의 문제 + 제재별 지문 훈련
　➊ 지문 적응력 상승

회차당 문제 구성은 이렇게!

01 공문서(홀수 회차) + 문법 독해(짝수 회차)
02 논리 ┐
03 논리 ┘ --→ 다른 유형 섞어 풀기
04 제재 독해 ┐
05 제재 독해 │ ┈→ • 어휘 + 복합 지문 포함
06 제재 독해 │ ┈→ • 지문 제재는 동일하게, 유형은 다양하게
07 제재 독해 │ 　　예 과학 지문 - 순서 배열
08 제재 독해 │ 　　　　과학 지문 - 강화·약화
09 제재 독해 ┘ 　　　　과학 지문 - 내용 일치
10 문학 평론 지문 --→ 모든 시험에서 2지문 이상 출제됨.
　　　　　　　　　　 은근히 많이 나오고 은근히 정답률 낮음.

매일 국어 3

특징 | 다변화될 유형에 대비하기 위한 실력 확장용

♦ 기본형 문제 70% + 실력형 문제 30%
　➊ 한 단계 실력 UP
♦ 다변화된 신유형 문제 + 난도 있는 문제까지 대비
　➊ 어떠한 유형과 난도에도 흔들리지 않는 고득점!

회차당 문제 구성은 이렇게!

01 공문서(홀수 회차) + 문법 독해(짝수 회차)
02 논리 ┐
03 독해 │
04 독해 │ ┈→ • 다양한 유형의 기본형 문제
05 독해 │ ┈→ • 기본 독해, 추론형 독해, 어휘, 복합 지문 등
06 독해 │ 　　전 유형 포함
07 독해 ┘
08 실력 추론형 독해 ┐
09 실력 추론형 독해 │ --→ 난도 향상을 대비하는 실력형 문제
10 실력 논리 ┘

매일 국어 4

특징 | 실전 감각 최대치로 UP

♦ 실전형 하프 모의고사

회차당 문제 구성은 이렇게!

실전 감각과 풀이 속도를 높이는 하프 모의고사
┈→ 2025 국가직 & 지방직 시험과
　　똑같은 방식의 문제 배열로 실전 감각 높이기

✦ ✦ ✦ 차례

공무원 국어의 독보적 기준 선재국어가 제시하는 매일 학습 전략!

WEEK

1

매일 국어 01회

01 다음 보도 자료의 ㉠~㉣을 수정한 것으로 적절하지 않은 것은?

AI가 보이스 피싱 사기 대본을 분석해 범죄 조직을 잡는다

국립 과학 수사 연구원은 인공 지능[AI] 기술을 활용해 효율적인 보이스 피싱 수사를 도와주는 'AI 기반 음성 탐색 시스템[AIVOSS]'을 개발하고, 20○○년 하반기부터 전국 수사 기관에 ㉠ 본격 제공한다고 밝혔다.

'AIVOSS' 시스템은 음성을 문자로 바꾸어 수사관이 보다 빠르고 효율적으로 사건을 분석할 수 있도록 함으로써 ㉡ 크게 높일 수 있다. 해당 시스템은 단순한 기술 개발을 넘어 민생 범죄를 척결하기 위한 수사의 혁신 도구로 자리매김할 것으로 ㉢ 전망되어진다.

국립 과학 수사 연구원장은 "AIVOSS는 현장 수사관들의 실제 업무에 직접 도움을 주기 위한 실용적인 AI 활용 사례"라며, "현장의 목소리를 충분히 듣고, 수사의 특성과 신뢰성을 충분히 고려한 맞춤형 지원에 힘을 ㉣ 쏟겠다."라고 강조했다.

---

① ㉠은 수식 관계를 고려하여 '본격적으로'로 수정한다.

② ㉡은 생략된 성분이 없도록 '수사의 속도를 크게 높일 수 있다'로 수정한다.

③ ㉢은 과도한 피동 표현이므로 '전망된다'로 수정한다.

④ ㉣은 정확한 조사를 사용하여 '쏟겠다.'고'로 수정한다.

02 미술 대학에 다니는 철수는 다음 조건에 따라 다음 학기에 수강을 한다. 다음 중 철수가 다음 학기에 수강할 과목의 수는?

> ㉠ 기초 디자인이나 미술사 가운데 적어도 하나는 수강한다.
>
> ㉡ 기초 디자인을 수강한다면 색채학도 수강한다.
>
> ㉢ 조형 원리를 수강하지 않는다면 미술사도 수강하지 않는다.
>
> ㉣ 색채학은 수강하지 않는다.

① 1   ② 2

③ 3   ④ 4

03~04 다음 글을 읽고 물음에 답하시오.

물속에서 무거운 돌을 들어 본 경험이 한 번쯤 있을 것이다. 이때 돌의 무게는 물속 바닥에서 수면까지 들어 올릴 때가 수면에서 공중으로 들어 올릴 때보다 ㉠ 가볍게 느껴진다. 그 이유는 물속에서는 중력과는 반대 방향인, 위쪽으로 향하는 부력이 작용하기 때문이다.

돌이 물속 바닥에 있다는 것은 돌의 무게가 ㉡ 부력보다 크다는 것이다. 그런데 돌을 들어 올릴 때 가한 ㉮ 힘은 중력의 반대 방향으로 작용하는 힘이므로 부력과 합쳐지게 된다. 이렇게 합친 ㉯ 힘이 돌의 무게를 이기면 돌이 수면에 떠 있게 된다. 부력은 돌이 물속 몇 미터에 있느냐와 상관없이 일정하다. 그러므로 돌이 물 밖으로 드러나기까지 일정한 ㉰ 힘만 들이면 손쉽게 돌을 들어 올릴 수 있다.

그러나 돌의 윗면이 물 밖으로 나오는 순간부터는 상황이 달라진다. 이때부터는 부력이 달라지기 때문이다. 이를 이해하기 위해서는 부력이 물체에 의해 밀려난 물의 무게와 같다는 것을 알아야 한다. 물이 가득 찬 그릇 속에 돌을 수면 아래로 반쯤 잠기게 하면 물이 그릇을 흘러넘치는데, 이때 흘러넘친 물의 부피는 반쯤 잠긴 돌의 부피와 같다. 돌이 수면 밖으로 나오면, 물속에 잠긴 부분의 부피가 줄어들기 때문에 돌이 밀어내는 물의 양이 줄어든다. 부력은 물체가 밀어낸 물의 양에 비례하므로, 돌이 물 밖으로 나오면서 밀려난 물의 양이 ㉢ 줄어드는 결과 부력이 커진다. 돌이 수면 밖으로 나오게 되면 중력을 이겨 내기 위해서, 감소하는 ㉱ 힘만큼 팔에 힘을 가해 주어야 하기 때문에 ㉣ 물속에서 들어 올리는 것보다 더 어려운 것이다.

03 ㉠~㉣ 중 어색한 곳을 찾아 가장 적절하게 수정한 것은?

① ㉠: 무겁게 느껴진다

② ㉡: 부력보다 작다는 것이다

③ ㉢: 줄어드는 결과 부력이 작아진다

④ ㉣: 물속에서 들어 올리는 것보다 더 쉬운 것이다

04 ㉮~㉱ 중 문맥적 의미가 같은 것끼리 짝 지은 것은?

① ㉮, ㉯

② ㉮, ㉰

③ ㉯, ㉱

④ ㉰, ㉱

실력 ✓

05 다음 글에 나타난 A~C의 주장에 대한 평가로 적절한 것만을 〈보기〉에서 모두 고르면?

최근 인간의 유전자 수는 2만~2만 5천 개라고 밝혀졌다. 이것은 식물인 애기장대와 비슷하고 선충이나 초파리보다 겨우 몇 백 개에서 몇 천 개가 많은 데 불과하다. 여타의 생물과 확연하게 구별되는 탁월한 능력의 소유자인 인간이 유전자 수에서는 왜 다른 생물과 별 차이가 없는 것일까?

이에 대한 대답으로 A는 인간의 유전자가 슈퍼 유전자라고 주장했다. 인간의 유전자는 다른 생물보다 더 많은 단백질을 만들어 냄으로써 더 뛰어난 기능, 더 새로운 기능을 창조할 수 있다는 것이다. A는 인간과 침팬지의 기억 단백질을 만드는 유전자를 비교한 결과 인간 유전자의 기억 단백질을 만드는 능력이 침팬지의 그러한 능력보다 두 배나 높다는 사실을 밝혀냈다.

다음으로 B는 인간의 유전자 수는 선충, 초파리 등과 비슷하지만, 만들어진 단백질은 다른 생물의 단백질과는 달리 동시에 여러 가지 기능을 잘할 수 있다고 주장했다. 다시 말해 인간의 유전자는 축구 선수로 치면 공격, 수비, 허리를 가리지 않는 멀티플레이어라는 것이다.

또 인간의 단백질은 여러 개의 작은 단백질이 조합을 이루어 어떤 일을 하는 팀플레이 형태, 즉 다른 하등 생물에 비해 훨씬 분업화되고 전문화된 형태로 협력하도록 진화한 것이라는 C의 주장도 있다. 실제로 선충에는 하나의 거대한 단백질이 특정한 하나의 일을 하는 경우가 많다. 축구로 말한다면 뛰어난 개인기를 가진 스타가 혼자 경기를 이끌어 가는 것이다. 그러나 인간의 단백질은 여러 개의 작은 단백질들이 업무를 분담하여 전문적으로 자신의 역할을 수행한다는 것이다.

/ 보기 /

㉠ 기억 단백질을 만드는 유전자를 가지고 있는 인간의 기억력이 환경에 따라 달라진다면, A의 주장은 강화된다.

㉡ 한 단백질이 너무 많은 기능을 수행하면서 각각의 기능을 최적화하지 못하는 경우가 추가된다면, B의 주장은 약화된다.

㉢ 진화적 관점에서 인간의 복잡한 생리적 요구를 처리하는 데 단백질 분업화가 유리한 전략이 되었다면, C의 주장은 강화된다.

① ㉠, ㉡   ② ㉠, ㉢
③ ㉡, ㉢   ④ ㉠, ㉡, ㉢

06~07 다음 글을 읽고 물음에 답하시오.

근대 국어는 보통 임진왜란 직후인 17세기 초부터 19세기 말까지의 국어를 ㉠ 이른다. 이 시기 어휘의 특징 중 하나는 이전 시기인 중세 국어에 비해 한자어가 확대되었다는 것이다. 당시의 한자어에는 현대 국어의 그것과 의미가 다른 것도 적지 않았다. 또한 서양의 문물이 중국을 통해 ㉡ 들어왔기 때문에 이들도 새로운 한자어를 추가시켰는데, 대개 천문·지리·종교 등에 관한 어휘들이었다.

이 시기는 근본적으로 인지의 발달과 계급 사회의 동요로 어휘량이 늘어나 '고유어 - 한자어 - 외래어' 부문에서 모두 양적 확장을 보여 준다. 논리와 개념어 부문이 한자어에 의해 점령당한 것을 ㉢ 빼면, 고유어 중에서 감정을 표현하는 형용사나 부사만큼은 소설, 판소리, 시조, 가사, 잡가 등의 문학 작품을 통해 풍부하게 발전했다. 근대 시기에는 고유어의 한자에 의한 대치 현상 역시 심화되었는데, 중세의 《번역박통사》의 언해문에 나온 고유어가 근대에 나온 《박통사언해》에서 한자어로 ㉣ 바뀐 예가 이를 잘 보여 준다.

또한 이 시기 근대 문물의 수입과 함께 중국의 백화계, 즉 중국에서 쓰는 구어체 계열의 차용어들을 점차 수용하면서 외래어 차용이 증대하였다. 물론 이 시기에도 만주계, 일본어계 외래어도 조금씩 존재했었다. 그러나 이들은 미미한 정도이며 문화의 주된 공급처가 중국이었기에 '고유어 - 한자어 - 외래어'의 부문에서 외래어의 안정적 공급원은 생활 문물어를 중심으로 한 중국어였다.

06 이 글에서 추론한 내용으로 적절하지 않은 것은?

① 근대 국어 시기의 외래어는 중국에서 들어온 것이 대부분이었다.
② 근대 국어 시기에는 고유어, 한자어, 외래어의 수가 모두 증가하였다.
③ 근대 국어 시기에 한자어가 주로 쓰이는 특정 학문 분야가 존재하였다.
④ 《번역박통사》의 언해문에는 고유어가, 《박통사언해》에는 한자어가 제일 많이 쓰였다.

07 ㉠~㉣과 바꾸어 쓸 수 있는 유사한 표현으로 적절하지 않은 것은?

① ㉠: 지칭한다
② ㉡: 전래되었기
③ ㉢: 제외하면
④ ㉣: 차용된

실력 ⊘

08 ㉠과 ㉡에 들어갈 말로 가장 적절한 것은?

방사성 원소의 붕괴는 원자 번호가 83을 초과하여 불안정해진 원자핵이 자발적으로 알파선, 베타선 등의 방사선을 방출하여 안정된 다른 종류의 핵으로 변환하려는 현상이다.

알파 붕괴란 알파선을 방출하는 방사성 원소의 붕괴로, 질량수가 큰 불안정한 원자핵들이 질량수가 작은 안정된 원자핵으로 변환되는 것이다. 이때 방출되는 알파선은 헬륨의 원자핵인데, 이것은 두 개의 양성자와 두 개의 중성자로 이루어져 있다. 따라서 방사선 원소가 알파 붕괴를 하면 양성자와 중성자의 수가 그만큼 줄어든다. 가령 92개의 양성자와 146개의 중성자를 가진 우라늄 238이 알파 붕괴를 하면 [㉠   ]를 가진 토륨이 된다.

베타선을 방출하는 베타 붕괴는 중성자가 양성자보다 지나치게 많은 불안정한 원자핵이 중성자의 수를 줄여 보다 안정된 원자핵으로 변환되는 것이다. 베타 붕괴를 할 때에는 원자핵에 있는 중성자가 각각 1개의 양성자와 전자로 변한 다음, 양성자는 핵에 그대로 남고 전자만 외부로 방출된다. 이 경우 사라지는 중성자 대신 양성자가 하나 생기게 되므로 양성자와 중성자의 합은 변화가 없다. 가령 55개의 양성자와 82개의 중성자를 가진 세슘이 베타 붕괴를 하면 [㉡   ]를 가진 바륨이 된다.

① ㉠: 94개의 양성자와 146개의 중성자
   ㉡: 56개의 양성자와 81개의 중성자

② ㉠: 94개의 양성자와 146개의 중성자
   ㉡: 54개의 양성자와 83개의 중성자

③ ㉠: 90개의 양성자와 144개의 중성자
   ㉡: 56개의 양성자와 81개의 중성자

④ ㉠: 90개의 양성자와 144개의 중성자
   ㉡: 54개의 양성자와 83개의 중성자

09 다음 글을 이해한 내용으로 가장 적절한 것은?

> 집단주의와 개인주의의 구분 기준으로 공통적으로 추출되는 요인들 중 하나는 집단을 구성하는 개인과 개인의 상호 의존성이다. 개인을 타자와의 관계 속에서 상호 의존적으로 파악하는 집단주의 문화에서는 집단적 자기 개념이 발달하므로 나 이외 집단에 대한 동조와 순응성에 높은 가치가 부여된다. 그러나 개인주의 문화에서는 개인을 상황과 분리된 자율적, 독립적 존재로 간주하므로 독립적 자기 개념이 발달한다. 전자에서 개인은 집단 안에서 타자와의 관계성에 귀속된 존재이지만 후자에서 개인은 관계 밖의 독립적 존재이다.
>
> 집단주의-개인주의라는 문화적 차이는 부모의 양육 태도에 영향을 미치며, 이러한 양육 태도는 다시 유아의 집단주의적 혹은 개인주의적 성향 형성에 결정적인 역할을 한다. 집단주의 사회는 공감과 동정 등의 타인 중심적 정서 표현을 격려하는 반면 분노와 자부심 등의 자기중심적 정서 표현은 억제한다. 반대로 개인주의 사회에서는 긍정적 정서든 부정적 정서든 솔직하고 직접적인 표현을 격려한다. 상호 조화를 강조하는 집단주의 문화권의 아동이 개인주의 문화권의 아동보다 더 이타적이고 타인 지향적이다. 개인 지향적 문화는 개인의 가치와 자율성이 자기 효능감과 친사회적 행동을 강화하는 반면, 집단 지향적 문화에서는 친사회적 행동이 사회적 복종과 의무에 더 의존하는 것으로 나타난다.

① 집단주의와 개인주의는 세대를 거치며 양육 과정을 통해 전승된다.
② 집단주의 문화에서와 달리 개인주의 문화에서의 개인은 이기적이다.
③ 개인주의와 집단주의 중 집단 구성원 간의 상호 의존성을 강조하는 것은 전자이다.
④ 집단주의 사회에서는 개인의 정서 표현을 모두 억제하지만, 개인주의 사회에서는 개인의 정서 표현을 격려한다.

실력 ⌄

10 다음 글의 밑줄 친 결론을 이끌어 내기 위해 빈칸에 추가해야 할 것은?

- 광주로 출장을 가는 사무관 중 몇 명은 대전으로 출장을 간다.
- 부산으로 출장을 가는 사무관은 모두 천안으로 출장을 간다.
- [   ].
- 따라서 광주로 출장을 가는 사무관 중 몇 명은 천안으로 출장을 간다.

① 부산으로 출장을 가지 않는 사무관은 아무도 대전으로 출장을 가지 않는다

② 천안으로 출장을 가는 사무관 중 몇 명은 대전으로 출장을 간다

③ 대전으로 출장을 가는 사무관은 모두 광주로 출장을 간다

④ 대전으로 출장을 가지 않는 사무관 중 몇 명은 부산으로 출장을 가지 않는다

01 다음 글에서 추론한 내용으로 적절한 것은?

> 소리의 소릿값은 음성 환경에 따라 바뀔 수 있다. 어떤 음운이 그 놓이는 음성 환경에 따라 다른 음운으로 바뀌는 현상을 음운 변동이라고 한다.
>
> 음운 변동은 일반적으로 변동의 결과 표면적으로 나타나는 분절음 차원의 변동 양상에 따라 교체, 탈락, 첨가, 축약으로 나뉜다. '교체'는 '무릎 → [무릅], 먹는 → [멍는], 물난리 → [물랄리]'와 같이 어떤 음운이 다른 음운으로 바뀌는 현상을 가리키고, '탈락'은 '닭 → [닥], 낳-+-은 → [나은], 쓰-+-어 → [써]'와 같이 원래 있던 한 음운이 없어지는 현상을 말한다. 그리고 '눈요기 → [눈뇨기]'와 같이 없던 음운이 추가되는 것을 '첨가'라고 하고, '놓고 → [노코], 먹히다 → [머키다]'와 같이 두 개의 음운이 합쳐져서 하나로 되는 것을 '축약'이라고 한다.
>
> 한 단어 내의 음운 변동은 여러 유형이 함께 나타날 수도 있다. 예를 들어 '가을일[가을닐] → [가을릴]'은 '첨가'와 '교체'의 두 가지 유형의 음운 변동이 나타난다.

① 음운 변동은 자음 사이에서만 나타나고 모음 사이에서는 나타나지 않는다.
② '물약[물냑] → [물략]'에서는 첨가와 교체의 두 가지 유형이 나타난다.
③ '부엌[부억]'에서는 교체가, '부엌을[부어클]'에서는 축약이 나타난다.
④ '흙[흑]'에서는 어떤 음운이 다른 음운으로 바뀌는 현상이 나타난다.

02 ㉠와 ㉡를 전제로 할 때, 빈칸에 들어갈 결론으로 가장 적절한 것은?

> ㉠ 요리에 관심이 있는 사람 중 일부는 식자재에 관심이 있다.
> ㉡ 요리에 관심이 있는 사람은 모두 운동에 관심이 없다.
> 따라서 [   ].

① 요리에 관심이 없는 사람은 모두 운동에 관심이 있다

② 운동에 관심이 있는 사람은 모두 식자재에 관심이 없다

③ 운동에 관심이 있는 사람 중 일부는 식자재에 관심이 없다

④ 식자재에 관심이 있는 사람 중 일부는 운동에 관심이 없다

03~04 다음 글을 읽고 물음에 답하시오.

해상에 기름 유출 사고가 일어나면 유출된 기름의 확산을 방지하기 위해 오일펜스를 설치한 후 유출된 기름을 회수하게 된다. 회수 방법에는 물리적 방법과 화학적 방법이 있다. 이 중 물리적 방법에는 유회수기와 흡착포 사용 방법이 있는데, 유회수기와 흡착포 중 ㉠ 전자는 해상에 유출된 기름을 흡입 방식으로 수거하는 장비이고, ㉡ 후자는 폴리프로필렌 재질의 섬유로 만든 압축 솜이다. 화학적 방법으로는 유처리제나 유겔화제를 오염 지역에 뿌리는 방법이 있다. 유처리제나 유겔화제 중 기름을 분산시키는 화학 물질은 ㉢ 전자이다. ㉣ 후자는 바다에 넓게 퍼져 있는 기름을 서로 달라붙게 하는 화학 물질이다.

유회수기는 유출된 기름의 점도가 높거나 덩어리가 된 상태, 주변에 부유물이 많은 경우 등에는 사용하기 어렵다. 또한 해안에서도 수면이 낮아 배를 띄울 수 없어서 이를 사용할 수 없다. 이 경우에는 유회수기와 흡착포 중 ㉤ 후자가 적합하다. 폴리프로필렌은 기름과 친하고 물을 싫어하기 때문에 기름만 빨아들인다. 노동력은 많이 들지만 친환경적이다. 그러나 수심이 깊은 곳에서는 이 방법을 사용하기 어렵다는 단점이 있다. 한편 기름이 유출된 후 오랜 시간이 지나서 유막이 얇게 확산되었거나, 처음부터 유출량이 적어서 유막이 얇게 형성된 경우에는 물리적 방법보다 유처리제를 사용하는 방법이 훨씬 효과적이다. 그러나 이것은 기름의 분산 속도를 높일 뿐 기름을 완전히 없애지는 못한다. 이때는 유겔화제를 사용한다. 유겔화제를 사용하여 해상의 기름이 서로 달라붙게 한 뒤 최종적으로 유회수기나 흡착포를 사용하여 기름을 제거하는 것이다. 그런데 화학적 방법은 화학 물질을 이용하기 때문에 2차 환경 오염을 일으킬 수 있다는 문제가 지적되고 있다.

03 이 글에서 이해한 내용으로 가장 적절한 것은?

① 유회수기와 유처리제는 2차 환경 오염을 일으킬 수 있다.
② 폴리프로필렌으로 만들어진 흡착포는 물과 기름을 모두 흡수한다.
③ 유겔화제 사용 후 유출된 기름을 회수하려면 물리적 방법이 추가적으로 필요하다.
④ 기름을 서로 결합시킬 때는 유처리제를, 기름을 분산시킬 때는 유겔화제를 사용한다.

04 ㉠~㉤ 중 지시하는 바가 같은 것끼리 짝 지은 것은?

① ㉡, ㉤
② ㉢, ㉣
③ ㉠, ㉢, ㉣
④ ㉡, ㉣, ㉤

05 〈개요〉의 빈칸에 들어갈 내용으로 적절하지 않은 것은?

／ 개요 ／

제목: 층간 소음 문제의 발생 원인과 개선 방안 모색

1장. 층간 소음의 실태

    1. 이웃 간 갈등의 격화

    2. 거주자의 정신적·신체적 스트레스

    3. 법적 분쟁으로 인한 사회적 비용 증가

2장. 층간 소음 발생의 원인 분석

    1. 층간 소음에 대한 인식 차이와 소통 부재

    2. 건축 구조적 결함

    3. 분쟁 해결 시스템 미비

3장. 층간 소음 개선을 위한 방안

    [   ]

---

① 분쟁 조정 기관 확충

② 방음 기준 및 설계 기준 강화

③ 갈등 중재 기구 및 소통 프로그램 도입

④ 주거 환경 개선과 삶의 질 증진

06~07 다음 글을 읽고 물음에 답하시오.

백신 접종은 병원체를 무해한 형태로 만든 백신 항원을 체내에 투여해 면역계를 자극하는 행위이다. 이때 기억 B 세포라는 체내의 면역 세포가 항원을 인식하고, 이에 대응하는 항체를 생성한다. 생성된 항체는 해당 병원체에 반응하며, 실제 감염이 일어났을 때 빠르게 공격할 수 있도록 한다. 백신은 이 과정을 연습시키고 기억하게 만드는 것이다. 그러면 백신을 1·2차로 접종할 때 어느 팔에 맞아야 더 빠르고 효과적인 면역 반응을 유도할 수 있을까?

연구 팀은 이전 연구에서 항체 반응에 핵심 역할을 하는 기억 B 세포가 주사 부위에 가장 가까운 림프절에 오래 남아 있다는 사실을 발견했다. 이후 연구 팀은 이번 생쥐 실험을 통해 백신을 접종하면 기억 B 세포가 가장 가까운 림프절 외곽 층으로 이동해 그곳의 대식 세포와 상호 작용한다는 사실을 발견했다. 또 같은 위치에 추가 접종을 하면 그 대식 세포가 항원을 효율적으로 포착하고 기억 B 세포를 활성화해 항체 형성 반응이 신속하고 강하게 일어나게 유도하는 것으로 밝혀졌다. 그러나 주사 부위에서 멀리 떨어져 있는 림프절에서는 대식 세포와 기억 B 세포 간 상호 작용이 신속하게 일어나지 않았다.

연구 팀은 이 결과가 사람에게도 그대로 나타난다는 사실을 알아냈다. 즉 이들은 실험 참가자들에게 백신을 접종하면서 일부 집단에는 1·2차 접종을 서로 다른 팔에 하고, 나머지 집단에는 같은 팔에 주사하는 임상 시험을 했다. 그 결과 _____ 으로 나타났다.

06 이 글에서 추론한 내용으로 가장 적절한 것은?

① 백신을 접종하면 체내에 투여된 항체로 인해 면역계는 이에 대응하는 항원을 생성한다.

② 첫 접종과 추가 접종 사이의 시간을 줄일수록 빠르고 효과적인 면역 반응을 유도할 수 있다.

③ 첫 접종 부위와 가까운 림프절에 있는 대식 세포는, 동일한 위치에 추가 접종 시 백신 반응을 효과적으로 유도한다.

④ 첫 접종 때와 달리 추가 접종 시에는 기억 B 세포의 역할이 없어도 항체 형성 반응이 신속하게 일어난다.

07 빈칸에 들어갈 내용으로 가장 적절한 것은?

① 전자의 참가자들이 후자의 참가자들보다 바이러스에 대한 항체를 빠르게 생성하는 것

② 전자의 참가자들보다 후자의 참가자들이 바이러스에 대한 항체를 빠르게 생성하는 것

③ 전자의 참가자들과 후자의 참가자들 모두 바이러스에 대한 항체를 빠르게 생성하는 것

④ 전자의 참가자들과 후자의 참가자들 모두 바이러스에 대한 항체를 생성하지 못하는 것

08 다음 글에 대한 이해로 적절하지 않은 것은?

숏(shot)들을 연결하여 영화의 장면을 완성하는 것이 몽타주라고 한다면 각 숏을 다양한 시청각적 요소로 구성하는 것이 미장센이다. 미장센은 단순히 단일한 숏을 시청각적 요소로 구성하는 화면 구성이 아니다. 그 이유는 영화가 여러 개의 움직이는 이미지인 숏들로 연결하여 장면을 구성하기 때문이다. 예를 들어 두 사람의 대화 장면에서 한 사람을 왼쪽으로 향하게 배치한 이유는 다음 숏의 상대방이 오른쪽으로 향해 있기 때문이다. 즉 한 숏은 다음 숏과의 관계 속에서 그 구성이 결정된다. 물론 하나의 신을 하나의 숏으로 연출하는 원 신 원 컷(one scene one cut)의 경우 단일한 숏으로 미장센이 이루어진다. 이 경우 컷을 하지는 않지만 카메라 움직임을 통해 다양한 크기의 숏을 보여 주는 효과를 줄 수 있다. 그리고 원 신 원 컷으로 구성된 신도 다른 신의 숏과 연결되므로 결국 숏과 숏의 연결이라고 할 수 있다.

몽타주는 좁은 의미에서 숏들의 연결과 조합이지만 넓은 의미에서는 '단일한 숏 안의 다양한 요소들을 모으다.'라는 의미를 가질 수 있다. 충돌 몽타주*로 유명한 예이젠시테인의 논문 〈영화의 형식〉이 있다. 영화 〈전함 포툠킨〉(1925)의 오데사 계단 시퀀스를 보면, 군인들의 총격 장면과 시민들의 공포, 아기의 유모차가 굴러가는 장면이 교차되고 충돌하면서 잔혹성과 비극이 극대화된다. 이를 통해 예이젠시테인에 있어 몽타주는 숏과 숏의 연결뿐 아니라 숏 자체의 그래픽적인 구성도 포함함을 알 수 있다. 그러므로 몽타주는 넓은 의미에서 미장센의 상대적인 개념이 아니라 미장센을 포함하는 영화 연출 자체로 해석할 수 있다.

* 충돌 몽타주: 단순히 장면을 이어 붙이는 것이 아니라, 서로 충돌하는 이미지들을 병치하여 관객의 감정과 사고를 자극하는 편집 기법

① 미장센은 그래픽적인 요소를 포함한 숏들을 서로 연결하는 영화 연출 기법을 말한다.
② 원 신 원 컷의 경우에도 신이 끝난 이후에 바로 다른 숏과 연결되어 영화가 전개된다.
③ 미장센은 몽타주 안에 속한 개념으로 다음에 올 숏과의 연결 관계를 고려한다.
④ 충돌 몽타주로 다양한 요소들의 충돌을 이용하여 극적인 상황을 연출할 수 있다.

실력 ⊙

09 다음 글의 A와 B의 주장에 대한 평가로 가장 적절한 것은?

A: 근대화란 곧 산업화이고, 산업화는 농촌을 벗어난 농민들이 도시의 임금 노동자가 되어 가는 과정이다. 토지에 얽매이지 않으며 노동력 말고는 팔 것이 없는 이들은 '자유로운 노동자'라고 부를 수 있다. 이들 중에서 한 사람의 임금으로 가족 전부를 부양할 수 있을 만큼의 급여를 확보한 특권적인 노동자가 나타난다. 이 노동자가 한 집안의 가장 혹은 '빵을 벌어오는 사람'이다. 이렇게 자신과 가족의 생활을 유지할 만큼 급여를 받는 피고용자를 정규직이라 부른다. 그 급여 수준이 어느 정도인지, 일주일에 몇 시간을 노동해야 하는지에 대해서는 역사적으로 각 사회의 '건강하고 문화적인' 생활 수준과 노사 협의를 통해서 결정된다. 산업화가 지속적으로 진전되면 세상의 모든 사람은 정규직 임금 노동자가 된다.

B: 산업화가 진전됨에 따라 노동자들이 크게 핵심부, 반주변부, 주변부로 나뉜다. 핵심부에 속하는 노동자들은 혼자 벌어 가정을 유지할 만큼의 급여를 확보하는 정규직 노동자들인데, 이들의 일자리는 사회적 희소재로서 앞으로는 늘어나지 않을 것으로 예측된다. 그 대신에 반주변부에는 정규직보다 급여가 낮은 비정규직을 포함하는 일반 노동자들이, 그리고 시장 바깥의 주변부에는 실업자를 포함해서 반주변부보다 열악한 상황에 놓인 노동자들이 계속해서 남아돌게 될 것이다.

① 현대 산업 사회에서 최저 임금을 받는 정규직 노동자들이 존재한다면, A의 주장은 강화된다.
② 일제 강점기에 근대화가 진행됨에 따라 임금 노동자로 전환된 농민들의 수가 증가했다면, A의 주장은 약화된다.
③ 산업화가 진전된 선진국의 모든 기업들에서 정규직 채용을 회피하는 경향이 나타난다면, B의 주장은 강화된다.
④ 산업화가 진행될수록 임금 체계가 보다 세분화되고 있다면, B의 주장은 약화된다.

실력 ⊙

10 다음은 마을 행사에 참석하는 주민 센터 직원들의 참석 여부이다. 다음이 참일 때, 결론을 이끌어 내기 위해 빈칸에 추가해야 할 정보로 가장 적절한 것은?

- 김 팀장은 참석하지 못하고 동장이 참석하면, 정 주무관도 참석한다.
- 정 주무관은 참석하지 못한다.
- 김 팀장이 참석하면 이 팀장도 참석한다.
- [   ].

따라서 동장은 참석하지 못한다.

① 김 팀장이 참석한다

② 이 팀장이 참석하지 못한다

③ 김 팀장이 참석하거나 동장은 참석하지 못한다

④ 동장이 참석하지 못하면 이 팀장은 참석한다

실력 ⏷

01 〈공공 언어 바로 쓰기 원칙〉에 따라 수정한 것으로 적절하지 않은 것은?

공공 언어 바로 쓰기 원칙

- 표현의 정확성
  ㉠ 문맥에 맞는 정확한 단어를 사용함.
  ㉡ 부적절한 피동·사동 표현에 유의함.

- 여러 뜻으로 해석되는 표현 삼가기
  ㉢ 하나의 뜻으로 해석되는 문장을 사용함.

- 대등한 것끼리 접속
  ㉣ '-고', '-(으)며', '와/과' 등으로 접속되는 말에는 구조가 같은 표현을 사용함.

① "A시는 청사 일부를 식당 및 은행 등에 임차하여 사용료를 거두고 있다."를 ㉠에 따라 "A시는 청사 일부를 식당 및 은행 등에 임대하여 사용료를 거두고 있다."로 수정한다.

② "행정 안전부는 취약 계층의 안전 관리를 위해 스마트 기기를 활용한 실시간 응급 상황 대처 기술을 발전시킬 계획이다."를 ㉡에 따라 "행정 안전부는 취약 계층의 안전 관리를 위해 스마트 기기를 활용한 실시간 응급 상황 대처 기술을 발전할 계획이다."로 수정한다.

③ "행정 안전부는 '환경의 날'을 맞이하여 안전하고 편리한 폐의약품의 처리 방법을 안내하였다."를 ㉢에 따라 "행정 안전부는 '환경의 날'을 맞이하여 폐의약품의 안전하고 편리한 처리 방법을 안내하였다."로 수정한다.

④ "이번 협약을 계기로 ○○○부는 현장 사례 조사와 바람직한 시간제 근무 모델을 보급한다."를 ㉣에 따라 "이번 협약을 계기로 ○○○부는 현장 사례를 조사하고 바람직한 시간제 근무 모델을 보급한다."로 수정한다.

02 다음 중 논증의 결론이 전제로부터 반드시 참으로 도출되는 것만을 모두 고른 것은?

⊙ 철수가 강의실에 있거나 영희가 강의실에 있지 않다. 그런데 영희가 강의실에 있다는 사실이 밝혀졌다. 따라서 철수는 강의실에 있을 것이다.

ⓛ 태풍이 오거나 눈이 휘몰아친다. 태풍이 온다면 배가 들어올 것이다. 눈이 휘몰아쳐도 배가 들어올 것이다. 따라서 배는 들어올 것이다.

ⓒ 해외여행객들은 대부분 과소비를 한다. 이번 겨울에 철수는 해외여행을 갔다. 그러므로 철수는 과소비를 했을 것이다.

ⓔ 금붕어는 아가미로 숨을 쉰다. 송사리도 아가미로 숨을 쉰다. 메기도 아가미로 숨을 쉰다. 따라서 모든 물고기는 아가미로 숨을 쉰다.

① ㉠, ㉡

② ㉠, ㉢

③ ㉢, ㉣

④ ㉠, ㉢, ㉣

03~04 다음 글을 읽고 물음에 답하시오.

대다수의 사람들은 실패 앞에서 위축되고, 그 고통스러운 시간이 빨리 지나가기만을 바란다. 그렇다면 타인의 실패는 어떻게 바라볼까? 이를 알아보기 위해 한 연구 팀이 **실험**을 진행했다. ㉠ 이들은 실험 참여자들을 경험자와 예측자 집단으로 나누어 서로 다른 과제를 수행하게 했다. 경험자들은 생소한 고대 문자 퀴즈(총 3문제)를 두 라운드에 걸쳐 각각 풀었다. ㉡ 이들은 최종 정답을 확인하는 2라운드 전에, 1라운드에서 틀린 문제에 대한 설명을 담은 피드백을 볼지 말지를 선택할 수 있었다. 연구 팀은 ㉢ 이들이 확인하는 피드백의 수와 2라운드에서의 정답 수를 측정했다. 예측자 집단은 경험자 집단이 수행하는 과제에 대한 설명을 들은 후, 1라운드에서 경험자들이 몇 개의 피드백을 확인할지, 2라운드에서는 몇 문제를 맞힐지 예측하도록 했다.

실험 결과, ㉣ 이들은 경험자들이 피드백을 확인하는 정도를 실제보다 과대평가하는 것으로 나타났다. 평균적으로 경험자들은 1개의 피드백만을 확인했지만, 예측자들은 3개의 피드백을 모두 확인할 것이라고 예상했다. 즉 실패 당사자가 실제로 실패에 쏟는 관심과 예측자들이 기대하는 관심 수준 사이에 간극이 존재했다. 더 나아가, 예측자들은 경험자들이 2라운드에서 거둔 실제 성공, 즉 평균 1.86개의 정답 역시 과대 추정하여 평균 2.42개의 정답을 맞힐 것으로 예상했다. 이 결과는 우리가 자신의 실패를 평가할 때와는 달리 '타인은 실패에 대해 실제보다 훨씬 더 많은 주의를 기울이고, 실패로부터 더 많이 배우며, 그 결과 더 쉽게 성공할 것'이라는 과도한 기대를 가지고 있음을 보여 준다.

03 이 글의 '실험'에 대한 추론으로 가장 적절한 것은?

① 예측자 집단은 경험자 집단이 피드백에 관심이 없을 것이라고 예상했다.
② 경험자 집단 중 피드백을 선택한 사람이 그렇지 않은 사람보다 문제를 더 많이 맞혔다.
③ 경험자 집단은 예측자 집단이 예상한 것보다 더 많이 실패했다.
④ 대다수의 사람들은 자기의 실패와 타인의 실패를 모두 긍정적인 것으로 바라본다.

04 문맥상 ㉠~㉣ 중 지시 대상이 같은 것만으로 묶인 것은?

① ㉠, ㉣
② ㉡, ㉢
③ ㉠, ㉡, ㉢
④ ㉡, ㉢, ㉣

05 ㉮~㉱의 전개 순서로 가장 자연스러운 것은?

㉮ 과시 소비란 자신이 경제적 또는 사회적으로 남보다 앞선다는 것을 여러 사람들 앞에서 보여 주려는 본능적 욕구에서 나오는 소비를 말한다.

㉯ 요사이 우리 주변에는 남의 시선은 전혀 의식하지 않은 채 나만 좋으면 된다는 식의 소비 행태가 날로 늘어나고 있다. 이를 가리켜 흔히 우리는 과소비라는 말을 많이 사용하는데, 경제학에서는 과소비와 비슷한 말로 과시 소비라는 용어를 사용한다.

㉰ '모방 본능'은 필연적으로 모방 소비를 부추긴다. 모방 소비란 내게 꼭 필요하지도 않지만 남들이 하니까 나도 무작정 따라 하는 식의 소비이다. 이는 마치 남들이 시장에 가니까 나도 장바구니를 들고 덩달아 나서는 격이다. 이러한 모방 소비는 참여하는 사람들의 수가 대단히 많다는 점에서 과시 소비 못지않게 큰 경제 악이 된다.

㉱ 그런데 문제는 정도에 지나친 생활을 하는 사람을 보면 이를 무시하거나 핀잔을 주어야 할 텐데, 오히려 없는 사람들까지도 있는 척하면서 그들을 부러워하고 모방하려고 애쓴다는 사실이다. 이러한 행동은 모방 본능 때문에 나타난다.

① ㉮ - ㉰ - ㉱ - ㉯
② ㉮ - ㉱ - ㉰ - ㉯
③ ㉯ - ㉮ - ㉱ - ㉰
④ ㉯ - ㉱ - ㉰ - ㉮

06 ⊙~@을 수정하는 방안으로 적절하지 않은 것은?

> 아파트를 제외한 주택에서 현관문의 여닫는 방향을 결정하는 요인은 ⊙ <u>공간 확보의 측면이 강하지 않다</u>. 신발을 벗어 둘 공간이 필요한 것이다. 만약 현관문이 안쪽으로 열린다면 문을 열 때마다 현관의 신발들이 이리저리 쓸려 다닐 것이다. 그리고 아파트 현관문의 여닫는 방향을 결정하는 요인은 건물 내의 화재 같은 ⓒ <u>비상시 대피의 측면과는 관계가 없다</u>. 아파트는 여러 세대가 밀집해서 사는 공동 주택이다. 그렇기 때문에 문의 여닫는 방향은 사람들의 대피가 수월하도록 반드시 피난 방향으로 열리게 법으로 규정하고 있다.
>
> ⓒ <u>이와 비슷한 예를</u> 극장이나 공연장같이 사람들이 동시에 많이 모이는 장소에서 찾을 수 있다. 극장 문은 보통 바깥쪽으로 열리도록 되어 있으며, 이는 비상시 많은 사람들이 한꺼번에 밖으로 대피하기 쉽도록 문의 방향을 바깥쪽으로 향하게 한 것이다.
>
> 행동 과학의 측면에서 보면 어떨까? 간단한 일상의 예로 이해해 보자. 민형의 어머니는 밤 늦도록 공부하는 수험생 아들을 위해 간식을 준비하고 아들의 방문을 노크한다. 그 순간 방 안에서 공부하던 민형이는 졸음을 떨치려고 방문을 열고 나온다. 문이 바깥쪽으로 열린다면 민형이는 방문 앞의 어머니와 부딪치게 될 것이다. 이와 같은 사례로 알 수 있듯이 방문을 @ <u>바깥쪽으로 열리도록 한 것은</u> 방문이 열릴 때 방 밖에 있을지도 모르는 사람을 배려하기 위한 것이다.

① ⊙: 공간 확보의 측면이 강하다
② ⓒ: 비상시 대피의 측면이 강하다
③ ⓒ: 이와 다른 예를
④ @: 안쪽으로 열리도록 한 것은

07 ㉠과 문맥적 의미가 가장 유사한 것은?

제조물의 결함으로 손해가 발생한 경우에 제조업자는 다음 중 어느 하나를 입증하면 손해 배상 책임을 면할 수 있다. 첫째, 제조업자가 해당 제조물을 공급하지 아니한 사실, 둘째, 제조 업자가 해당 제조물을 공급한 때의 과학·기술 수준으로는 결함의 존재를 발견할 수 없었다는 사실, 셋째, 제조업자가 해당 제조물을 공급할 당시의 법령이 정하는 기준을 준수함으로써 제 조물의 결함이 발생한 사실 등이다. 그 밖에 원재료 또는 부품 제조업자의 경우에는 해당 원 재료 또는 부품을 사용한 제조물 제조업자의 설계 또는 제작에 관한 지시로 인하여 결함이 발 생하였다는 사실을 입증하면 책임을 지지 않아도 된다. 그러나 면책 사유에 해당하더라도 제 조업자가 제조물의 결함을 ㉠알면서도 적절한 피해 예방 조치를 하지 않은 경우, 또는 주의 를 기울였다면 충분히 알 수 있었을 결함을 발견하지 못한 경우에는 책임을 피할 수 없다.

① 그 사람은 돈만 <u>아는</u> 구두쇠였다.
② 그들은 이미 서로 <u>알고</u> 지내는 사이였다.
③ 이 문제는 당신이 <u>알아서</u> 처리해 주십시오.
④ 기침 소리에 누군가 방에 있다는 것을 <u>알게</u> 되었다.

08~09 다음 글을 읽고 물음에 답하시오.

사람들은 '예술은 표현이다.'라고 말하는 표현주의자들의 말에 대체로 공감한다. 표현주의자들은 무용수가 신체를 통해 지금 무언가를 표현하고 있고, 그것을 관객이 있는 그대로 이해해야 한다고 생각한다. 그러나 작품의 분석에만 너무 집착하는 것은 좋은 방법이 아니다.

콜링우드라는 미학자는 예술가들의 '상상'과 '표현'을 지나치게 강조하여 ㉠이들의 마음 안에 창조된 상태가 진정한 예술 작품이라고 했다. 그러나 관객이 예술가들과 아무리 깊은 상호 교감을 갖고 있다 하더라도 ㉡이들의 완벽한 의도를 이해할 수는 없다. 인간은 같은 사물을 보더라도 각각 자신의 경험, 관심, 이해도, 목표 등에 따라 서로 다른 미적 객관화 과정을 가지기 때문이다. 또한 《뉴욕 타임즈》의 최초 무용 비평가였던 존 마틴은 무대 위 무용수들의 움직임과 관객의 감각 기관을 연결하는 '메타키네시스' 이론을 주장하기도 했다. 이 이론의 골자는 '무용수가 무대 위에서 추는 동작에 대한 느낌을 관객인 당신도 공유한다.'라는 것이다. 예술가의 이심전심(以心傳心)이랄까? 그러나 이 이론은 1930년대 현대 무용을 설명하기 위한 의욕적인 시도이긴 하지만 관객과 예술을 묶는 연결 고리는 모호하게 해석하고 있다.

결국 관객은 '반드시 저 표현의 의미를 알아야 한다.'라는 강박 관념에 빠질 필요가 없다. 무용수와 같은 예술가들은 어떤 메시지를 강요하기 위해서 춤을 추는 것이 아니다. 굳이 단순한 메시지의 전달이 필요했다면 언어라는 정교한 도구를 두고 왜 신체의 움직임이라는 비효율적인 방법을 동원했겠는가? ㉢이들은 자신의 신체가 공간과 마찰하며 그려 내는 에너지의 그림을 관객들이 즐기기 바라며, 그 과정에서 자연스럽게 흘러나오는 ㉣이들의 해석을 중요하게 생각한다. 왜냐하면 예술은 '예술가의 독백이 아니라 말을 주고받는 것'이며, 예술가의 작업은 '관객과 함께 대화를 나누는 과정'에서 완성되기 때문이다.

실력 ✅

08 이 글에 대해 평가한 내용으로 가장 적절한 것은?

① 관객이 무용수의 움직임을 보면서 자신의 몸에서도 유사한 감각을 경험한다면, 존 마틴의 주장은 약화된다.

② 창작자의 경험뿐만 아니라 감상자의 경험까지 포함해야 '예술'이라고 말할 수 있다는 견해는, 콜링우드의 주장을 약화한다.

③ 무용수가 팔과 다리의 움직임으로 표현한 슬픈 감정을 보고 관객도 같은 감정을 느꼈다면, 표현주의자들의 주장은 약화된다.

④ 동일한 주제를 다룬 책과 무용 작품 중 후자가 보는 이에게 더 효율적으로 주제를 전달했다는 실험 결과는, 글쓴이의 주장을 강화한다.

09 ㉠~㉣ 중 문맥적 의미가 동일한 것을 모두 고르면?

① ㉠, ㉣

② ㉡, ㉣

③ ㉠, ㉡, ㉢

④ ㉡, ㉢, ㉣

10 ㉠~㉢의 관계에 대한 평가로 옳은 것만을 〈보기〉에서 모두 고르면?

㉠ 순종적인 사람은 모두 소심하다.
㉡ 학식이 풍부한 어떤 사람은 소심하지 않다.
㉢ 학식이 풍부한 어떤 사람은 순종적이다.

─────────── 보기 ───────────

㉮ ㉠이 참이면 소심한 사람은 모두 순종적이라는 것을 알 수 있다.
㉯ ㉠과 ㉡으로부터 학식이 풍부한 어떤 사람은 순종적이지 않다는 것을 알 수 있다.
㉰ ㉠과 ㉢으로부터 학식이 풍부한 어떤 사람은 소심하다는 것을 알 수 있다.

① ㉮

② ㉮, ㉯

③ ㉯, ㉰

④ ㉮, ㉯, ㉰

01 ㉠~㉢에 들어갈 말을 바르게 나열한 것은?

기존의 개인주의와 집단주의의 이분법적 구분에 수직적/수평적 차원을 첨가하여 수정된 이론에 따르면, 수직적 개인주의는 개인이 다른 사람보다 뛰어나야 한다는 인식이 강하며, 개인의 성공과 성취를 중요한 가치로 여긴다. 또한 타인과의 경쟁과 개인 간의 불평등을 인정하여 사회적 위계를 인정하는 성향이 있다. 수평적 개인주의는 개인의 독립성을 중시하면서도, 사람들 간의 평등을 중요하게 생각한다. 또한 타인과 비교하거나 경쟁하기보다는 각자가 자율적으로 살아가는 것을 강조한다. 수직적 집단주의는 집단에서의 통합을 강조하며, 자신을 집단의 이익을 위해 희생하고자 한다. 수평적 집단주의는 상호 간에 서로 동등한 관계로 여겨 위계적 관계보다는 평등을 강조한다. 또한 공통의 목표를 강조하여 상호 의존성과 사회성을 강조한다.

행복 연구 센터가 코로나 시국에 실행한 설문 조사에 따르면, 권위와 위계, 규범을 따르고 강력한 리더십을 중시하는 수직적 집단주의와 동시에 '각자도생'을 추구하는 수직적 개인주의가 크게 강화됐다고 한다. 국가의 강력한 통제로 이루어진 코로나19 방역 대책으로부터 집단을 위해 개인은 희생을 감수해야 한다는 공감대가 형성되면서, 사회적 거리 두기를 통해 공동체의 규범과 위계를 중요시하는 [㉠   ]만 강화됐고 평등한 관계에서 공동체적 삶을 중시하는 [㉡   ]는 약해진 것으로 나왔다. 또한 [㉢   ]가 강화된 점도 특이한데, 이 결과는 국민의 정부에 대한 양가감정을 드러내는 것으로 추측해 볼 수 있다. 즉 코로나와 같은 위급한 상황에서 정부를 신뢰하고 따라야 하지만, 나의 개인적 삶, 경쟁을 통한 위계적 상승에 정부를 크게 신뢰할 순 없다는 공감대가 짙어진 것이다.

	㉠	㉡	㉢
①	수직적 개인주의	수평적 집단주의	수직적 집단주의
②	수직적 개인주의	수평적 개인주의	수직적 집단주의
③	수직적 집단주의	수평적 개인주의	수직적 개인주의
④	수직적 집단주의	수평적 집단주의	수직적 개인주의

02 다음 진술이 모두 참일 때, 반드시 참이라고는 할 수 없는 것은?

> • 축구 경기를 관람하면, 농구 경기도 관람한다.
> • 배구 경기를 관람하면, 야구 경기도 관람한다.
> • 축구 경기를 관람하지 않으면, 배구 경기를 관람한다.

① 축구 경기를 관람하지 않으면, 농구 경기도 관람하지 않는다.
② 농구 경기를 관람하지 않으면, 배구 경기를 관람한다.
③ 야구 경기를 관람하지 않으면, 축구 경기를 관람한다.
④ 야구 경기를 관람하지 않으면, 농구 경기를 관람한다.

03~04 다음 글을 읽고 물음에 답하시오.

현재 한국인들이 생각하는 '문학'과 전통적인 '문학'의 의미는 개념적으로 서로 다르다. 오늘날 '문학'이 언어 예술로서의 'literature'에 상응하는 개념이라면, 전통 한국 사회에서 '문학'은 학식 일반을 포괄적으로 가리키는 말로서 '문(文)'이나 '학문'과 같은 의미를 지니고 있었다. 또 문학 장르를 구분하는 방법도 판이하게 달랐다. 오늘날 산문 문학의 장르는 소설, 수필, 희곡 등으로 구분되지만, 전통 사회의 산문 장르는 전(傳), 찬(讚), 논(論), 설(設), 송(頌), 서(序), 표(表) 등 100여 개가 넘는 다양한 문종(문체·장르)으로 구분되었다. 이 같은 구분법의 차이는 근대와 전근대 한국 사회에서 문학이라는 말을 둘러싼 개념의 종합적인 체계가 서로 이질적이었음을 의미한다. 예컨대, 현재의 '문학'은 음악, 미술, 연극의 병렬 개념이며, 예술이라는 상위 개념의 하위 개념이자 시, 소설, 희곡과 같은 하위 개념의 상위 개념이다. 또한 '문학'은 역사, 철학 등과 대응하는 개념이며, 미(美), 정(情)과 같은 설명 개념들과 관계를 ⊙ 맺고 있다. 그러나 전근대 사회에서 '문학'은 음악, 미술, 연극 등의 개념과 병렬적 위치에 놓여 있지 않았으며, 예술의 하위 개념이 아니라 대립 개념에 더 가까웠고, 미나 정보다는 도(道)나 리(理)를 추구하는 개념이었다.

03 이 글을 이해한 내용으로 가장 적절한 것은?

① 전통적인 '문학' 범위보다 오늘날의 '문학' 범위가 더 넓다.

② 현재의 '문학'과 달리 전통 한국 사회의 '문학'은 '학문'이라는 개념으로 쓰였다.

③ 현재의 '문학'은 예술의 상위 개념이고, 전근대 사회의 '문학'은 예술의 하위 개념이다.

④ 음악, 미술, 연극과 같은 병렬적 위치에 속하는 것은 오늘날의 '문학'과 전통적인 '문학' 중 후자이다.

04 문맥상 ⊙과 의미가 가장 가까운 것은?

① 오랜 전쟁 끝에 두 나라는 휴전 협정을 맺었다.

② 그는 상자에 끈을 두르고 단단히 매듭을 맺었다.

③ 그 연극은 주인공의 독백으로 끝을 맺었다.

④ 담장 밑의 장미가 빨간 봉오리를 맺었다.

05 다음 글의 중심 내용으로 가장 적절한 것은?

비는 오래전부터 예술의 서사 장치였다. 영화나 오페라 무대에서 비는 인물의 고뇌를 드러
내기도 하고, 새로운 전개를 예고하는 징후이기도 하고, 서사의 밀도를 높이는 매개이기도 하
다. 하지만 현실에서 비는 그렇게 낭만적이지 않다. 해마다 반복되는 장마와 침수 피해는 더
이상 계절적 자연 현상이 아니라 예고된 재난에 가깝다. 빗줄기는 이제 영화 속 배경이 아니
라 생존을 가르는 경계로 성격이 바뀐다. 문제는 단순히 비가 많이 오기 때문만은 아니다. 우
리는 이 비극을 해마다 비슷한 방식으로 목격하고, 또 잊는다. 반복되는 재난의 풍경은 마치
고쳐지지 않는 대본 같다. 무대는 그대로인데, 매년 배우만 달라질 뿐이다. 예술은 반복을 통
해 감정을 정제하지만, 현실은 반복을 통해 구조적 결함을 드러낸다.

이제 우리는 새로운 대본을 써야 한다. 무대 위에서처럼 반복되는 갈등은 이제 다른 결말
로 이어져야 한다. 장마는 피할 수 없지만 피해는 줄일 수 있어야 한다. 물에 잠긴 도시가 더는
'익숙한 풍경'이 되어선 안 된다. 진짜 막이 내려오기 전에 우리는 반드시 새로운 결말을 써야
한다. 그렇지 않다면 더 이상 커튼콜은 없다.

① 예술과 현실에서 비는 구조적 취약성을 드러내는 장치로 작동한다.

② 기후 위기의 심화로 인해 전례 없는 폭우 피해가 되풀이되고 있다.

③ 비라는 매개를 통해 예술과 현실이 공유하는 본질을 들여다볼 수 있다.

④ 장마 피해가 더 이상 반복되지 않도록 실질적인 대책을 마련해야 한다.

06~07 다음 글을 읽고 물음에 답하시오.

> 1608년, 네덜란드의 안경 제작자 한스 리퍼셰이는 망원경을 발명했는데, 그의 망원경은 당시에 정부 특허권 심사를 통과하지는 못했다. 이미 ⊙ 망원경과 관련한 이론과 개념이 널리 퍼져 있어서 심사 당시에 여기저기서 특허를 요청하는 망원경이 많아 거절당했다고 한다. 이탈리아 과학자 갈릴레오 갈릴레이는 리퍼셰이가 발명한 망원경에 대한 소식을 듣고 그의 ⓛ 망원경을 개선해 새로운 ⓒ 망원경을 만들어 천체를 관측했다. 그리고 불과 10개월 만인 1610년 3월, 자신의 소논문에 ⓔ 망원경을 통한 천체 관측 내용을 발표했다. 여기에 포함된 내용 중 일부는 '목성 주위를 도는 4개의 위성을 발견했으며, 금성이 위상(달의 모양 변화와 비슷한 현상)을 보인다는 사실을 관측했다.'라는 것이었다.
>
> 먼저 목성의 위성 발견은 모든 천체가 지구를 중심으로 공전해야 한다는 천동설의 핵심 가정을 반박하는 중요한 증거가 되었다. 또한 금성이 보름달처럼 보이는 현상은 천동설로는 설명할 수 없으며, 이는 금성이 태양을 공전한다는 강력한 증거로서 코페르니쿠스의 지동설을 뒷받침했다. 천동설에 따르면 우주의 중심에는 지구가 위치하고, 달·수성·금성·태양·화성·목성·토성이 지구를 중심으로 회전한다고 보았다. 그러나 천동설에서는 금성이 항상 태양과 지구 사이에 있어야 하기 때문에 반달 이상의 위상이 보일 수 없다. 금성이 태양 반대편에 위치할 수 없다고 가정했기 때문이다. 그러나 갈릴레이는 금성이 보름달 형태로 보이는 현상을 관측했고, 이는 금성이 지구가 아니라 태양을 중심으로 공전한다는 결정적인 증거가 되었다. 그의 발견은 천동설을 지지하던 당시에 큰 반향을 불러일으켰다.

06 이 글에서 추론한 내용으로 가장 적절한 것은?

① 갈릴레이는 망원경을 통해 목성과 금성을 처음 발견하였다.
② 리퍼셰이는 망원경에 대한 이론과 개념을 처음 정립한 인물이다.
③ 천동설에서는 '지구 – 태양 – 금성' 순서가 불가능하다고 주장한다.
④ 리퍼셰이는 자신의 망원경을 통해 코페르니쿠스의 지동설이 참임을 입증했다.

07 문맥상 ⊙~ⓔ 중 의미하는 바가 같은 것끼리 묶인 것은?

① ⊙, ⓛ
② ⓛ, ⓒ
③ ⓛ, ⓔ
④ ⓒ, ⓔ

08 ㉠~㉣ 중 어색한 곳을 바르게 수정한 것은?

주체 높임법에 따르면 문장의 주체가 말하는 이보다 상위자일 때에는 서술어에 선어말 어미인 '-(으)시-'를 실현하고, 그렇지 않은 상황에서는 '-(으)시-'를 실현하지 않는다. 그런데 말하는 이와 듣는 이 그리고 문장 속의 주체 등 3자의 관계에 따라 주체 높임법의 실현 양상이 달라질 수가 있다. 비록 주체가 말하는 이보다 상위자이더라도, 주체가 말을 듣는 사람보다 하위자인 경우에는 그 주체를 높이지 않을 수가 있는 것이다. 이를 '압존법(壓尊法)'이라고 한다.

가령 "선생님께서 댁에 가셨습니다."는 "철수가 집에 갑니다."와 달리 ㉠ 주체가 말하는 이보다 상위자이므로 주체를 높였다. "아버지, 할아버지께서 돌아오셨습니다."에서 '할아버지'는 주체이며 듣는 이의 '아버지'이다. 이 경우에 ㉡ 주체가 듣는 이보다 상위자이므로 주체를 높여서 표현했다. 그런데 "할아버지, 아버지가 지금 돌아왔습니다."에서는 주체가 '아버지'이고 듣는 이는 '할아버지'이다. 이 경우에 ㉢ 주체는 듣는 이보다 상위자이지만, 말하는 이를 고려하여 주체를 높이지 않고 발화하여야 한다. 만일, "할아버지, 아버지께서 지금 돌아오셨습니다."와 같이 ㉣ 주체를 높여서 발화하면, 주체보다 상위자인 듣는 이를 상대적으로 낮추어서 발화하는 셈이 된다.

① ㉠: 말하는 이가 주체보다 상위자이므로
② ㉡: 듣는 이가 주체보다 상위자이므로 주체를 높여서
③ ㉢: 주체는 말하는 이보다 상위자이지만, 듣는 이를 고려하여
④ ㉣: 듣는 이를 높여서 발화하면

실력 ⌄

09 ㉠에 대한 평가로 적절하지 않은 것은?

주파수별로 구분되는 뇌의 파동, 즉 뇌파의 역할에 대한 ㉠ 연구가 이루어졌다. 이 연구에 따르면, 주파수 영역은 크게 델타파, 세타파, 알파파, 베타파, 감마파의 다섯 가지인데 이들 주파수의 증감은 특정 증상과 연관성을 띠고 있다.

우선 깨어 있는 동안 델타파의 상대적인 증가는 뇌전증 위험과 수면 부족, 인지 능력 저하의 위험을 나타낼 수 있고 경도 인지 장애, 알츠하이머 등과도 관련이 있다. 반면 델타파의 상대적인 감소는 뇌의 노화 진행과 연관성이 있다. 세타파는 깨어 있는 동안 상대적으로 증가할 경우 주의력 감소와 초기 알츠하이머, 인지 능력 감소, 사회 불안 장애와 관련이 있다. 반면 세타파가 상대적으로 감소할 경우 뛰어난 인지 능력 및 기억력과 관계가 있다. 그리고 깨어 있는 동안 알파파의 상대적인 증가는 강한 집중력이나 우수한 기억력과 관계가 있다. 반면 알파파의 상대적인 감소는 노화, 인지 능력 저하, 경도 인지 장애, 알츠하이머, 혈관성 치매, 우울증과 관련이 있다. 베타파가 깨어 있는 동안 상대적으로 증가하는 경우는 불면증 환자나 알코올 의존증 환자에게서 나타난다. 반면 베타파의 상대적인 감소는 알츠하이머와 관계가 있다. 감마파의 상대적인 증가는 강한 집중력, 우수한 기억력과 관계있는 것으로 알려져 있다. 감마파의 상대적 감소는 알츠하이머, 정신 분열증 등에서 관찰된다.

① 깨어 있는 동안 델타파가 증가한 사람들이 인지 테스트에서 평균보다 낮은 점수를 기록했다는 연구 결과가 발표된다면, ㉠은 강화된다.

② 깨어 있는 동안 세타파를 감소시키면 학업 능력 향상에 도움이 된다는 견해가 추가된다면, ㉠은 강화된다.

③ 알파파와 감마파의 감소가 알츠하이머와 관련이 없다는 주장이 덧붙여진다면, ㉠은 약화된다.

④ 알코올 중독 환자가 깨어 있는 상태에 있을 때 베타파가 증가했음이 밝혀졌다면, ㉠은 약화된다.

실력 ⌄

10 〈보기〉의 진술이 참일 때, ㉠~㉢에서 반드시 참인 것을 모두 고른 것은?

／ 보기 ／

'당신이 미녀라면, 당신은 잠꾸러기이다.'는 거짓이다.

㉠ '당신은 미녀이거나 잠꾸러기이다.'는 참이다.
㉡ '당신이 잠꾸러기가 아니라면, 당신은 미녀이다.'는 거짓이다.
㉢ '당신은 미녀이지만 잠꾸러기는 아니다.'는 참이다.

① ㉠
② ㉠, ㉢
③ ㉡, ㉢
④ ㉠, ㉡, ㉢

01 〈공공 언어 바로 쓰기 원칙〉에 따라 ㉠~㉣의 밑줄 친 부분을 수정한 것으로 적절하지 않은 것은?

/ 공공 언어 바로 쓰기 원칙 /

· 문맥에 맞는 어휘를 사용할 것
· 필요한 문장 성분이 생략되지 않도록 할 것
· 생소하거나 어려운 외래어는 우리말로 다듬을 것
· 대등한 것끼리 접속할 때는 구조가 같은 표현을 사용할 것

· 이번 협약은 ㉠ <u>인구 감소 지역의 활성화 도모와 지역 자원의 활용 모델을 구축하기 위해</u> 추진되었다.
· ㉡ <u>집중 호우로 인한 유례없는</u> 피해를 복구하기 위해 정부와 지방 자치 단체가 온 힘을 다하고 있다.
· ○○부는 공유 재산 취득 시의 등록 절차를 명확하게 정리한 ㉢ <u>매뉴얼을 마련해</u> 각 지방 자치·단체에 안내할 계획이다.
· 행정 안전부 장관은 지방 자치 단체의 보조금 예산 신청을 예산 요구서에 반영하되, 재정 부담 능력 등을 고려해 ㉣ <u>조정할</u> 수 있다.

① ㉠: 인구 감소 지역의 활성화를 도모하고 지역 자원의 활용 모델을 구축하기 위해
② ㉡: 집중 호우로 인한 유래 없는
③ ㉢: 지침을 마련해
④ ㉣: 신청 내역을 조정할

02 밑줄 친 결론이 타당하게 도출되기 위해 빈칸에 추가해야 할 전제는?

- 이번 심포지엄의 주제는 해양 산성화나 기상 이변 중 적어도 하나가 된다.
- 기상 이변이 주제가 된다면, 황 교수가 주제 발표를 한다.
- 만약 황 교수가 주제 발표를 한다면, 황 교수는 학회에 참석하지 않을 것이다.
- [   ].

따라서 <u>황 교수는 학회에 참석하지 않을 것이다.</u>

① 해양 산성화가 주제가 되지 않는다

② 기상 이변이 주제가 되지 않는다

③ 김 교수가 주제 발표를 한다

④ 해양 산성화가 주제가 되면, 황 교수가 주제 발표를 하지 않는다

03~04 다음 글을 읽고 물음에 답하시오.

> 흔히 언어유희라고 하면 문학 작품에서 쓰이는 수사법으로 가벼운 '말장난'을 떠올리지만, 단순한 말장난에 그치지 않고 우리의 일상생활 속에서 관습적·보수적 사고나 가치관을 뒤흔들 정도의 비판적 성찰을 가능하게 하는 경우도 적지 않다.
>
> 가령 '대학생이 왜 강한지 알아? 개강하니까.' 이 문구의 맥락을 제대로 이해하기 위해서는 '개-'라는 접사가 요즘 어떻게 쓰이는지를 알아야 한다. 하지만 '질이 떨어지는', '헛된', '쓸데없는', '정도가 심한' 등의 뜻을 더하는 접두사로서, '개꿈, 개수작, 개죽음, 개잡놈' 등의 예에서처럼 부정적 의미를 더하는 용도로 쓰인다는 《표준국어대사전》의 설명만으로는 그 쓰임새를 파악하기는 힘들다. 요즘 어린 학생들은 '개-'라는 접두사를 부정적인 데에만 쓰지 않고, '개좋다', '개이뻐', '개맛있어' 등에도 쓰기 때문이다. '아주', '매우'란 의미를 더욱 강조하기 위해서 '개-'라는 접사를 사용하는 것이다. 그렇다면 처음 제시한 문구의 뜻은 '개강(開講)할 무렵 대학생은 매우 강(强)하다.'쯤 될 것이다.
>
> 본디 부정적 의미로 쓰이는 '개-'를 아무 데나 무분별하게 쓰는 현상으로 본다면, 국어를 파괴하거나 왜곡하는 것으로 인정하여 삼가게 하는 것이 마땅하다. 하지만 상황이 그리 단순하지만은 않아 보인다. '헬조선'이란 말이 요즘 현실을 아프게 지적하듯 젊은이들에게 현재나 미래는 암담할 뿐 희망을 찾기 힘들기 때문이다. 그러나 실망하고 포기하여 주저앉아 버리기를 거부하는 젊은이들이, 어쩌면 너무나도 '개 같은' 세상을 살아야 하는 상황을 재치 있게 비꼬는 차원에서 '개-'라는 접사를 붙이는 것은 아닐까?

03 이 글에서 말하고자 하는 바로 가장 적절한 것은?

① 언어는 시간의 흐름에 따라 변화한다.
② 국어를 파괴하거나 왜곡하는 언어적 표현은 삼가야 한다.
③ 현대의 언어 표현은 당대 사람들이 겪는 현실을 반영한다.
④ 《표준국어대사전》은 자주 쓰이는 언어 표현을 적극 수용해야 한다.

04 이 글에서 이해한 내용으로 가장 적절한 것은?

① '개좋다, 개이뻐, 개맛있어'에서 접사 '개-'의 의미는 《표준국어대사전》에서 확인할 수 있다.
② '대학생이 왜 강한지 알아? 개강하니까.'에서 '강한지'와 '개강하니까'의 '강하다'는 동일한 의미이다.
③ '대학생이 왜 강한지 알아? 개강하니까.'에 사용된 접사 '개-'와 '개꿈, 개수작'에 사용된 접사 '개-'의 의미는 같다.
④ 언어유희는 '단순한 말장난'을 의미하며, 문학 작품에 한해서만 쓰이는 수사법이다.

05~06 다음 글을 읽고 물음에 답하시오.

국민 참여 재판에서 배심원 선정은 매우 중요하다. 배심원을 선정하기 전 법원은 먼저 필요한 배심원의 수와 예비 배심원의 수를 결정한다. 법정형이 사형, 무기 징역 등에 해당하는 사건의 경우에는 9인의 배심원이, 그 외의 경우에는 7인의 배심원이 재판에 참여하게 된다. 다만 피고인이 공소 사실의 주요 내용을 인정했을 경우에는 5인의 배심원이 참여할 수 있다. 또한 법원은 배심원의 결원 등에 대비하여 5인 이내의 예비 배심원을 둘 수 있는데, ㉠ 이들은 평의와 평결만 참여할 수 없을 뿐 배심원과 동일한 역할을 수행한다.

지방 법원은 사전에 작성한 배심원 후보 예정자 명부 중에서 필요한 수보다 많은 '배심원 후보자'를 무작위로 추출하여 ㉡ 그들에게 배심원 선정 기일을 통지한다. 선정 기일에 '출석한 배심원 후보자'들 중에서 필요한 배심원과 예비 배심원을 합한 수만큼을 추첨한다. 이렇게 선정된 '추첨된 배심원 후보자'를 대상으로 검사와 변호인은 질문을 통해 자신들에게 불리한 결정을 할 우려가 있다고 판단되는 경우 재판부에 배심원 후보자에 대한 기피 신청을 할 수 있다. 그러면 추첨되지 않은 배심원 후보자를 대상으로 다시 추첨하여 필요한 수만큼의 배심원과 예비 배심원을 확정한다.

배심원 및 예비 배심원이 선정되면, ㉢ 그들은 증거 조사를 지켜보게 된다. 이것이 끝나면 재판장은 사건의 쟁점과 적용할 법률, 판단 원칙 등을 설명하고, 배심원 중 누가 예비 배심원인지 알려준 후 ㉣ 이들을 제외한 나머지 배심원들에게 평의를 시작하게 한다. 그러면 배심원은 법정에서 보고 들은 증거와 진술을 바탕으로 피고인의 유죄·무죄를 의논하여 평결을 내린다.

05 이 글에서 추론한 내용으로 가장 적절한 것은?

① 배심원의 결원에 대비하여 두는 예비 배심원은 그 수가 배심원의 수보다 더 많다.

② 추첨된 배심원 후보자는 예비 배심원을 제외한 배심원만을 의미한다.

③ 지방 법원에 의해 선발된 배심원 후보자일지라도 추후 배심원에서 제외될 수 있다.

④ 배심원과 달리 예비 배심원은 증거 조사를 지켜볼 수 없어 평의와 평결에 참여할 수 없다.

06 문맥상 ㉠~㉣ 중 지시 대상이 동일한 것끼리 묶인 것은?

① ㉠, ㉣
② ㉡, ㉣
③ ㉠, ㉡, ㉢
④ ㉡, ㉢, ㉣

07 문맥상 ㉠~㉣과 바꾸어 쓰기에 적절하지 않은 것은?

형사법은 공익을 위해 국가가 범죄자에게 형벌을 가하는 것으로, 여기서 형벌은 생명, 자유, 명예, 재산 등에 관한 기본권을 ㉠박탈하는 것을 내용으로 한다. 반면 민사법은 사건 당사자들이 평등한 관계임을 전제하고 손해와 이익을 조정하여 당사자 사이의 수평적 균형 관계를 회복하고자 한다. 그러므로 소송이 진행될 때, 형사법과 민사법의 소송 당사자와 소송 내용은 ㉡상이할 수밖에 없다.

형사 소송의 당사자는 검사와 피고인으로, 공익의 대표자인 검사가 범죄 혐의가 있는 자를 피고인으로 기소하며 소송이 시작된다. 피고인의 유죄 입증은 검사가 담당하고, 피고인은 변호인을 통하여 반박할 수 있다. 법원은 검사의 입증과 피고인의 반박을 토대로 피고인의 범죄 성립 여부 및 잘못의 정도를 따진 후 그에 ㉢합당한 벌을 내린다.

민사 소송의 당사자는 원고와 피고로, 피해자라고 주장하며 소송을 제기한 개인이 원고가 되고, 가해자로 ㉣지목된 상대방은 피고가 된다. 이때 각 당사자는 모두 소송 대리인인 변호인을 쓸 수 있다. 민사 소송의 당사자들은 자신에게 책임이 없다는 사실을 입증해야 한다. 만약 이를 입증하지 못하는 경우 법원은 해당 당사자에게 불리하게 판단할 수밖에 없다. 민사 소송은 형사 소송과 달리 두 당사자가 손해와 이익을 적절하게 타협하면 바로 소송이 종결된다.

① ㉠: 빼앗는

② ㉡: 서로 다를

③ ㉢: 알맞은

④ ㉣: 손꼽힌

실력 ⊙

08 다음 글의 논지를 약화하는 것으로 가장 적절한 것은?

우리나라의 동해안에 위치한 강원도 문암리에서 발굴된 토기는 한반도 신석기 시대의 토기 변화를 보여 준다. 문암리 유적의 하부층(기원전 4,000년경)에서는 신석기 시대의 2세대 토기(덧띠무늬 토기)가 나타나지만, 상부층(기원전 2,000년경)에서는 한반도 서해안 지역에서 동해안으로 확산된 3세대 토기(빗살무늬 토기)가 성행하고 2세대 토기는 사라진다. 족히 2,000년의 시간에 걸쳐 문화적 '서풍'이 분 것이다. 그런데 2세대 토기는 한반도 동해안과 남해안의 유적층에서 보이지만 서해안 지역에서는 나타나지 않는다. 이 2세대 토기는 우리나라 동해안뿐 아니라 러시아 극동 아무르강과 만주 북부 지역의 아주 이른 시기(약 1만 2,000년 전)부터 보이기 때문에, 문화의 흐름과 사람의 이동을 알 수 있는 지표이기도 하다. 동해안을 따라 북에서 남으로 흘러온 문화라고 보는데, 문암리는 바로 중간 지점에서 나타나는 극동의 '동풍' 문화 유적인 셈이다. 신석기 시대 문화의 '동풍', 즉 '동해 스타일'은 비단 토기만이 아니다. 문암리에서 덧띠무늬 토기와 함께 발굴된 옥제결상이식(옥으로 만든 고리형 귀걸이)과 거의 똑같은 모양의 옥 제품이 아무르강 유역에서도 기원전 8,000년경에 나타나고 동일한 기술로 만들어진 것이 남쪽에 위치한 제주 고산리 유적에서도 발견된다. 결국 '문화 동풍'의 영향이 남북으로 길게 뻗어 있음을 보여 준다.

① 우리나라 서해안 지역과 동해안 지역에서 동일한 형태의 신석기 시대의 유물이 발굴되었다.

② 우리나라의 특정 지역에서만 발굴되던 덧띠무늬 토기가 서해안 지역에서도 추가로 발굴되었다.

③ 러시아 아무르강 유역과 강원도 문암리에서 모양이 거의 똑같은 돌칼이 발굴되었다.

④ 문암리에서 발견된 옥제결상이식과 거의 똑같은 모양의 옥 제품이 전 세계 여러 신석기 문화에서 공통적으로 나타난다는 사실이 밝혀졌다.

09 다음 글을 통해 알 수 있는 내용으로 가장 적절한 것은?

핵산은 유전 정보를 저장하고 전달하는 물질로, DNA와 RNA가 있다. 아미노산이 길게 연결되어 단백질을 이루는 것처럼, 핵산은 뉴클레오타이드라는 단위체가 길게 연결되어 형성된다. 뉴클레오타이드는 염기, 당, 인산이 1 : 1 : 1로 결합한 물질이다. 염기는 아데닌(A), 구아닌(G), 사이토신(C), 타이민(T), 유라실(U)의 5종류가 있다. 염기의 종류에 따라 뉴클레오타이드를 구분한다.

DNA와 RNA는 4종류의 뉴클레오타이드가 길게 연결된 가닥으로 이루어진다. DNA는 A, G, C, T 염기를 지닌 뉴클레오타이드가 길게 연결된 두 가닥이 마주 꼬인 이중 나선 구조이다. RNA는 타이민(T) 대신 유라실(U)을 갖는 뉴클레오타이드로 이루어지며, 이중 나선이 아닌 단일 가닥이다. DNA를 이루는 두 개의 가닥은 염기가 안쪽에서 결합하여 이중 나선 구조를 이룬다.

DNA와 RNA를 이루는 뉴클레오타이드가 결합하는 개수와 순서에 따라 다양한 핵산 분자가 만들어진다. 기본 단위체인 아미노산과 뉴클레오타이드가 각기 다른 순서로 결합하여 수많은 종류의 단백질과 핵산이 만들어지는 것처럼, 생명체에 존재하는 거대 분자들은 각각의 기본 단위체가 서로 다른 순서로 연결되어 만들어진다.

① DNA와 RNA를 구성하는 뉴클레오타이드의 염기 종류는 서로 동일하지만 그것을 이루는 가닥의 개수는 서로 다르다.

② DNA로부터 RNA가 만들어질 때 단일 가닥이 두 가닥의 이중 나선 구조로 바뀐다.

③ 단백질은 구성 물질인 아미노산이 연결된 사슬의 길이에 따라 그 성질이 결정된다.

④ 생명체를 구성하는 물질은 기본 단위체가 다양한 순서로 결합하여 만들어진다.

실력 ⌄

10 다음 중 옳지 않은 진술은?

① 출중한 노래 실력은 가수가 되기 위한 필요조건이지 충분조건은 아니다. 따라서 가수가 되지 못했다면 출중한 노래 실력을 갖지 못한 것이다.

② 필기시험에 통과했다고 하여 최종 합격하는 것은 아니다. 그러므로 필기시험 통과는 최종 합격의 충분조건이 될 수 없다.

③ 출입 카드를 가지고 있는 경우에만 주차장에 들어올 수 있다. 따라서 출입 카드를 가진 것은 주차장에 들어오기 위한 필요조건이다.

④ 고양이가 가까이 있지 않으면 알레르기 반응도 나타나지 않는다. 따라서 알레르기 반응이 나타나는 것은 고양이가 가까이 있는 것의 충분조건이다.

선재국어

공무원 국어의 독보적 기준 선재국어가 제시하는 매일 학습 전략!

WEEK
2

실력 ⌄

01 다음 글에 대한 이해로 가장 적절한 것은?

> 단어는 하나 이상의 형태소로 이루어진다. 단어를 이루는 형태소 가운데 실질적인 의미를 나타내는 중심 부분을 어근이라고 하고, 어근에 붙어 뜻을 더하거나 제한하는 주변 부분을 접사라고 한다. 가령 '머리', '돌다리', '가위질'에서 '머리', '돌', '다리', '가위'는 어근이고 '-질'은 접사이다. 이때 '머리'와 같이 하나의 어근으로만 이루어진 단어를 단일어라고 하고, '돌다리', '가위질'과 같이 둘 이상의 어근이나 어근과 접사가 결합한 단어를 복합어라고 한다. 복합어에는 합성어와 파생어가 있다.
>
> 파생어는 '풋사과', '맨발'과 같이 어근의 앞에 접두사 '풋-', '맨-'이 결합하기도 하고, '멋쟁이', '먹이'와 같이 어근의 뒤에 접미사 '-쟁이', '-이'가 결합하기도 한다. 어근에 일정한 뜻만 더하는 접두사와 달리 접미사는 어근의 문법적 성질을 바꾸기도 한다. '멋쟁이'의 '-쟁이'가 명사인 어근 '멋'의 품사를 바꾸지 않지만 '먹이'의 '-이'는 동사인 어근 '먹-'을 명사로 만드는 것이 그 예이다.
>
> 셋 이상의 형태소로 이루어진 단어가 합성어인지 파생어인지 판단하려면 직접 구성 성분을 이용해야 한다. 직접 구성 성분은 단어를 일차적으로 두 부분으로 나누었을 때 나타나는 각각의 요소이다. 예를 들어, '놀이터'의 직접 구성 성분은 '놀이'와 '터'이다. 따라서 '놀이터'는 어근과 어근이 결합한 합성어이다. 한편 '놀이'의 직접 구성 성분을 다시 나누면 '놀-'과 '-이'이므로 '놀이'는 어근과 접미사가 결합한 파생어이다.

① '겁쟁이'는 어근의 문법적 성질을 바꾸는 접사가 결합한 단어이다.

② '머리 손질을 하다.'의 '머리'와 '손질'은 하나의 어근으로만 이루어진 단일어이다.

③ 직접 구성 성분을 나누었을 때 어근과 어근으로 나뉘는 것은 합성어에 해당한다.

④ 복합어는 실질적인 의미를 나타내는 중심 부분이 두 개 이상인 것만을 이른다.

02 다음이 반드시 참이라고 할 때, 빈칸에 들어갈 결론으로 가장 적절한 것은?

> • 제주도에 출장을 가지 않는 사무관은 모두 부산에 출장을 간다.
> • 대전에 출장을 가는 어떤 사무관은 부산에 출장을 가지 않는다.
> • 제주도에 출장을 가는 사무관은 모두 광주에 출장을 간다.
> 따라서 [   ].

① 제주도에 출장을 가는 사무관은 모두 대전에도 출장을 간다

② 대전에 출장을 가는 어떤 사무관은 광주에 출장을 간다

③ 부산에 출장을 가는 사무관은 모두 광주에 출장을 가지 않는다

④ 부산에 출장을 가는 어떤 사무관은 대전에 출장을 가지 않는다

03 ㉮~㉰를 가장 자연스럽게 배열한 것은?

> ㉮ 사람들은 이름보다 숫자, 별명, 아이디 등처럼 자신의 정체성이나 사회적 기능성을 잘 나타내 주는 기호들을 찾게 되었다.
>
> ㉯ 그리고 전통적 이름의 의미는 점차 중요하지 않은 것으로 여겨지고, 그 대신 이름과는 다른 형태의 식별 기호가 출현하게 되었다.
>
> ㉰ 우리 사회에서는 오래전부터 이름은 사람을 식별하기 위해 부르는 단순한 호칭이 아니라 그 사람의 운명론적 존재와 사회적 정체성을 나타내는 것으로 인식되어 왔다. 그래서 예로부터 사람들은 사주와 성명학에 근거하여 운명에 합치되는 이름을 지어 왔다.
>
> ㉱ 그러나 요즘에는 이런 의미를 담은 이름보다는 단지 음운적으로 부르기 좋고 듣기 좋은 이름을 짓기도 한다.

① ㉮ - ㉯ - ㉱ - ㉰

② ㉮ - ㉰ - ㉯ - ㉱

③ ㉰ - ㉮ - ㉯ - ㉱

④ ㉰ - ㉱ - ㉯ - ㉮

04~05 다음 글을 읽고 물음에 답하시오.

강박 장애란 원치 않는 반복적이고 침투적인 사고의 발생과 이에 대한 반응이 반복해서 나타나는 심리적 장애이다. 강박 행동은 강박 사고로 유발되는 불안감이나 괴로움을 감소하거나 예방하기 위해 또는 두려워하는 상황의 발생을 막기 위해 엄격한 규칙에 따라 수행하는 행위를 일컫는다. 가령 가스불이 켜져 있어 화재가 ㉠날 것 같다는 생각이 반복적으로 떠오르는 것이 강박 사고이고, 이로 인한 불안을 없애기 위해 반복적으로 가스불을 확인하는 행동이 강박 행동에 해당한다. 강박 장애 환자는 원치 않는 강박 사고를 통제하거나 조절하는 데에 어려움을 느껴 심리적 불편감을 호소하며, 강박 행동을 반복하는 데에 과도한 시간을 소비하여 학업이나 직업 등 일상 영역에서 기능이 손상되어 삶의 질이 저하됨을 보고한다.

다양한 정신 장애 맥락에서 그러하듯, 강박 장애군을 대상으로도 부정 정서의 효과적인 감소를 위한 적응적 정서 조절 전략에 관한 연구가 진행되고 있다. 그중 재평가 전략은 인지를 변화시켜 잠재적으로 정서 반응을 유발할 수 있는 자극이나 상황에 대한 해석을 바꾸어 정서의 영향을 변화시키는 전략을 말한다. 억제 전략은 정서 반응을 경험하고 표현할 때 이를 적극적으로 억누르는 시도를 말한다. 또 수용 전략은 개인이 원치 않는 정서를 회피하기보다 있는 그대로 직면하여 정서를 충분히 받아들이고 경험하도록 하는 것을 의미한다.

강박 성향군을 대상으로 강박 사고 노출 상황에서 정서 조절 전략이 심리적 불편감의 변화에 미치는 효과를 확인한 결과, 재평가 전략에서는 사전·사후 불편감 사이의 변화가 없었지만, 수용 전략에서는 사후 불편감이 감소했고, 억제 전략에서는 사후 불편감이 증가했다.

04 이 글에서 추론한 내용으로 적절하지 않은 것은?

① 강박 장애 환자는 강박 사고로 인한 반복적 강박 행동 때문에 어려움을 겪는다.

② 강박 장애 환자에게 강박 사고를 그대로 직면하여 수용하라고 요청하면 부정 정서는 감소할 수 있다.

③ 재평가 전략, 억제 전략, 수용 전략 중 강박 장애 환자의 사전·사후 불편감 차이가 가장 크게 나타난 것은 수용 전략이다.

④ 강박 장애군 중 억제 전략을 쓴 사람이 재평가 전략을 쓴 사람보다 사후 심리적 불편감이 증가하는 것을 경험했을 것이다.

05 밑줄 친 표현이 문맥상 ㉠의 의미와 가장 가까운 것은?

① 중동 지역에서 전쟁이 났다.

② 개나리 가지에 새싹이 났다.

③ 어젯밤에 멋진 생각이 났다.

④ 청국장에서 구수한 냄새가 났다.

06 다음 글을 이해한 내용으로 적절하지 않은 것은?

푸드 테크는 식품[food]과 기술[technology]이 합쳐진 용어로, 인공 지능[AI], 정보 통신 기술[ICT]을 접목해 식품의 생산부터 소비까지 새로운 혁신을 창출할 수 있는 기술로서 외식 산업의 미래 성장 동력으로 주목받고 있다.

그중에서 환경을 악화시키는 생산 프로세스를 개선하여 지속 가능성을 높이는 '친환경 푸드 테크'가 부상하고 있다. 일례로 영국의 한 기업은 2013년에 대형 상업용 주방에서 발생하는 다량의 음식물 쓰레기를 줄이기 위해 인공 지능을 이용한 푸드 스캐너를 개발하였다. 이 기업의 푸드 스캐너는 음식의 종류와 양에 대한 정보를 분석한 다음, 생산 과정을 개선하여 식재료 비용을 절감하고 음식물 쓰레기를 절반으로 줄이도록 설계한 첨단 기술이다. 국내의 한 기업에서도 자율 주행차에 적용되는 '순간 감지 기술', '이미지 AI 분석 기술' 등을 적용해, 3D 카메라를 활용한 음식물 스캔으로 그 종류와 양을 분석하고 식사 전후를 비교한 데이터 분석으로 급식소의 음식물 쓰레기를 절감할 수 있는 푸드 스캐너를 개발했다. 이를 통해 낭비되는 음식물의 감소뿐 아니라 소비자들의 개인별 맞춤 헬스 케어를 가능하게 함으로써 환경 오염을 막고 식단 및 식습관 관리 개선에 도움을 줄 수 있는 푸드 테크가 실현되었다.

① 푸드 스캐너는 생산 프로세스를 개선하여 지속 가능성을 높이기 위해 개발된 친환경 푸드 테크이다.

② 국내에서 개발한 푸드 스캐너는 소비자들의 개인별 맞춤 헬스 케어를 통해 식습관 관리에 도움을 준다.

③ 영국 기업의 푸드 스캐너는 식사 전후를 비교한 데이터 분석을 기반으로 음식물 쓰레기를 절감했다.

④ 자율 주행차에 적용되는 '순간 감지 기술'은 급식소의 음식을 비교 분석하는 데 기술적 배경이 되었다.

07 다음 대화에 대한 평가로 적절한 것만을 〈보기〉에서 모두 고르면?

갑: 역사가는 과거 사실을 있는 그대로 밝혀야 해. 이 관점에서 역사가의 역할은 주관적 해석을 최대한 배제하고, 외교 문서나 기록물과 같은 1차 사료를 바탕으로 객관적 사실을 재구성하는 것이야. 가령 프랑스 혁명에 대해 구체적인 사실을 바탕으로 왕정의 몰락, 바스티유 감옥 습격, 시민 계급의 봉기 등을 '객관적'으로 재구성한 것이 역사야.

을: 역사란 객관적 사실의 단순한 복원이 아니라, 역사가의 선택과 해석이 반영된 결과물이야. 수많은 과거 사실 중 무엇이 역사로 선택되는가는 역사가의 가치관과 판단에 달려 있어. 기록은 곧 선택이며, 해석이야. 역사적 사실은 그 자체로 존재하지 않고, 역사가가 그것을 역사로 만들 때 비로소 존재할 수 있어. 그러니까 프랑스 혁명도 역사가의 판단에 따라 부르주아 계급의 승리로도, 민중의 투쟁으로도 해석할 수 있어.

병: 역사가는 과거 사건만을 추종하는 노예도 아니며, 사실을 입맛대로 주무르는 주인도 아니야. 역사는 과거와 현재의 끊임없는 상호 작용 속에서 형성되는 대화 과정이야. 과거의 사실은 현재의 인식과 문제의식에 따라 해석되며, 이 해석은 시대가 달라짐에 따라 계속 달라질 수밖에 없어. 따라서 역사란 과거와 현재가 서로 영향을 주고받는 '대화'야. 프랑스 혁명도 19세기에는 시민 혁명으로, 20세기 중반에는 계급 투쟁으로 그 해석이 변화해 왔어.

/ 보기 /

㉠ 과거의 기록은 기록자의 인식과 시대적 관점을 반영하므로 가치 중립적이지 않다는 입장은 갑의 주장을 약화한다.
㉡ 같은 역사적 사건이라도 다르게 해석할 수 있다는 입장은 을과 병의 주장을 모두 강화한다.
㉢ 과거의 사실을 있는 그대로 드러내는 역사가의 임무를 강조하는 입장은 갑과 병의 주장을 강화하지만, 을의 주장은 약화한다.

① ㉠
② ㉠, ㉡
③ ㉡, ㉢
④ ㉠, ㉡, ㉢

08~09 다음 글을 읽고 물음에 답하시오.

> 모든 문학 작품에는 '있는 것'과 '있어야 할 것'이 존재한다. '있는 것'이란 현재 작품에서 보이고 드러나는 것이고, '있어야 할 것'이란 그 작품(의 주인공이나 화자)이 지향하는 바나 바라는 무엇을 의미한다. 이 '있는 것'과 '있어야 할 것'이 어떤 관계를 맺고 있느냐에 따라, 우리는 문학 작품에서 네 종류의 아름다움을 각각 느끼게 된다. 그 둘이 서로 대립되어 나타나면 비장미와 골계미를 느끼게 되고, 그 둘이 서로 융합되어 나타나면 우아미와 숭고미를 느끼게 된다. 또한 '있어야 할 것'에 의해 '있는 것'이 융합되면 숭고미가, '있는 것'에 의해 '있어야 할 것'이 융합되면 우아미가 느껴진다. 그리고 '있어야 할 것'을 긍정하고 '있는 것'을 부정할 때는 비장미가, '있는 것'을 긍정하고 '있어야 할 것'을 부정하고 파괴할 때 골계미가 느껴진다.
>
> 〈제망매가〉에서 화자는 누이의 죽음을 슬퍼하고 있지만, 누이의 죽음을 인정하지 못해 괴로워하는 것은 아니다. 누이의 죽음이라는 지금 여기에 있는 슬픈 현실이 극락세계에서 다시 만날 것에 대한 믿음에 의해 융합되어 극복되고 있는 것이다. 이런 작품에서 우리는 [　⊙　]를 느낀다. 반면 윤선도의 〈어부사시사〉에서 화자는 자연 속에서 한가롭게 살아가는 삶의 즐거움을 노래하고 있다. 현실 생활이 이미 화자가 바라는 세계이다. 즉 '있어야 할 것'이 '있는 것'에 의해 융합되는 세계인 것이다. 이런 경우 우리는 [　⊙　]를 느낀다. 임제의 〈원생몽유록〉에서는 현명한 임금과 충성스러운 신하가 참혹한 지경에 이른 상황을 묘사하여 현명한 임금과 충성스러운 신하가 흥하는 세상이 와야 한다는 주제를 드러내고 있다. 마땅히 있어야 할 것이 현실에서 실현되지 못하고 주인공이 좌절하는 상황에서 우리는 [　ⓒ　]를 느끼게 된다.

08 이 글을 이해한 내용으로 가장 적절한 것은?

① '있는 것'과 '있어야 할 것'이 대립되면 숭고미를 느낄 수 있다.

② '있어야 할 것'과 대립되는 '있는 것'을 부정할 때 비장미를 느낄 수 있다.

③ '있어야 할 것'을 긍정하는 문학 작품에서는 골계미를 느낄 수 있다.

④ '있어야 할 것'에 의해 '있는 것'이 융합될 때 우아미를 느낄 수 있다.

실력 ✓

09 ⊙~ⓒ에 들어갈 말을 적절하게 나열한 것은?

	⊙	⊙	ⓒ
①	우아미	숭고미	비장미
②	우아미	비장미	숭고미
③	숭고미	비장미	우아미
④	숭고미	우아미	비장미

실력 ⌄

10 다음 글의 내용이 참일 때, 빈칸에 들어갈 전제로 가장 적절한 것은?

- 유동 인구가 많고 상권이 발달한 지역이 있다.
- 상권이 발달한 지역은 모두 외곽에 위치하지 않는다.
- 외곽에 위치하지 않은 지역은 모두 노령 인구가 많지 않다.
- [   ].

따라서 유동 인구가 많으면서 공원을 가지고 있는 어떤 지역이 있다.

① 공원을 가지고 있으면서 노령 인구가 많지 않은 어떤 지역이 있다

② 외곽에 위치한 지역은 모두 상권이 발달하지 않았다

③ 노령 인구가 많지 않은 지역은 모두 공원을 가지고 있다

④ 공원을 가지고 있는 지역은 모두 상권이 발달해 있다

매일 국어 07회

맞힌 개수 /10

풀이 시간 분 초

실력 ⊙

01 〈공공 언어 바로 쓰기 원칙〉에 따라 수정한 것으로 적절하지 않은 것은?

┌─ 공공 언어 바로 쓰기 원칙 ─┐

· 간결하고 명료한 문장 사용
  - ㉠ 주어와 서술어를 호응시킬 것

· 대등한 구조를 보이는 표현 사용
  - ㉡ '-고', '와/과' 등 대등한 것끼리 접속할 때는 구조가 같은 표현을 사용할 것

· 쉬운 우리말 표현 사용
  - ㉢ 어렵거나 생소한 말을 쉬운 우리말 표현으로 다듬을 것

· 여러 뜻으로 해석되는 표현 삼가기
  - ㉣ 중복적이거나 중의적인 표현을 삼갈 것

① "외국인들이 편안하고 기분 좋은 한국 여행이 될 수 있도록 대책을 서둘러야 할 때입니다." 를 ㉠에 따라 "외국인들이 편안하고 기분 좋은 한국 여행이 될 수 있도록 대책을 서둘러야 합니다."로 수정한다.

② "이번 사업은 어르신의 건강 증진과 민생 경제를 활성화하고자 추진되었다."를 ㉡에 따라 "이번 사업은 어르신의 건강 증진과 민생 경제 활성화를 위해 추진되었다."로 수정한다.

③ "중앙 재난 안전 대책 본부장은 냉방기 사용 증가에 따른 화재 발생에 주의하고 전력 수급 관리에 철저를 기할 것을 요청하였다."를 ㉢에 따라 "중앙 재난 안전 대책 본부장은 냉방기 사용 증가에 따른 화재 발생에 주의하고 전력 수급 관리를 철저히 할 것을 요청하였다."로 수정한다.

④ "체육 지도자는 윤리 및 인권 의식을 향상하기 위하여 매 2년마다 재교육을 받아야 한다."는 ㉣에 따라 "체육 지도자는 윤리 및 인권 의식을 향상하기 위하여 2년마다 재교육을 받아야 한다."로 수정한다.

02 다음 진술이 참일 때, 회의에 반드시 참석하는 사무관은 몇 명인가?

- 을 사무관은 참석한다.
- 을 사무관이 참석하면, 갑 사무관은 참석하지 않는다.
- 을 사무관과 병 사무관이 모두 참석하면, 갑 사무관도 참석한다.
- 갑 사무관이 참석하거나 병 사무관이 참석하지 않으면, 정 사무관이 참석한다.

① 1명   ② 2명

③ 3명   ④ 4명

03 갑~병의 주장을 분석한 내용으로 적절한 것만을 〈보기〉에서 모두 고르면?

갑: 오늘날 사회는 기술 발전으로 인해 더 안전하고 효율적인 체계를 구축할 수 있게 되었다. CCTV, 위치 추적과 같은 기술은 범죄를 예방하고 긴급 상황에 신속히 대응하는 데 중요한 역할을 한다. 실제로 많은 시민이 치안 유지와 공공 안전 강화를 위해 감시에 기꺼이 동의하고 있다. 이는 공동체의 이익이 개인의 자유보다 중요하다는 가치 판단이 정당하다는 사실을 뒷받침한다.

을: 우리는 감시가 불러올 수 있는 권력의 불균형과 오용 가능성을 경계해야 한다. 감시는 단지 기술의 문제가 아니라 권력의 문제이기도 하다. 누가 감시하고, 그 정보가 어떻게 사용되는가에 따라 시민의 자유가 침해될 수 있다. 특히 정부나 대기업이 광범위한 데이터를 수집하고 이를 통제 수단으로 활용할 경우, 이는 민주주의의 기반을 위협할 수 있다.

병: 현실에서는 감시의 대상과 강도가 계층과 지역에 따라 불균형하게 작용하며, 오히려 일부 시민의 자유만을 침해하는 결과를 낳고 있다. 저소득층 지역은 과잉 감시에 노출되기 쉽고, 권력층은 감시의 사각지대에 놓이는 일이 반복된다. 이처럼 감시가 특정 집단의 자유를 체계적으로 제한한다면, 이는 공동체의 이익보다 자유를 우선해야 한다는 원칙을 위협하는 것이다.

보기

㉠ 갑의 주장과 을의 주장은 대립한다.
㉡ 갑의 주장과 병의 주장은 대립한다.
㉢ 을의 주장과 병의 주장은 대립한다.

① ㉠ 　　　　　　　　　　② ㉠, ㉡

③ ㉠, ㉢ 　　　　　　　　④ ㉡, ㉢

04~05 다음 글을 읽고 물음에 답하시오.

> 동물들의 이미지를 떠올려 보자. 동물들을 그릴 때 앞면과 옆면, 윗면 가운데 어느 면이 제일 먼저 떠오르는가? 먼저 말을 그려 보자. 말은 일반적으로 옆에서 본 이미지가 가장 먼저 떠오른다. 물고기는 어떤가? 그것도 옆에서 본 이미지이다. 도마뱀을 그려 본다면? 위에서 본 이미지가 제일 먼저 떠오를 것이다. 이렇듯 동물을 떠올리다 보면 제일 먼저 떠오르는 면이 하나씩 있다. 우리의 머릿속에 각인된 전형으로서의 면이다.
>
> 사람은 어떤가? 사람은 다른 동물과 달리 두 개의 경쟁적인 이미지 면을 동시에 가지고 있다. 대영 박물관이 소장한 〈늪지로 사냥을 나간 네바문〉은 얼굴과 다리는 측면에서 본 모습을, 가슴과 눈은 정면에서 본 모습을 그린 것이다. 해부학적으로 불가능한 구성 혹은 자세지만 이 그림뿐 아니라 고대 이집트 벽화 대부분이 이런 식으로 그려졌다. 이 혼합 형식으로부터 우리는 인간이 부위에 따라 앞면이 먼저 떠오르기도 하고, 옆면이 먼저 떠오르기도 하는 존재라는 사실을 확인할 수 있다. 우리가 네 발로 지상을 돌아다닐 때는 아마도 옆면이 우리의 대표적인 이미지 면이었겠지만, 진화해 두 발로 ㉠걸어 다니면서 가슴과 배가 드러나 옆면과 앞면이 동시에 대표적인 이미지 면이 된 것이다. 그러므로 우리에게는 전형의 면이 두 개 있다.

04 이 글의 내용에 부합하지 않는 설명은?

① 대상을 떠올릴 때 제일 먼저 떠오르는 면이 전형으로서의 면이다.
② 사람을 제외한 동물은 하나의 전형의 면을 가지는데 물고기의 전형의 면은 옆면이다.
③ 고대 이집트 벽화 중 다수가 사람의 전형의 면을 두 개 보여 주는 식으로 그려졌다.
④ 사람이 네 발 보행을 할 때는 옆면이, 두 발 보행을 하게 된 뒤로는 앞면만 전형의 면이 되었다.

05 문맥상 ㉠과 의미가 가장 가까운 것은?

① 어린 녀석이 걷는 모습이 의젓하구나.
② 그녀는 빨랫줄에서 이불을 걷고 있었다.
③ 외국 노동자들의 숫자가 증가 일로를 걷고 있다.
④ 며칠간 계속되던 장마가 걷고 오랜만에 햇빛이 들었다.

06 ㉮~㉰를 논리적 순서에 맞게 가장 바르게 배열한 것은?

> 대인 심리학에서는 우리를 동요하게 하는 분노, 기쁨 등과 같은 감정을 '감성'이라고 부른다. 감성은 분명한 원인으로 급속히 발생하여 심장 박동 수의 증가나 발한(發汗) 같은 생리적 반응을 동반하기도 한다.
>
> ㉮ 하지만 절대 그렇지 않다. 감성에는 사람을 동요하게 하는 힘이 있는데, 그 힘이 이성에게만 맡겨 놓을 수 없는 중요한 국면에서 우리를 이끌어 주기도 한다. 그래서 요구되는 것이 감성과 이성의 통합이다.
>
> ㉯ 그런데 감성은 반사적이고 원시적인 행동을 낳게 하며 이성을 마비시키는 경우도 있다. 이러한 이유로 감성은 현대인에게는 불필요한 것으로 간주되기 쉽다.
>
> ㉰ 감성은 감정과 관계된 정보를 이성에게 보내 행동을 하도록 촉구하고, 이성은 이 정보들을 받아들여 종합적인 판단을 내리며, 때로는 감성의 지시를 거부하거나 감성 그 자체를 억제시킨다. 즉 감성과 이성은 서로를 보완하는 것이다.

① ㉮ - ㉰ - ㉯　　　　② ㉯ - ㉮ - ㉰

③ ㉯ - ㉰ - ㉮　　　　④ ㉰ - ㉮ - ㉯

07 ⊙~㉣을 수정하는 방안으로 가장 적절한 것은?

근대 이전의 시대에 이야기책을 ⊙ 조용히 혼자서 읽는다는 것은 흔한 일이 아니었다. 더욱이 책을 소리 내지 않고 눈으로만 읽는 '묵독'의 관행은 좀처럼 찾아보기 힘든 일이었다. 그래서 책 읽기는 대부분 소리 내어 읽는 '낭독'의 방식을 취해야 했다.

그러나 근대 사회에 접어들면서 글을 읽고 쓸 줄 아는 사람들이 이전 시대보다 증가했고, 신문과 잡지의 등장으로 읽을거리 또한 많아지면서 ⓛ 전기수*는 점점 사라져 갔다. 반면에 전기수가 하던 일, 즉 이야기 혹은 책을 낭독하고 구연하는 전통은 지속되었다.

낭독의 특징은 ⓒ 공동체에 속한 개인들을 파편화시키는 역할을 한다는 점이다. 묵독이 고립된 개인을 양산한다면 낭독은 공동체적 개인을 길러 낸다. 근대에 들어서 전기수와 같은 낭독의 문화가 사라지고 묵독이라는 독서 방식이 등장한 이유는 ㉣ 근대적인 '공적 영역'이 생겨났기 때문이다. 학교, 도서관, 기차, 버스 등과 같은 공적 장소에서 책을 읽을 경우 묵독을 해야만 했던 것이다. 그것이 근대적인 '매너'라고 생각했기 때문이었다. 근대적인 공적 영역의 탄생과 함께 낭독의 문화가 점점 사라지기는 했지만 낭독의 문화가 완전히 자취를 감춘 것은 아니었다.

* 전기수(傳奇叟): 예전에, 이야기책을 전문적으로 읽어 주던 사람

① ⊙: 조용히 혼자서 읽는 일은 매우 흔한 일이었다

② ⓛ: 전기수도 점점 많아져 갔다

③ ⓒ: 파편화되어 있는 개인들을 하나의 공동체로 묶어 주는

④ ㉣: 근대적인 '공적 영역'이 사라졌기

실력 ⊘

08 다음 대화를 분석한 내용으로 적절하지 않은 것은?

갑: 모든 인간은 평등하므로 누구나 차별 없이 동등한 대우를 받아야 해. 개인의 능력이나 성취의 차이는 오히려 사회 구조나 환경에 따른 결과일 수도 있어. 따라서 그 차이를 근거로 분배를 달리하는 것은 정당하지 않아. 어떤 능력을 가졌든, 얼마만큼 성취를 했든 모두가 평등하게 대우받고, 자원을 똑같이 분배받아야 진정한 정의가 실현되는 사회가 될 수 있어.

을: 아니야, 사람마다 재능과 소질이 다른데도 이를 무시하고 똑같이 취급하는 것은 잘못이야. 그런 차이를 무시하고 모두를 똑같이 대우한다면 오히려 각자의 개성과 잠재력을 억압하는 결과가 될 수 있어. 모든 사람이 각자 자기의 타고난 능력을 발휘할 수 있게 하고, 또 그가 이룬 업적에 따라 보상받아야 사회는 건강하게 발전할 수 있어.

병: 능력에 따른 보상이 중요한 건 맞지. 하지만 현실에서는 많은 이들이 태어난 환경이나 사회적 조건 때문에 그 능력을 발휘할 기회조차 갖지 못하는 경우가 많아. 그런 사회에서는 개인의 능력을 충분히 발휘할 수 없기 때문에 사회가 발전하지 못할 거야. 따라서 제도적 장치를 통해 사회적 불평등을 제거하여, 비슷한 능력을 지니고 비슷한 노력을 하는 사람에게는 비슷한 대가가 돌아가도록 하는 사회가 바람직해.

정: 하지만 그것만으로는 부족해. 타고난 재능, 외모, 건강 등과 같이 우연히 주어진 자연적 능력에 의해 개개인의 성취가 좌우되는 경우가 많은데, 자연적으로 타고난 능력이 자기 책임은 아니잖아? 우연히 부여받은 능력에 의해서가 아니라 오로지 자신의 '노력'만을 기준으로 보상을 결정하는 사회가 올바른 사회라고 생각해.

① 갑과 을은 성취에 따라 보상을 달리 해야 한다는 데에 견해를 달리한다.

② 갑과 정은 개인의 능력이 서로 차이가 날 수 있다는 점에 동의한다.

③ 을과 병은 개인의 능력 발휘가 사회 발전과 관련이 있다는 데에 견해를 같이한다.

④ 정과 달리 병은 개인의 노력을 기준으로 보상을 결정하는 사회가 바람직하다고 생각한다.

09 다음 글에서 추론한 내용으로 가장 적절한 것은?

> 빵을 만들 때는 반죽의 pH에 유의해야 한다. 믹싱에서 굽기까지 반죽이 pH 5.0~6.5 약산성을 유지하면 이스트(빵효모)가 활발하게 작용하고, 또 산에 의해 글루텐이 적절하게 연화하여 반죽이 잘 늘어나게 되면서 발효가 성공적으로 이루어지기 때문이다. 반죽이 산성 쪽으로 많이 치우치면 글루텐이 연화해서 반죽이 지나치게 늘어지며 이스트가 발생시킨 탄산 가스를 붙잡을 수 없게 된다. 반대로 반죽이 알칼리성 쪽으로 치우치면 이스트와 유산균, 효소 작용이 방해를 받아 발효가 잘되지 않거나, 필요 이상으로 글루텐이 강화되어 반죽이 잘 늘어나지 않아서 빵의 볼륨이 나빠진다.
>
> 물은 재료 중에서도 배합량이 많아 빵 반죽의 pH에 크게 영향을 미치므로, 적절한 범위에서 크게 벗어난 pH 수치의 물은 반죽에 쓰지 않는 편이 좋다. 정수기 물은 알칼리 이온수(음용 알칼리성 전해수)나 산성수를 만들 수 있는데, 알칼리 이온수가 pH 9.0~10.0 정도, 산성수가 pH 4.0~6.0 정도로 설정되어 있다.
>
> 여기서 고려해야 할 것은 반죽의 pH는 발효가 진행됨에 따라 서서히 산성으로 치우치게 된다는 점이다. 이는 반죽에 섞인 유산균이 유산 발효를 통해 포도당에서 유산을 만들어 반죽의 pH를 떨어뜨리기 때문이다.

① 믹싱 시점에서 약산성이었던 빵 반죽에서 유산균이 과도하게 발효할 경우, 반죽이 잘 늘어나지 않을 것이다.

② 반죽에 섞인 유산균이 유산 발효를 하면 pH를 떨어뜨려 반죽은 딱딱해진다.

③ 정수기에서 산성수를 설정한 뒤 그 물로 빵 반죽을 만들 경우, 발효가 진행됨에 따라 반죽의 pH는 점차 높아질 것이다.

④ 빵 반죽이 지나치게 딱딱할 경우, 알칼리 이온수보다 산성수를 첨가하여 pH를 낮추면 반죽이 적절히 발효될 가능성이 높아질 것이다.

10 ㉮~㉰에 들어갈 예시를 〈보기〉에서 골라 알맞게 짝 지은 것은?

'X가 Y의 필요조건으로서 원인이다.'라는 문장은 'X가 일어나지 않으면 Y가 일어나지 않는다.'라는 것을 의미한다. 예컨대 [㉮].

'X가 Y의 충분조건으로서 원인이다.'라는 문장은 'X가 일어나면 Y도 일어난다.'라는 것을 의미한다. 예컨대 [㉯].

'X가 Y의 필요충분조건으로서 원인이다.'라는 문장은 'X가 일어나지 않으면 Y가 일어나지 않고, 동시에 X가 일어난다면 Y도 일어난다.'라는 것을 의미한다. 예컨대 [㉰].

―――――――――――/ 보기 /―――――――――――

㉠ 자기 관리를 잘하는 사람은 매력적이다. 그리고 자기 관리를 하지 않는 사람은 매력적이지 않다.

㉡ 흡연은 호흡기 질환의 원인이다. 그러나 흡연했다고 해서 언제나 호흡기 질환이 발생하는 것은 아니다. 하지만 흡연을 하지 않는다면 호흡기 질환은 발생하지 않는다.

㉢ 휴대폰 화면을 오래 보는 것은 눈이 건조해지는 것의 원인이다. 그런데 눈이 건조해지는 원인은 휴대폰 화면을 오래 보는 것 외에도 다양하다. 책을 오래 읽어도 눈이 건조해진다. 하지만 휴대폰 화면을 오래 본다면 눈이 건조해지는 것은 분명하다.

	㉮	㉯	㉰		㉮	㉯	㉰
①	㉠	㉡	㉢	②	㉠	㉢	㉡
③	㉡	㉢	㉠	④	㉢	㉠	㉡

실력 ⊙

01 다음 글을 읽고 이해한 것으로 적절하지 않은 것은?

> 문장은 생각이나 감정을 말과 글로 표현할 때 완결된 내용을 나타내는 가장 작은 언어 단위이다. 이를 위해서는 주어와 서술어 같은 기본 문장 성분이 필요하다. 이때 '비가 내린다.'처럼 주어와 서술어의 관계가 한 번 나타나면 홑문장, '비가 내리고 바람이 분다.'처럼 두 번 이상 나타나면 겹문장이라고 한다. 그런데 '(물이) 맑은 물이 졸졸 흐른다.', '아버지는 책을 (읽으시고), 어머니는 신문을 읽으신다.'처럼 주어나 서술어가 생략되기도 하므로, 생략된 성분이 없는지 살펴봐야 한다.
>
> 겹문장은 결합 방식에 따라 이어진문장과 안은문장으로 나뉜다. 이어진문장은 두 개 이상의 홑문장이 연결 어미에 의해 나란히 이어진 것으로, 대등하게 이어진 문장은 나열[-고, -(으)며], 대조[-지만, -(으)나] 등의 의미 관계를 갖는다. 반면 종속적으로 이어진 문장은 어느 한쪽이 다른 쪽에 종속된 것으로, 원인[-(아/어)서, -(으)니], 조건[-(으)면], 의도[-(으)려고] 등의 의미 관계를 갖는다.
>
> 안은문장은 홑문장이 하나의 문장 성분처럼 쓰이는 것으로, 안긴 절의 종류에 따라 명사절, 관형절, 부사절, 서술절, 인용절을 안은 문장으로 나뉜다. 명사절은 '-(으)ㅁ, -기'가 결합해 주어·목적어·보어 역할을 하고, 관형절은 '-(으)ㄴ, -는, -(으)ㄹ, -던'이 결합해 체언을 수식한다. 또한 부사절은 '-도록, -게'가 결합해 부사어의 역할을 하고, 서술절은 어형의 변화 없이 서술어의 역할을 한다. 끝으로 인용절은 다른 사람의 말이나 글을 직접 인용할 때에는 '라고'를, 간접 인용할 때에는 '고'를 쓴다.

① 대등하게 이어진 문장은 두 개 이상의 홑문장이 병렬적으로 이어져 있다.

② '학생들은 밤이 새도록 토론을 계속하였다.'는 서술절을 안은 문장이다.

③ '맑은 물이 졸졸 흐른다.'는 주어가 생략된 관형절을 안은 문장이다.

④ '아이들이 소풍을 가자고 떼를 쓴다.'는 다른 사람의 말을 간접적으로 인용하고 있다.

02 ㉮와 ㉯를 전제로 할 때, 빈칸에 들어갈 결론으로 가장 적절한 것은?

> ㉮ 입장객이 많지 않은 경기는 모두 상위 순위의 팀들이 하는 경기가 아니다.
> ㉯ 상위 순위의 어떤 팀은 이번 시즌에 우승할 가능성이 높은 팀이다.
> 따라서 [   ].

① 입장객이 많은 어떤 경기는 이번 시즌에 우승할 가능성이 높은 팀이 하는 경기이다

② 이번 시즌에 우승할 가능성이 높은 팀의 경기는 모두 입장객이 많다

③ 상위 순위의 어떤 팀은 이번 시즌에 우승할 가능성이 높은 팀이 아니다

④ 이번 시즌에 우승할 가능성이 높지만 상위 순위가 아닌 팀은 모두 입장객이 많은 경기를 하는 팀이 아니다

질력 ⊙

03 다음 글을 읽고 이해한 내용으로 옳지 않은 것은?

> 그리스 로마 신화에서는 신들 중 최고신인 제우스가 하늘을, 포세이돈이 바다를, 하데스가 지하 세계를 각기 맡아 다스렸다. 하지만 동양에서는 세계를 나누는 기준이 달랐다. 중국의 경우는 다섯 명의 신이 천하를 동·서·남·북·중 이렇게 다섯 방향, 즉 오방(五方)으로 나누어 지배하였다.
>
> 오방의 큰 신들을 하나하나 살펴보면 중국 신들의 이름이나 역할, 기능 등이 가끔 고정되지 않고 중복되거나 자리바꿈을 한다는 사실을 알 수 있다. 가령 홍수 남매혼 신화의 소년 복희가 신성한 동방의 큰 신이 되어 있는가 하면, 서방의 큰 신 소호가 동방의 큰 신이 되기도 했다.
>
> 이러한 혼란에는 이유가 있다. 첫째로 고대 중국 대륙에는 수많은 종족들이 함께 살고 있었기 때문에 일관된 신화 계통이 존재하기 어려웠다. 그래서 지배적인 종족이 바뀌면 그에 따라 신들의 지위도 바뀌게 마련이었다. 둘째로 고대의 중국은 거주 지역이 지금보다 훨씬 좁았다. 세월이 흐르면서 영역이 넓어지자 방위 개념도 바뀌었다. 이에 따라 신들의 관할 공간에도 변화가 생긴 것이다. 위와 같은 현상들은 그리스 로마 신화에서도 찾아볼 수 있다. 그리스 신화가 로마 제국에 수용되면서 신들의 성격이나 직능에 다소 변화가 생긴 것은 사실이다. 그러나 중국 신화가 훨씬 변화의 폭이 큰 것은 그리스나 로마의 경우보다 더 많은 종족이 광대한 영역에서 다양한 계통의 신화를 가지고 경쟁했기 때문으로 풀이된다.

① 중국 신화의 신들은 지배 종족의 변화에 따라 기존에 가지고 있던 지위가 바뀌기도 했다.

② 그리스 로마 신화와 달리 중국 신화의 신들은 이름이나 직능이 고정되지 않은 경우가 있었다.

③ 중국 신들의 관할 공간이 이동하는 것은 중국이 영토를 확장하면서 방위의 개념이 바뀌게 된 것과 관련이 있다.

④ 그리스 로마 신화의 신들과 중국의 신들은 서로 다른 기준에 따라 세계를 나누어 지배하였다.

04~05 다음 글을 읽고 물음에 답하시오.

> 농촌의 이야기를 담은 이문구의 〈암소〉에는 지방어와 사투리가 모두 담겨 있다. 소설이 지문(地文)과 대화문(對話文)으로 구성되어 있다면, 〈암소〉의 소설 언어는 지문에 주로 지방어를 쓰고, 대화문에 주로 사투리를 구사한다.
>
> 〈암소〉에 나오는 '영글다, 고주배기, 쩌다' 등과 같은 낱말들은 그게 무슨 뜻인지 단숨에 척 들어오지 않는다. 그러나 그것들은 사실 사전을 들춰 보기만 하면 금방 해결된다. 언어도 사람과 같아서, 출신이 시골이라고 신분조차 표준어가 되지 못한다는 법은 없다. 말하자면 사전 안에 들어 있으니까 표준어는 표준어인데 지방에서 쓰는 표준어인 셈이다. 이런 ⊙ 말을 '지방어'라고 한다. '지방어'에는 그것들을 엮어 쓰는 그 지역 특유의 언어 습관, 호흡이 반영되어 있다.
>
> 반면 〈암소〉에서 사투리를 쓸 때는 철자법이나 맞춤법에 구애받지 않는다. 작중 인물이 발음하는 대로, 작중 인물의 호흡에 따라 받아 적으면 그뿐이다. 모른다고 사전을 뒤적거릴 필요도 없다. 처음부터 사전에는 없는 ⓒ 말들이기 때문이다. 가령 '그러시면 못쓔.' 등에 나타나는 그 지역 특유의 종결 어미를 보면, 마치 실제 인물이 대화하는 것 같다. 작중 인물의 성격을 형상화하는 데에, 그만큼 대화의 역할이 크다는 사실을 말해 주는 대목이다.
>
> 사전에 없다고 해서 세상에도 없는 말이냐 하면 그렇지는 않다. 사전에 나오는 ⓒ 말은 따지고 보면 문법학자들이 만들어 낸 말이다. 그 대신 사전에도 없는 ⓔ 말이 불편 없이 소통되고 있다면 그것은 육성의 언어일 것이다. 사전에도 없이 육성으로 소통되는 언어를 사투리라고 한다면, 육성의 언어를 규범화하여 사전에 올리면 그건 규범어가 된다. 육성의 언어는 문법적으로는 맞지 않지만, 그래서 그것이 알아들을 수조차 없냐 하면 그렇지는 않은 법이다. 설령 정확하게는 아닐지언정 어렴풋하게나마 알아듣기는 ㉮ 그쪽이 더 편할지도 모른다.

실력 ⊘

04 이 글을 이해한 내용으로 가장 적절한 것은?

① 사투리는 지방에서 쓰는 표준어이다.
② 규범어에는 사투리와 지방어가 모두 포함된다.
③ 지방어와 사투리 중 사전 없이 이해하기 쉬운 것은 후자이다.
④ 〈암소〉에서 인물의 말은 지방어로, 지문은 사투리로 나타난다.

05 ⊙~ⓔ 중 문맥상 ㉮에 해당하는 의미로 사용된 것을 모두 고르면?

① ⊙, ⓒ
② ⊙, ⓔ
③ ⓒ, ⓒ
④ ⓒ, ⓔ

06 ㉮~㉲를 순서에 맞게 배열한 것은?

> 고려조의 활자 인쇄는 조선조로 계승되어 중앙 관서에서 활자가 제작됨에 따라 자못 괄목할 만한 발전이 이루어졌다. 《용재총화(慵齋叢話)》에 활자 주조 방법이 소개되어 있다.
>
> ㉮ 갯벌의 흙을 다져 놓은 거푸집(아래쪽)에 어미자를 박은 다음, 가지쇠를 박는다. 가지쇠는 글자 자국으로 쇳물이 흘러 들어가는 통로를 만들어 준다. 그다음 뚜껑을 덮듯이 거푸집(위쪽)을 덮고 흙을 다져 넣는다.
>
> ㉯ 쇳물이 식어서 굳으면 활자가 붙어 있는 쇠를 꺼내고 활자들을 떼어 내 다듬는다.
>
> ㉰ 글자본에 따라 필요한 글자들을 나무판에 도드라지게 새긴다. 한 글자씩 일정하게 잘라 내어 네 면을 잘 다듬고 정밀하게 손질한다. 이렇게 만들어진 어미자는 활자를 주물로 뜰 때 모형(母型)의 역할을 한다.
>
> ㉱ 위아래 거푸집을 분리하여 어미자와 가지쇠를 빼내고, 두 거푸집을 다시 합쳐 고정시킨 다음 구멍으로 녹인 쇳물을 붓는다.

① ㉮ - ㉯ - ㉰ - ㉱

② ㉮ - ㉰ - ㉯ - ㉱

③ ㉰ - ㉮ - ㉱ - ㉯

④ ㉰ - ㉱ - ㉯ - ㉮

07 문맥상 ㉠~㉣과 바꾸어 쓰기에 적절하지 않은 것은?

순수한 근원적 원리가 실존한다고 본 서구 전통 철학은 고정된 의미로서의 동일성을 중시했기 때문에, 말과 이성에 우위를 부여해 왔다. 자의적으로 해석할 수 있는 글과 달리 말은 고정된 의미를 ㉠ 담보할 수 있으며, 그때그때 변하는 감각이나 감정과 달리 이성은 변하지 않는다는 것이다.

자크 데리다는 이러한 서구 전통 철학이 '말 대 글', '이성 대 감정' 등의 이분법적 사고를 낳았으며, 전자를 중심에 두고 후자를 타자화함으로써 타자를 배척해 왔다고 비판했다. 이러한 관점에서 데리다는 지금까지 정당하다고 ㉡ 간주되어 온 법·정치 질서를 ㉢ 해체하여 순수한 근원에 대한 환상을 깨고자 했다.

데리다는 입헌 정치 체제에서 다른 법에 정립 근거를 제공하는 헌법은 이제껏 자유롭고 평등한 모든 국민의 자발적 동의를 통해 ㉣ 창출되었다는 믿음을 통해 정당화되어 왔지만, 헌법은 국가가 성립된 이후 소급적으로 정당성이 부여된 것에 불과하다고 지적한다. 그는 제헌의 순간에는 제헌 행위를 정당화할 수 있는 선험적 법 규범이 부재하기에 제헌 행위는 정당성이 담보되지 않은 폭력과 다르지 않으며, 따라서 헌법으로부터 정당성을 부여받는 법은 정의롭지 않다고 주장했다.

① ㉠: 뒷받침할

② ㉡: 여겨져

③ ㉢: 허물어

④ ㉣: 만들어졌다는

08~09 다음 글을 읽고 물음에 답하시오.

'서울은 한국의 수도이다.'는 참이지만, '경주는 한국의 수도이다.'는 거짓이다. 하지만 이 두 명제는 모두 믿음의 대상이 될 수 있다. 따라서 "김 씨는 '서울은 한국의 수도이다.'를 믿고 있다."와 "이 씨는 '경주는 한국의 수도이다.'를 믿고 있다."는 동등하게 성립된다. '경주는 한국의 수도이다.'가 거짓이라 하여 ㉠ "이 씨는 믿는 것이 아니다."라고 말하지 않는다. 명제는 참이거나 거짓이거나 믿음의 대상이 될 수 있다.

그러나 "김 씨는 '서울은 한국의 수도이다.'를 알고 있다."는 성립하지만, "이 씨는 '경주는 한국의 수도이다.'를 알고 있다."는 성립하지 않는다. '서울은 한국의 수도이다.'는 참이므로 인식 또는 '안다'의 대상일 수 있지만, '경주는 한국의 수도이다.'는 거짓이므로 인식 또는 '안다'의 대상일 수 없다. 인식의 대상이 되는 명제는 참일 것이 필요하다. 따라서 ㉡ "이 씨는 아는 것이 아니다."라고 말한다.

또 하나 주목해야 할 것은 어떤 명제가 참이라 할지라도 우리가 그 명제를 믿지 않으면 그 명제는 우리의 인식 대상일 수 없다는 것이다. 따라서 참인 어떤 명제를 인식하는 것은 그 명제를 믿기 위한 ㉢ 필요조건이다. 그런데 참 믿음의 경우에 다음과 같은 문제가 제기된다.

가령 "김 씨와 박 씨는 모두 '서울은 한국의 수도이다.'를 믿고 있다."에서 김 씨와 박 씨는 다 같이 참 믿음을 가지고 있다고 하자. 그러나 김 씨는 ㉣ 서울이 한국 정부의 소재지이기 때문에, 박 씨는 ㉤ 서울이 한국에서 가장 큰 도시이기 때문에 이 믿음을 가지고 있다. '서울은 한국에서 가장 큰 도시이다.'는 참이기는 하지만, '서울은 한국의 수도이다.'에 대한 이유는 아니다. "왜 서울이 한국의 수도인가?"라는 질문에 타당한 이유는 '서울은 한국 정부의 소재지이다.'이다. 그러므로 박 씨는 참 믿음을 가지고 있기는 하지만, 그 참 믿음에 도달하게 된 과정이 받아들여질 수 없으므로 박 씨는 '서울은 한국의 수도이다.'에 대한 인식에 이르지 못한다. 반대로 김 씨는 참 믿음에 마땅한 이유를 대었으므로 '서울은 한국의 수도이다.'를 안다고 할 수 있다.

08 이 글에서 추론한 내용으로 가장 적절한 것은?

① '동물은 인간이다.'는 믿음의 대상이 될 수 없다.

② '태양은 서쪽에서 뜬다.'는 인식의 대상이 될 수 있다.

③ '대한민국은 동아시아에 있다.'를 믿지 않는 사람에게도 이 명제는 인식의 대상이 될 수 있다.

④ '모든 인간은 죽는다.'라는 명제를 믿으면서 인간이 죽는 타당한 이유를 밝혔다면, 이 명제를 안다고 할 수 있다.

09 이 글의 ㉠~㉤ 중 어색한 곳을 찾아 가장 적절하게 수정한 것은?

① ㉠은 '이 씨는 믿는 것이다'로 수정한다.

② ㉡은 '이 씨는 아는 것이다'로 수정한다.

③ ㉢은 '충분조건이다'로 수정한다.

④ ㉣은 '서울이 한국에서 가장 큰 도시이기'로, ㉤은 '서울이 한국 정부의 소재지이기'로 수정한다.

10 다음은 동물원의 동물들에 관한 사실들이다. 이에 따를 때, 반드시 참인 것만을 〈보기〉에서 모두 고르면?

- 호랑이가 자면 판다는 자지 않는다.
- 판다가 자면 호랑이도 잔다.
- 기린이 자지 않으면 판다가 잔다.
- 기린이 자거나 판다가 자지 않는다.

───────── 보기 ─────────
㉠ 기린은 잔다.
㉡ 판다는 잔다.
㉢ 호랑이는 잔다.

① ㉠   ② ㉠, ㉢

③ ㉡, ㉢   ④ ㉠, ㉡, ㉢

01 ⊙~②의 밑줄 친 부분에 대한 수정 의견으로 적절하지 않은 것은?

> ⊙ 사업주는 근로 계약 기간이 끝나기 전에 정당한 이유 없이 해고할 수 없다.
> ⓒ 행정 안전부는 맑게 갠 날씨로 인해 야외 활동이 증가함에 따라, 안전사고 예방에 각별히 주의할 것을 당부하였다.
> ⓒ ○○시는 녹색 성장 위원회를 통해 자문과 의견을 수렴해 녹색 성장 추진 계획을 수립할 예정이다.
> ② 자기 계발 기회 보장을 위한 학습 여건 조성 등 다양한 활동을 해야 한다.

① ⊙: 필요한 문장 성분이 생략되지 않도록 '근로자를 해고할 수 없다'로 수정한다.

② ⓒ: 어문 규범에 맞도록 '개인'으로 수정한다.

③ ⓒ: 불필요한 내용이 중복되지 않도록 '녹색 성장 위원회에 자문해'로 수정한다.

④ ②: 과도한 명사 나열형 문장이 되지 않도록 '자기 계발을 할 기회를 보장하려면 학습 여건을 조성하는 등'으로 수정한다.

02 우리 지역에는 레드, 블루, 옐로, 화이트 네 개의 팀이 있다. 전국 경기 출전과 관련하여 다음 정보가 주어졌을 때, 출전하는 팀을 모두 고른 것은?

> ⊙ 레드가 출전하면 블루는 출전하지 않는다.
> ⓒ 옐로가 출전하면 화이트도 출전한다.
> ⓒ 레드가 출전하거나 화이트가 출전하지 않는다.
> ② 블루는 출전한다.

① 블루

② 블루, 레드

③ 블루, 레드, 옐로

④ 블루, 레드, 옐로, 화이트

03~04 다음 글을 읽고 물음에 답하시오.

인간의 존엄성과 가치를 훼손하지 않으면서 인간답게 살 수 있게 도와주는 사회 복지 방법론은 크게 미시적 방법론과 거시적 방법론으로 나눌 수 있다. 전자를 활용하는 전문가들은 사회 체제 자체에 별 관심을 보이지 않는다. 이들은 단지 사회 체제 안에서 ㉠개인에게 직접적으로 도움을 줄 수 있는 효과적인 방법들을 강화하는 데 관심을 기울인다. 반면에 후자를 주장하는 전문가들은 개인의 생활에 영향을 미치는 정부의 정책이나 사회 체제 자체를 매우 중요시한다. 왜냐하면 정부의 정책을 변화시키거나 사회 체제에 영향을 미침으로써, 그것이 궁극적으로 도움이 필요한 ㉡사람에게 실질적인 혜택을 줄 수 있다고 보기 때문이다.

역사적으로 볼 때, 사회 복지 방법론은 미시적 방법론을 중심으로 발전하였다. 그 결과 사회 복지 방법론은 개별적인 차원에서 문제들을 다루거나, 복지 서비스를 ㉢자신이 담당하고 있는 개인에게 효과적으로 전달하는 데 필요한 전문적인 지식과 기술을 갖추는 데에는 일단 성공을 하였다. 그러나 도움을 받는 ㉣이들과 사회 체제의 관계, 사회적 약자의 욕구가 정책에 반영되는 과정, 그리고 사회 체제에 내재해 있는 편향성 등의 문제에 대해서는 간과되었다. 이처럼 한쪽으로 치우쳐 발전된 사회 복지 방법론은 단지 사회 복지 서비스를 전달하는 일 자체에만 관심을 집중함으로써 '인간의 존엄성과 가치의 유지 및 보존'이라는 사회 복지 본래의 목표 달성을 어렵게 만들었다. 이와 같이 기형적으로 발전된 사회 복지 방법론만 가지고서는 사회 복지를 실천하기 위한 창조적 대안을 제시할 수 없다. 사회 복지 문제를 해결하기 위해서는 개인에게 직접적으로 도움이 되는 전문직 지식이 필요한 것은 물론, 사회 정책을 입안하거나 개선하기 위한 활동도 역시 필요하다.

실력 ⌄

03 이 글의 중심 내용으로 가장 적절한 것은?

① 사회 복지의 이념을 실질적으로 구현하는 데는 거시적 방법론보다 미시적 방법론이 더 적절하다.

② 사회 복지 이념을 제대로 실현하려면 미시적 방법론과 거시적 방법론의 편중을 극복한 균형적 발전이 요구된다.

③ 근본적인 사회 복지 문제를 해결하기 위해서 미시적 방법론과 거시적 방법론을 모두 지양해야 한다.

④ 직접적으로 개인을 돕기보다는 사회 복지와 관련된 사회 정책을 입안하고 개선함으로써 사회 복지의 목적을 달성할 수 있다.

04 ㉠~㉣ 중 문맥상 의미가 나머지와 다른 하나는?

① ㉠   ② ㉡

③ ㉢   ④ ㉣

05~06 다음 글을 읽고 물음에 답하시오.

중국에서 비롯된 유서(類書)는 고금의 서적에서 자료를 수집하고 항목별로 분류, 정리하여 이용에 편리하도록 편찬한 서적이다. 유서는 모든 주제를 망라한 일반 유서와 특정 주제를 다룬 전문 유서로 ㉠ 나눌 수 있으며, 편찬 방식은 책에 따라 다른 경우가 많았다. 중국에서는 대체로 왕조 초기에 많은 학자를 동원하여 국가 주도로 대규모 유서를 편찬하여 간행하였다. 이를 통해 이전까지의 지식을 집성하고 왕조의 위엄을 과시할 수 있었다.

고려 때 중국 유서를 수용한 이후, 조선에서는 중국 유서를 활용하는 한편, 중국 유서의 편찬 방식에 따라 필요에 맞게 유서를 편찬하였다. 조선의 유서는 대체로 국가보다 개인이 소규모로 편찬하는 경우가 많았고, 목적에 따른 특정 주제의 전문 유서가 집중적으로 편찬되었다. 전문 유서 가운데 편찬자가 미상인 유서가 많은데, 대체로 간행을 염두에 두지 않고 기존 서적에서 필요한 부분을 발췌, 기록하여 시문 창작, 과거 시험 등 개인적 목적으로 유서를 활용하고자 하였기 때문이었다.

이 같은 유서 편찬 경향이 지속되는 가운데 17세기부터 실학의 학풍이 하나의 조류를 형성하면서 유서 편찬에 변화가 나타났다. 실학자들의 유서는 현실 개혁의 뜻을 담았고, 편찬 의도를 지식의 제공과 확산에 두었다. 또한 단순 정리를 넘어 지식을 재분류하여 범주화하고 평가를 더하는 등 저술의 성격을 드러냈다.

실력 ⌄

05 이 글을 이해한 내용으로 적절하지 않은 것은?

① 대체로 중국에서는 모든 주제를 망라한 일반 유서가, 조선에서는 특정 주제를 다룬 전문 유서가 집중적으로 편찬되었다.

② 대체로 중국에서는 국가 주도의 대규모 유서가, 조선에서는 개인적 목적의 유서가 편찬되었다.

③ 중국은 지식을 집성하고 왕조의 위엄을 과시하기 위해, 조선의 실학자들은 지식을 제공하고 확산시키기 위해 유서를 편찬했다.

④ 17세기 이전의 조선에서는 시문 창작과 과거 시험용 유서가, 17세기부터는 현실 개혁 목적의 저술 성격 유서가 편찬되었다.

06 문맥상 ㉠과 의미가 가장 가까운 것은?

① 사과를 세 조각으로 나누어 먹자.

② 형제란 한 부모의 피를 나눈 사람들이다.

③ 우리 차라도 한잔 나누면서 이야기를 합시다.

④ 선생님은 학생들을 청군과 백군으로 나누어 편을 갈랐다.

07 ㉠~㉣ 중 〈보기〉가 들어가기에 가장 적절한 것은?

보기

그리고 의사소통에서는 말을 주고받는 목적뿐만 아니라, 말을 주고받는 사람들의 관계도 중요하다.

대화에서 상대방의 말과 태도는 곧 자신의 말과 태도에 대한 반응이다. [㉠] 다른 사람에 대한 나의 반응은 상대방의 새로운 대응을 이끄는 계기가 된다. [㉡] 따라서 화자는 대화 상황이나 주제에 맞게 관련성을 유지하면서 협력하여 말을 해야 하고, 청자는 관련된 정보와 단서들을 활용하여 화자의 의도를 추론해야 한다. [㉢] 화자와 청자의 관계를 고려하는 일도 중요하다는 말이다. [㉣] 서로 상대를 인격적으로 존중하고 대우하려는 태도, 즉 공손한 태도를 가져야 한다.

① ㉠
② ㉡
③ ㉢
④ ㉣

08 다음 글에서 추론한 내용으로 적절하지 않은 것은?

> 17세기는 국문 소설의 발흥기라고 말할 수 있다. 이 시기에 국문 소설이 발흥할 수 있었던 요인으로는 몇 가지를 지적할 수 있는바, 첫째 오래전부터 창작되어 온 한문 소설 창작 경험의 축적, 둘째 국문의 광범한 보급, 셋째 16세기에 발생한 임진왜란 이후 초래된 서민의 자아 각성 및 새로운 문학 환경의 조성, 넷째 여성 독자층의 형성 등이 그것이다. 국문 소설은 이러한 몇 가지 요인이 복합적으로 작용하면서 성립되었기에, 전대에 창작된 한문 소설의 경험을 한편으로 수용하면서도, 한문 소설과는 질적으로 다른 면모를 가질 수밖에 없었다. 한문 소설은 주로 사대부 남성이 독자였던 데 반해, 새로 성립한 국문 소설은 주로 여성층이 독자였으므로, 국문 소설은 이 여성 독자층을 크게 배려하지 않을 수 없었다. 그러므로 국문 소설이 이전의 한문 소설과 다른 면모를 갖게 됨은 필연적인 것이었다.
>
> 이처럼 국문 소설의 성립기에 여성 독자층이 큰 역할을 했다는 점은 강조되어야 마땅하나, 그렇다고 해서 이 시기에 국문 소설의 남성 독자층이 전혀 존재하지 않았다고 생각한다면 그것은 잘못이다. 가령 최초의 국문 소설인 〈홍길동전〉은 허균이 17세기 초에 창작했다고 알려져 있는데, 그 내용으로 미루어 보아 남성 독자를 염두에 두고 쓴 작품이 분명해 보인다. 서민층 남성이 주축이 되었을 국문 소설의 남성 독자층은, 국문 소설의 발흥기인 17세기 이래 점차 증가해 갔을 것으로 추정되며, 18세기 이후에는 더욱더 늘어났으리라 생각된다.

① 국문 소설이 발흥하는 데 사회적·문화적 환경의 변화가 영향을 미쳤다.

② 한문 소설에서 국문 소설로 발전함에 따라 소설의 주요 독자층이 변모하였다.

③ 17세기 발흥한 국문 소설은 이전의 한문 소설을 수용하면서도 그와 다른 면모를 보이기도 했다.

④ 17세기 국문 소설은 남성 독자층보다 여성 독자층이 많았지만 18세기에는 남성 독자층이 여성 독자층보다 우세하였다.

09 다음 글의 논지에 대한 평가로 적절한 것만을 〈보기〉에서 모두 고르면?

사람들이 언어에 부여하는 정치적 중요성은 언어를 종족의 표식으로 간주하는 데서 온 것입니다. 하지만 이는 잘못입니다. 현재 프로이센에서는 독일어만 통용되고 있지만, 불과 몇 세기 전만 해도 슬라브어가 사용되었습니다. 이러한 예들은 수없이 많습니다. 심지어 기원에 있어서도 언어의 유사성이 종족의 유사성을 초래하지는 않았습니다. 인도·유럽 어족, 셈 어족, 그리고 그 밖의 언어적 구분은 비교 문헌학의 연구로 만들어진 것인데, 이러한 구분은 인류학적 구분과 일치하지 않는다는 것입니다.

언어에 대한 이와 같은 편협한 생각은 종족에 대한 지나친 주목과 마찬가지로 위험성과 약점을 가지고 있습니다. 언어에 대한 생각에 과장된 표현을 불어넣을 때, 그것은 우리를 민족적인 것으로 간주되는 한정된 문화 안에 갇혀 버리게 합니다. 이러저러한 언어 안에 몰아넣기 전에, 이러저러한 인종의 구성원이 되기 전에, 이러저러한 문화의 지지자이기 전에 인간은 무엇보다도 우선 합리적이고 도덕적인 존재라는 기본적인 원칙을 포기하지 맙시다.

프랑스 문화, 독일 문화, 이탈리아 문화 이전에 인류의 문화가 있는 것입니다. 르네상스의 위대한 사람들을 생각해 봅시다. 그들은 프랑스 사람도, 이탈리아 사람도, 독일 사람도 아니었습니다. 그들은 고대와의 교류에 의해서 인류 정신의 진정한 교육의 비밀을 발견했으며, 거기에 몸과 마음을 바쳤습니다.

─── 보기 ───

㉠ 서로 다른 종족이 동일한 언어를 사용한 사례가 추가된다면, 이 글의 논지는 강화된다.
㉡ 언어가 민족의 역사와 정신을 담은 상징적 자산이라는 견해가 추가된다면, 이 글의 논지는 약화된다.
㉢ 한 국가의 공용어가 영어에서 프랑스어로, 다시 영어로 바뀐 사례가 추가된다면, 이 글의 논지는 약화된다.

① ㉠

② ㉢

③ ㉠, ㉡

④ ㉡, ㉢

10 주어진 전제를 바탕으로 결론을 도출할 때, 올바르게 판단한 사람은?

전제: 어떤 작품은 공모전에서 수상한 작품이다.

① 갑: 전제가 참일 때, '모든 작품은 공모전에서 수상하지 않은 작품이다.'는 참이다.

② 을: 전제가 참일 때, '모든 작품은 공모전에서 수상한 작품이다.'가 참인지 거짓인지는 알 수 없다.

③ 병: 전제가 거짓일 때, '모든 작품은 공모전에서 수상한 작품이다.'는 참이다.

④ 정: 전제가 거짓일 때, '어떤 작품은 공모전에서 수상하지 않은 작품이다.'가 참인지 거짓인지는 알 수 없다.

01 다음 글에 대한 이해로 적절하지 않은 것은?

국어에서는 동일한 모음이 연속될 때 한 모음으로 줄어드는 일이 있다. '따-+-아 → 따', '건너-+-었-+-다 → 건넜다'와 같이 모음 'ㅏ, ㅓ'로 끝나는 어간에 어미 '-아/-어', '-았-/-었-'이 결합할 때는 두 모음이 반드시 하나로 줄어든다. 이때 주의할 점은 '젓-+-어 → 저어'와 같이 'ㅅ' 불규칙 용언의 어간에서 'ㅅ'이 줄어든 경우에는 원래 자음이 있었으므로 'ㅏ, ㅓ'가 줄어들지 않는다는 것이다.

한편, '보아 → 봐', '추었다 → 췄다'와 같이 모음 'ㅗ, ㅜ'로 끝난 어간에 '-아/-어', '-았-/-었-'이 어울려 'ㅘ/ㅝ', 'ㅘㅆ/ㅝㅆ'으로 될 적에는 준 대로 적는다. 이때에는 '보아/봐', '추었다/췄다'를 모두 쓸 수 있다. '외어 → 왜', '외었다 → 왰다'와 같이 'ㅚ' 뒤에 '-어', '-었-'이 어울려 'ㅙ', 'ㅙㅆ'으로 될 적에도 준 대로 적으며, '외어/왜', '외었다/왰다'를 모두 쓸 수 있다.

① "그는 병이 다 났다고 했지만 핼쑥해 보였다."의 '났다고'는 '나았다고'로 고쳐 써야 한다.

② "선생님께 모르는 것을 여쭈었다."의 '여쭈었다'는 '여쭸다'로만 쓸 수 있다.

③ "모닥불에 젖은 옷을 쬐어 말렸다."의 '쬐어'는 '쫴'로 쓸 수도 있다.

④ 어간의 모음 'ㅗ, ㅜ'는 결합하는 어미에 따라 'ㅘ, ㅝ'로 표기할 수 있다.

02 다음 진술이 모두 참일 때, 반드시 참인 것은?

> • 갑이 화학과 학생이면, 을은 수학과 학생이다.
> • 병이 철학과 학생이거나 을이 수학과 학생이 아니다.
> • 을이 수학과 학생이면, 정은 국문과 학생이다.

① 정이 국문과 학생이면, 갑은 화학과 학생이다.

② 병이 철학과 학생이 아니면, 정이 국문과 학생이다.

③ 갑이 화학과 학생이면, 병은 철학과 학생이다.

④ 을이 수학과 학생이 아니면, 병도 철학과 학생이 아니다.

03~04 다음 글을 읽고 물음에 답하시오.

조선 시대 과거는 왕이 유교적 정치 이념을 실현하기 위해 필요한 인재를 선발하는 중요한 시험이었다. 과거는 여러 단계로 진행되는데, 시험의 최종 단계인 전시(殿試)에서는 왕이 직접 예비 관리들에게 당대의 현안들을 책제(策題)로 제시하고, 그 해결책을 묻는 시험을 치렀다. ㉠ 이들에게 책제로 제시된 현안은 당시의 정치, 경제, 군사, 문화 등 사회의 거의 모든 분야에 걸쳐 있었다. 이 시험에서 예비 관리들은 현안 해결을 위한 다양한 대책들을 글로 썼는데, 이 글을 책문(策文)이라 한다.

책문은 왕이 제시한 책제에 답하는 글이기 때문에 일정한 형식에 따라 짓는다. 책문은 "신은 다음과 같이 대답합니다[臣對]."라는 말로 시작하여 장황하면서도 공손하게 왕에 대한 찬사와 자신을 낮추는 겸사(謙辭)를 한다. 본문에서는 다양한 근거를 들어 책제에 대한 대책을 제시한다. 그리고 "보잘것없는 말들이지만 죽기를 각오하고 솔직한 말씀을 드립니다."라는 식의 겸사를 반복하면서 "신이 삼가 대답합니다[臣謹對]."라는 예를 갖춘 말로 마무리한다. 또한 책문을 작성하는 ㉡ 이들은 중국의 유교 사상가들과 조선의 학자들이 집필한 유교 경전과 역사서에서 근거를 찾아 답한다. 예비 관리들은 ㉢ 이들이 지은 문헌들을 인용하여 이상적인 사회는 어떠해야 하며, 왕에게 필요한 것이 무엇인지를 드러내었다.

조선 선비들은 유학을 익히고 인격을 수양하면서 경륜을 쌓고, 때가 되면 과거를 통해 출사(出仕)하여 자신의 포부를 세상에 펼치고자 하였다. 책문은 출사의 최종 단계에 오른 ㉣ 이들이 왕에게 그동안 쌓아 온 자신의 학식과 포부를 마음껏 펼치는 장이었다.

03 이 글에서 이해한 내용으로 적절하지 않은 것은?

① 책문에는 자신을 낮추는 겸사가 반복적으로 등장한다.

② 책문의 본문에는 책제에 대한 대책과 왕에 대한 찬사가 나온다.

③ 전시에 오른 선비들은 답안지를 일정한 형식에 따라 작성한다.

④ 전시에 선비들이 작성한 답안지 본문에는 유교 경전과 역사서의 내용이 담겨 있다.

04 ㉠~㉣ 중 문맥상 지시 대상이 다른 하나는?

① ㉠

② ㉡

③ ㉢

④ ㉣

05 ㉮~㉰의 연결 순서가 가장 자연스러운 것은?

> 방언들 사이에 명확한 지리적 경계선이 있는 것은 아니다. 방언 사이의 차이가 연속적이고 점진적이기 때문이다. 방언적인 특질들의 지리적 경계선을 등어선이라고 한다.
>
> ㉮ 그러나 일이 그렇게 간단한 것은 아니다. 등어선 자체가 어떤 어휘, 어떤 음운 현상, 어떤 문법 규칙을 기준으로 했느냐에 따라서 매우 다양하게 그어지는 데다가, 비슷한 방향의 등어선이 몇 개나 모여야 방언학적으로 의미 있는 등어선속이 되는지 확정하기 힘들기 때문이다.
>
> ㉯ 그래서 예컨대 한국어에 몇 개의 방언이 있느냐는 문제는 연구자의 관점이나 연구 대상의 수준에 따라 제각각이다.
>
> ㉰ 예컨대 우리는 '덥다'의 제1 부사형을 '더워'라고 하는 지역과 '더버'라고 하는 지역의 경계를 그을 수 있다. 그러다 보면 서로 비슷한 방향으로 그어지는 등어선들이 발견되게 마련이다. 이런 등어선들을 묶어 '등어선속'이라고 해, 대체로 커다란 방언의 경계로 삼는다.

① ㉮ - ㉯ - ㉰　　　　　　② ㉮ - ㉰ - ㉯
③ ㉰ - ㉮ - ㉯　　　　　　④ ㉰ - ㉯ - ㉮

06~07 다음 글을 읽고 물음에 답하시오.

> 포식자와 피식자 간 공포 유발은 생태학적으로 매우 중요하다. 태어나기 전에 이미 자연계의 먹이 사슬 관계가 유전자 속에 기록되어 있는 것이다. 1989년 마이클 쿡과 수전 미네카는 매우 흥미 있는 실험 결과를 발표했다. 공포 반응에 관한 실험이었다. 뱀을 ㉠본 적 없는 실험실의 원숭이들은 커다란 뱀을 보고도 전혀 무서워하지 않았다. 뱀에 대한 공포가 전혀 없는 실험실 원숭이들에게 뱀을 무서워하는 야생 원숭이의 모습을 보여 주자 실험실의 원숭이들도 뱀을 두려워하기 시작했다. 뱀에 대한 공포를 간접적으로 학습한 것이다. 그런데 야생 원숭이들이 꽃을 보고 무서워하는 것처럼 영상을 편집해서 보여 주자 꽃에 대해서는 어떤 공포심도 나타내지 않았다. 영장류의 뇌에는 자기에게 해가 될지 모르는 것을 두려워하는 경향이 이미 각인되어 있다는 것을 의미한다.

실력 ⊘

06 이 글을 통해 알 수 있는 사실로 옳지 않은 것은?

① 실험실의 원숭이들은 꽃에 대한 공포를 학습할 수 없었다.
② 동물은 자신이 속한 먹이 사슬의 위치에 적합한 경향을 지니고 태어난다.
③ 뱀에 대한 공포심은 원숭이들의 유전자에 기록되어 있다.
④ 영장류의 유전자에 기록된 공포의 대상은 학습이나 외부 자극 없이도 두려움을 유발한다.

07 문맥상 ㉠과 의미가 가장 가까운 것은?

① 길을 건널 때에는 신호등을 잘 <u>보고</u> 건너야 한다.
② 여가 시간에는 책을 <u>보는</u> 습관을 들이는 것이 좋다.
③ 기회를 <u>봐서</u> 부모님께 말씀드리는 게 좋겠다.
④ 어쩐지 그의 행동을 실수로 <u>볼</u> 수가 없었다.

08 다음 글을 읽고 추론한 바로 가장 적절한 것은?

> 트럼펫은 금관 악기 중에서 가장 오래된 역사를 가지며, 지금도 자주 사용되는 악기이다. 트럼펫은 그 소리의 힘찬 성격으로 인해 예로부터 행진곡과 환희, 기쁨과 승리의 메시지를 주었다. 기원전으로 거슬러 올라가는 역사 속에서 트럼펫은 7~8m에 달하는 매우 긴 길이에서부터 불과 30cm밖에 안 되는 길이까지 다양한 변형이 있었다. 현재의 트럼펫은 관의 길이가 축소되고 밸브가 있어 복잡한 음악을 연주할 수는 있지만 긴 관에서 나오는 저음의 깊고 웅장한 소리는 잃어버리고 말았다.
>
> 트럼펫의 각 부분을 기능적으로 살펴보면, 양 입술을 떨어 최초의 소리를 얻는 마우스피스와 그로부터 밸브에 이르는 관과, 튜닝 슬라이드와 밸브를 포함하는 조율관 전체, 그리고 밸브 이후부터 마지막 나팔 부분인 벨까지의 세 부분으로 나눌 수 있다. 마지막 부분에 속하는 벨은 제조 회사에 따라 길이와 크기가 다를 수 있는데, 일반적으로 벨의 직경이 크면 음을 둥글게 만드는 효과가 있으며, 규격 이하로 작으면 코맹맹이와 같은 답답한 소리가 난다. 벨까지의 관이 길고 벨이 넓으면 그만큼 공명 부분이 많아지는 셈이 된다.

① 트럼펫은 행진곡에 자주 등장했던 악기로 기원후에 발명되었다.

② 관의 길이가 긴 트럼펫보다 짧은 트럼펫이 더 깊은 저음을 낼 것이다.

③ 벨의 크기는 제조 회사에 따라 규격보다 작거나 클 수 있을 것이다.

④ 마우스피스에서 조율관까지의 길이가 밸브 이후부터 벨까지의 길이보다 짧을 것이다.

실력 ⌄

09 ⊙~ⓒ에 대한 평가로 옳게 말한 사람만을 〈보기〉에서 모두 고른 것은?

〈호질〉은 연암 박지원의 대표작이자 풍자 문학을 대표하는 고전으로 알려져 있다. 하지만 연암은, 〈호질〉의 도입부에는 '〈호질〉은 어느 가계에 걸려 있던 출처 불명의 기문이었다.'라고, 〈호질〉의 후지(後識)에는 '이 글은 비록 작자의 성명은 없으나 아마 가까운 시기 중국 사람이 비분해하여 지었을 것이다.'라고 하여 〈호질〉의 작가 논란이 분분해지게 되었다. 이에 따라 ⊙ 중국인 원작설, ⓛ 연암 개작설, ⓒ 연암 창작설 같은 주장들이 생겨났다.

중국인 원작설이나 연암 개작설을 주장하는 학자들은 〈호질〉이 실린 《열하일기》의 기록을 그대로 믿어야 한다는 입장이다. 연암의 기록을 얼마나 적극적으로 해석하느냐에 따라 중국인 원작설과 연암 개작설로 나뉜다. 《열하일기》는 일기 형식을 취한 기록 문학의 양식이므로 거짓 언어를 쓰지는 않았을 것이며, 따라서 중국인이 창작한 작품으로 보아야 한다고 주장한다. 〈호질〉을 연암의 순수 창작물로 보려는 입장에서는 겉으로 드러난 발언을 그대로 믿어서는 안 되며, 연암의 글쓰기 전략이라고 봐야 한다고 주장한다. 위선적인 선비에 대한 풍자가 위험한 발언이기에, 자신이 쓰지 않은 척했다고 보는 것이다. 중국인 원작설이든 연암 개작설이든 연암 창작설이든 〈호질〉의 내용이 연암의 사상을 잘 보여 준다는 점에서는 일치된 견해를 보인다.

───── 보기 ─────

갑: '일기'라는 제목이 붙은 당대 문헌의 기록들은 모두 사실을 바탕으로 하여 작성되었다는 연구 결과가 발표되었다면, ⊙과 ⓛ은 강화된다.

을: 지배 세력을 비판한 소신 있는 학자들이 지배 권력에 의해 탄압을 당한 다수의 역사적 사례는 ⊙과 ⓒ을 약화한다.

병: 《열하일기》 이전에 기록된 중국의 문헌에서 〈호질〉의 내용이나 사상과 유사한 작품이 발견된다면 ⓒ은 약화된다.

① 갑, 을   ② 갑, 병

③ 을, 병   ④ 갑, 을, 병

실력 ⌄

10 제품의 상태에 대해 조사한 결과가 다음과 같았다. 이에 따를 때, 반드시 참인 것은?

- 정수기가 불량이면 핸드폰은 불량이 아니다.
- 핸드폰이나 선풍기 중 적어도 하나는 불량이다.
- 핸드폰과 컴퓨터가 모두 불량인 것은 아니다.
- 선풍기가 불량이면 핸드폰도 불량이다.

① 선풍기가 불량이다.

② 정수기가 불량이다.

③ 핸드폰은 불량이 아니다.

④ 컴퓨터는 불량이 아니다.

공무원 국어의 독보적 기준
선재국어가 제시하는 매일 학습 전략!

공무원 국어의 독보적 기준 선재국어가 제시하는 매일 학습 전략!

WEEK

3

01 〈공공 언어 바로 쓰기 원칙〉에 따라 ㉠~㉣의 밑줄 친 부분을 수정한 것으로 적절하지 않은 것은?

/ 공공 언어 바로 쓰기 원칙 /

- 문맥에 맞는 조사를 사용할 것
- 필요한 문장 성분을 생략하지 않을 것
- 과도한 피동 표현이나 사동 표현은 삼갈 것
- 생소하거나 어려운 외래어는 우리말로 다듬을 것

㉠ 우리나라 재난 안전 기술의 우수성과 관련 산업을 활성화하기 위해 '재난 기술 홍보 전시관'을 운영할 예정이다.

㉡ ○○부는 창의적인 정책 제안 등으로 국민의 삶의 질을 높이는 데 크게 기여한 공무원을 발굴하여 공직 사회의 롤모델로 육성할 계획이다.

㉢ 열의 순환율이 높아짐에 따라 열이 고르게 전달되어 도자기의 속까지 적당하게 구워지게 된다.

㉣ ○○○ 기획 조정실장은 "행정 실무원도 행정 안전부 소속 근로자로서 자부심을 가지고 열심히 일해 줄 것을 기대한다."라고 말했다.

① ㉠: 재난 안전 기술의 우수성을 알리고 관련 산업을 활성화하기 위해

② ㉡: 본보기로

③ ㉢: 구워진다

④ ㉣: 근로자로써

02 행사 준비에 참여할 주무관들에 대한 정보이다. 이에 따를 때, 반드시 참여하는 주무관은?

- 최 주무관은 참여하지 않는다.
- 김 주무관이나 정 주무관 중 반드시 한 명만 참여한다.
- 최 주무관이 참여하거나 김 주무관이 참여한다.
- 정 주무관이 참여하면 한 주무관도 참여한다.
- 정 주무관이 참여하지 않거나 김 주무관이 참여하지 않는다.

① 김 주무관
② 김 주무관, 한 주무관
③ 정 주무관, 한 주무관
④ 김 주무관, 정 주무관, 한 주무관

03 다음 대화를 분석한 내용으로 적절한 것만을 〈보기〉에서 모두 고르면?

갑: 최근 담뱃값이 오를 때마다 청소년 흡연율이 눈에 띄게 줄었잖아. 담뱃값이 높아지면 접근 자체가 어려워져서 처음부터 담배에 손대지 않는 경우도 늘어날 거야. 그러니까 흡연율을 줄이려면, 담뱃값을 인상해야 해.

을: 담배는 일종의 중독이라서, 가격이 올라도 이미 습관이 된 사람들은 쉽게 끊지 못해. 오히려 생활비를 줄이면서까지 계속 피우는 경우도 있더라.

갑: 청소년이나 사회 초년생처럼 상대적으로 소득이 낮은 집단에서는 가격 민감도가 확실히 작용해. 실제로 담뱃값 인상 이후 금연 상담 건수가 증가한 통계도 있었고.

병: 문제는 단순히 금전적인 접근만으로 해결하려고 하는 방식이야. 금연을 유도하려면 교육이나 심리적 지원 같은 방식이 더 효과적이야. 가격만 올리는 것은 근본적인 해법이 아닌 것 같아.

을: 담뱃값을 올리면 세수는 늘어날지 모르지만, 그 돈이 금연 지원 정책으로 직접 연결된다는 보장도 없어. 결국 부담은 개인한테만 지워지는 셈이지.

──────── 보기 ────────

㉠ 갑의 주장과 을의 주장은 대립한다.
㉡ 갑의 주장과 병의 주장은 대립한다.
㉢ 을의 주장과 병의 주장은 대립한다.

① ㉠
② ㉡
③ ㉠, ㉡
④ ㉠, ㉡, ㉢

04~05 다음 글을 읽고 물음에 답하시오.

온라인에서 무언가를 주문할 때 수많은 선택 사항과 옵션에 압도당했다면 결정 장애를 경험한 것이다. ㉠ 이것은 선택지 앞에서 지나치게 고민하고, 쉽게 결정을 내리지 못하거나 결정 후에도 불안과 후회를 반복하는 상태를 의미한다. 예전에는 선택의 폭이 넓어지면 소비자에게 좋은 일이고 환영받을 것이라고 생각했지만 실제로는 역효과를 낳고 있는 셈이다.

심리학자들이 '극대화자'라고 부르는 사람, 즉 가능한 최선의 선택을 찾으려는 동기가 높은 사람이라면 결정 장애가 생길 가능성이 더 높다. 대조적으로, 당신이 '만족자'라면 괴로워할 가능성이 적다. 만족자는 최선인지 여부에 관계없이 가능한 선택지 중 '충분히 괜찮은' 선택이면 만족해한다. 또한 잘못된 결정을 내린 것에 대해 예상되는 후회감도 관련이 있다. ㉡ 이것을 더 많이 느낄수록 결정 장애가 올 가능성이 더 커진다. 이는 결국 의사 결정에 따른 '기회비용'이라고 생각되는 것과 관련이 있다. ㉢ 이것은 간단히 말해서 어떤 특정한 길을 가기로 선택했을 때 잃을 수 있는 모든 것이다.

결정 장애를 겪는 사람들은 결정을 끝없이 미룬다. 하지만 ㉣ 이것은 해결책이 아니다. 결정 장애를 극복하기 위해서는 완벽한 결정이란 없다는 것을 인식해야 한다. 그리고 결정 장애를 극복하려면, 약간의 조사를 하고 우선순위에 따라 중요한 주요 요소에 대해 간략하게 메모하여 결정에 수반되는 정신적인 복잡함을 줄이는 것이 실용적인 접근 방식이다.

04 이 글에서 추론한 내용으로 가장 적절한 것은?

① 온라인보다 오프라인 상황에서 결정 장애를 느끼는 사람이 많을 것이다.

② 완벽한 결정이 없음을 깨닫지 못하면 결정 장애를 극복할 수 없을 것이다.

③ 만족자는 잘못된 결정을 내린 것에 대해 후회를 많이 느낄 것이다.

④ 극대화자와 달리 만족자는 결정하기 위해 다양한 선택지를 고려하지 않는다.

05 ㉠~㉣의 문맥적 의미로 적절하지 않은 것은?

① ㉠: 결정 장애

② ㉡: 잘못된 결정에 따른 후회감

③ ㉢: 기회비용

④ ㉣: 결정 장애를 겪는 사람들

06 〈지침〉에 따라 〈개요〉를 작성할 때, ⑤~② 에 들어갈 내용으로 적절하지 않은 것은?

/ 지침 /

• 서론의 제목은 하위 항목의 내용을 포괄하도록 작성할 것
• 본론은 원인과 해결 방안으로 구성하되, 각 장의 하위 항목끼리 대응시킬 것
• 결론은 기대 효과와 해결 방안의 보완점으로 구성할 것

/ 개요 /

제목: 청소년 도박 중독의 원인과 해결 방안

Ⅰ. **서론**: ⑤

　　1. 도박 자금 마련을 위한 2차 범죄 발생
　　2. 도박으로 인한 경제적 어려움과 가정 내 갈등

Ⅱ. **본론**

　　1. 청소년 도박 중독의 원인
　　　가. ⑥
　　　나. 청소년의 미숙한 충동 조절 능력
　　2. 청소년 도박 중독의 해결 방안
　　　가. 불법 도박 사이트 상시 모니터링 시스템 구축
　　　나. ⑥

Ⅲ. **결론**

　　1. ②
　　2. 청소년 도박 중독률 감소

① ⑤: 청소년 도박 중독의 문제점
② ⑥: 불법 도박 사이트에 대한 관리·감독 미흡
③ ⑥: 전문 상담 및 치료 지원 체계 강화
④ ②: 청소년 범죄 및 2차 범죄 예방

07 문맥상 ㉠~㉢과 바꾸어 쓰기에 가장 적절한 것은?

리얼리즘 영화 이론가 앙드레 바쟁은 영화감독을 '이미지를 믿는 감독'과 '현실을 믿는 감독'으로 분류했다. 영화의 형식을 중시한 '이미지를 믿는 감독'은 다양한 영화적 기법으로 현실을 변형하여 ㉠ 새로운 의미를 창조하는 데 주력한다. 몽타주의 대가인 예이젠시테인이 대표적이다. 몽타주는 추상적이거나 상징적인 이미지를 통해 관객이 익숙한 대상을 ㉡ 낯설게 받아들이게 한다. 또한 짧은 숏들을 불규칙적으로 편집해서 영화가 재현한 공간이 불연속적으로 연결된 듯한 느낌을 ㉢ 만들어 낸다. 바쟁은 몽타주가 현실의 연속성을 ㉣ 깨뜨릴 뿐만 아니라 감독의 의도에 따라 관객이 현실을 하나의 의미로만 해석하게 할 우려가 있는 연출 방식이라고 생각했다.

① ㉠: 개선(改善)된

② ㉡: 막연(漠然)하게

③ ㉢: 조성(造成)한다

④ ㉣: 지탱(支撑)할

08~09 다음 글을 읽고 물음에 답하시오.

음모론은 기존에 알려진 사실들을 그 이면에 숨겨진 원인으로 설명하는데, 음모론에 등장하는 가설들은 상식에 비추어 볼 때 너무 예외적이어서 많은 경우 터무니없다는 반응을 불러일으킨다. 그렇지만 어떤 사람들은 ㉠ 음모론 속 가설들이 기존 사실들을 무척 잘 설명한다는 것을 근거로 그 가설이 참이라고 생각하기도 한다. 그럼 그런 높은 설명력을 가진다는 것이 음모론에 등장하는 가설에 대한 과학적 근거라고 할 수 있는가?

사실 과학적 추론들 중에도 가설의 뛰어난 설명력을 근거로 가설의 채택 여부를 결정하는 것이 있다. 그런 추론은 흔히 '최선의 설명으로의 추론'이라고 부른다. 이 추론은 기존 증거를 고려하여 가장 그럴듯한 가설, 즉 해당 증거에 대해서 가장 개연적인 설명을 제공하는 가설을 골라낸다. 이와 더불어 그 추론은 가설의 이론적 아름다움, 즉 단순성과 정합성 등을 파악하여 미래 증거에 대해서도 가장 좋은 설명을 제공할 것 같은 가설을 찾아낸다. 이렇듯 최선의 설명으로의 추론은 기존 증거와 미래 증거를 모두 고려하여 가장 그럴듯하면서도 아름다운 가설을 채택하는 과정이다.

이런 점에서 생각해 볼 때, 음모론 속 가설의 설명력이 그 가설에 대한 과학적 근거를 제공하지 못한다는 것은 분명하다. 왜냐하면 그런 가설들은 예외적인 원인을 이용하여 기존 증거에 대해서는 놀라운 설명을 제공하지만, 그 예외적인 원인의 뛰어난 설명력을 유지하기 위해서 복잡하고 비정합적일 수밖에 없게 되어 미래 증거에 대한 올바른 설명을 제공할 수 없기 때문이다.

실력 ⌄

08 이 글에 대한 설명으로 가장 적절한 것은?

① 대상 간의 차이점을 밝혀 결론의 근거로 삼고 있다.

② 대상의 문제점을 언급한 후 해결 방안을 제시하고 있다.

③ 특정 대상과 관련된 과학 이론의 문제점을 지적하고 있다.

④ 주장을 반박하는 사례를 제시하여 논지를 강화하고 있다.

09 ㉠에 대한 설명으로 가장 적절한 것은?

① 기존의 사실들을 고려하여 가장 개연성 높고 이론적인 설명을 채택한다.

② 예외적 원인을 통해 사실을 설명하기 때문에 가설의 이론성이 떨어진다.

③ 과학적 추론과 달리 기존 증거와 미래 증거를 모두 올바로 설명할 수 없다.

④ 미래 증거에 대한 너무 단순한 설명 때문에 터무니없다는 평가를 받는다.

실력 ⌄

10 다음 추론이 타당하기 위해 추가로 필요한 진술은?

- A 거리가 활성화되면 B 동네는 침체되지 않는다.
- B 동네와 C 동네가 동시에 침체를 피할 수는 없다.
- A 거리가 활성화되지 않으면 D 거리가 활성화될 것이다.
- 따라서 C 동네가 침체를 피할 수는 없다.

① A 거리가 활성화되지 않을 것이다.

② B 동네가 침체될 것이다.

③ C 동네가 침체되면 B 동네가 침체될 것이다.

④ D 거리가 활성화되지 않을 것이다.

매일 국어 12회

맞힌 개수   /10
풀이 시간   분   초

실력 ⌄

01 다음 글에서 추론한 내용으로 적절하지 않은 것은?

'있다'는 동사이기도 하고 형용사이기도 하다. 동사일 때는 동작을, 형용사일 때는 상태를 나타낸다. 가령 '오늘은 하루 종일 집에 있었다.', '움직이지 말고 가만히 있어.'에 쓰인 '있다'는 동사이다. 한편 '날지 못하는 새도 있다.', '오늘 회식이 있다.' 등에 쓰인 '있다'는 형용사이다. 동작일 땐 동사이고 상태일 땐 형용사라고는 하지만 일상생활에서 구분해서 쓰기가 말처럼 쉽지는 않다. 문장 안에 쓰인 '있다'를 '있어라'로 바꾸어도 이상하지 않으면 동사, 이상하면 형용사라고 생각하면 그나마 좀 쉽게 가릴 수 있다.

'있다'는 그 밖에 보조 동사로 쓰이기도 한다. '가고 있다', '먹고 있다', '피어 있다', '깨어 있다'에 쓰인 경우이다. 다만 행위가 진행될 수 없는 동사에 보조 동사 '있다'를 붙일 수는 없다. 가령 '출발하고 있다', '도착하고 있다', '의미하고 있다' 등은 각각 '출발했(한)다', '도착했(한)다', '의미했(한)다'라고 써야 한다. 출발이나 도착, 의미 따위는 하거나 안 하거나이며 하는 상태를 줄곧 유지할 수 있는 행위가 아니기 때문이다.

① '나을 때까지 병원에 있다.'의 '있다'는 동사이다.

② '깨다'는 상태를 계속 유지할 수 있는 행위이다.

③ '집에 있다'의 '있다'와 '보고 있다'의 '있다'는 품사가 다르다.

④ '있다'는 상태를 나타내는 형용사와 동작을 나타내는 동사로 모두 쓰인다.

02 선재네 과일 가게에 대한 다음 정보가 참일 때, 반드시 참인 것은?

· 어떤 고객은 매주 사과를 구매한다.

· 사과, 수박, 참외를 매주 구매하는 고객은 없다.

· 매주 사과를 구매하는 고객은 모두 매주 수박을 구매한다.

---

① 참외를 매주 구매하지는 않는 고객이 있다.

② 수박을 매주 구매하는 고객은 없다.

③ 사과와 수박을 함께 매주 구매하는 고객은 없다.

④ 사과를 매주 구매하지는 않는 고객은 모두 매주 참외를 구매한다.

03 다음 글의 내용과 일치하는 것은?

> 인간에게 중요한 과제인 에너지 문제를 해결하는 방법으로 '해양 온도 차 발전'의 연구가 추진되고 있다. 해양 온도 차 발전이란 바다의 차가운 심층 해수와 따뜻한 표층 해수의 온도 차(열에너지)를 이용하는 발전 방법이다. 해양 표층부의 따뜻한 해수와 심층부의 차가운 해수 사이에는 약 10~30%의 온도 차가 있다. 이 해양에 축적된 열에너지를 전기 에너지로 변환하는 시스템이 해양 온도 차 발전이다. 해양 온도 차 발전 시스템의 주요 구성 기기는 증발기, 응축기, 터빈, 발전기, 펌프이다. 이런 기관들은 관으로 연결되어 있고 작동 유체가 내부를 도는 구조로 되어 있다.
>
> 작동 유체는 발전 때 가열되고 액체에서 증기가 되어 터빈을 돌리는 역할을 한다. 화력 발전이나 원자력 발전의 경우는 작동 유체로 '물'이 사용되고 있다. 해양 온도 차 발전의 경우는 작동 유체에 암모니아 등이 사용된다.
>
> 발전 사이클은 우선 액체인 작동 유체를 펌프에 의해 증발기로 보낸다. 거기서 표층의 따뜻한 해수로 작동 유체를 가열·증발시킨다. 다음에 그 증기를 터빈으로 보내어, 터빈 및 발전기를 회전시켜 발전한다. 그리고 터빈을 돌리고 나온 증기는 응축기에서 심층의 차가운 해수에 의해 냉각되어 다시 액체로 변환된다. 이것을 반복하여 발전시키는 것이다.

① 해양 온도 차 발전 사이클은 증발기, 터빈, 응축기의 순서로 반복된다.

② 해양 온도 차 발전 시스템을 구성하는 주요 기기들은 따로 분리되어 있다.

③ 해양 온도 차 발전은 해수가 지닌 전기 에너지를 열에너지로 변환하는 시스템이다.

④ 원자력 발전과 해양 온도 차 발전에서는 암모니아를 작동 유체로 사용한다.

04 ㉮~㉲의 순서로 가장 자연스러운 것은?

> ㉮ 언어가 의사소통의 효과적인 도구가 되기 위해서는 사회 구성원 모두에게 공통적이어야 한다. 그러나 언어의 말소리와 뜻의 관계는 상황에 따라 얼마든지 바뀔 수 있다.
>
> ㉯ 표준어의 필요성은 국민들이 하나의 같은 도구로 의사소통을 효과적으로 할 수 있도록 하는 데에 있다.
>
> ㉰ 그러나 언어가 시간적으로, 지역적으로, 사회적으로 서로 다른 모습을 보인다면, 의사소통의 도구로서의 기능은 크게 떨어진다.
>
> ㉱ 그래서 이 세 조건을 각각 어느 한 가지로 공통되게 기준을 정하게 되는데, 이것이 바로 표준어이다.

① ㉮ - ㉯ - ㉰ - ㉱

② ㉮ - ㉰ - ㉱ - ㉯

③ ㉯ - ㉮ - ㉱ - ㉰

④ ㉯ - ㉰ - ㉱ - ㉮

05~06 다음 글을 읽고 물음에 답하시오.

인체 유전자 집단(게놈)의 지도가 완성되었다는 것은 큰 사건이다. '몸'은 ⊙ 그 자체만으로 아무 정보도 가지고 있지 않다. 몸은 23장(23개 염색체 쌍)으로 짜인 세포핵들의 유전자 집단, 곧 '유전자 책'이다. 지금까지 신의 비밀 장부로 남아 있던 그 책을 읽을 수 있게 되었다는 것이 유전자 지도 완성의 의미이다. 그 책에는 한 개체의 생물학적 생애를 결정하는 모든 유전 정보들이 들어 있다.

유전자 지도 완성은 인간을 완벽한 투명성의 존재로 만드는 것 같아 보인다. 그러나 정말 그럴까? 인간은 생물학적 존재이기만 한 것이 아니라 문화적 존재이며, 이 문화적 존재로서의 인간은 생물학적 해명만으로 이해될 대상이 아니다. 문화라면 대개 우리는 '전통문화', 대중 또는 고급문화라는 한정된 '문화'만을 머리에 떠올린다. 그러나 실제 생활 세계에서 보면, '음주 문화, 교통 문화, 청소년 문화, 청탁 문화, 관료 문화' 등 ⓒ 우리가 쓰는 문화라는 말의 범위는 그보다 좁다. 영국 시인 오스카 와일드는 인간의 삶을 감싸는 거대한 '봉투'가 문화라고 말한다. 봉투라는 말은 ⓒ 오히려 협소하다. 이보다 문화라는 이름의 '우주'라고 말하는 편이 더 정확하다.

그런데 우주의 비밀은 무엇일까? 그 비밀이 무엇이기에 사람들은 제각각 차이와 다양성을 가진 존재로 성장하는 것인가? 문화의 이 비밀은 아직도 많은 부문 비밀로 남아 있다. 그러나 문화라는 우주는 인간이 만든 것이므로 ⓔ 바꿀 수 없고 거기서 탈출할 수도 없다. 물론 '집단적 우주'로서의 문화를 바꾸는 데는 오랜 시간이 걸리지만 말이다. 시대에 맞지 않는 문화, 사람 괴롭히는 고약한 문화는 바꾸고 새로운 문화를 만들어야 한다. 이것이 '문화 개혁'이다. 민주주의 문화는 비민주적 문화의 개혁 위에 피어난 새로운 문화이다. 이 문화 개혁의 기획을 담당해야 하는 것이 바로 시민 사회이다.

실력 ⊙

05 이 글에서 추론한 내용으로 가장 적절한 것은?

① 인간의 모든 속성은 생물학적 특성만으로 이해될 수 있다.

② 현재 게놈 지도와 문화와 관련된 비밀은 모두 밝혀져 있는 상태이다.

③ 생물학적 특성보다 문화적 특성이 인간에게 더 큰 영향을 미친다.

④ 시민 사회는 잘못된 문화를 새롭게 바꾸는 역할을 담당해야 한다.

06 ⊙~ⓔ 중 어색한 곳을 바르게 수정한 것이 아닌 것은?

① ⊙은 '그 자체만으로 모든 정보를 가지고 있다'로 수정한다.

② ⓒ은 '우리가 쓰는 문화라는 말의 범위는 그보다 넓다'로 수정한다.

③ ⓒ은 '오히려 광범위하다'로 수정한다.

④ ⓔ은 '바꿀 수 있고 거기서 탈출할 수도 있다'로 수정한다.

07 ○과 문맥상 의미가 가장 가까운 것은?

> 흔히 어떤 조세를 법적으로 납부할 책임을 가진 사람이 그 조세의 실질적인 부담을 모두 지는 것으로 생각한다. 그러나 조세 부담의 일부 또는 전부가 조세로 인한 가격 변동을 통하여 다른 사람에게 전가될 수 있다.
>
> 예를 들어 한 자루당 700원인 볼펜에 100원의 물품세가 공급자에게 부과된다고 하자. 이때 공급자가 기존 가격에 100원을 더 받으려고 하면서 새로운 균형 가격이 형성된다. 새로운 균형 가격이 760원으로 ○ 오르게 되었다고 할 때, 조세 부과 이전 가격보다 60원을 더 받을 수 있다는 사실로 인해 공급자의 조세 부담은 일부 상쇄된다. 이는 수요자가 기존보다 60원을 더 지불하고 볼펜을 구입하게 되면서 60원의 조세 부담이 수요자에게 전가되기 때문이다. 공급자가 실제로 갖게 되는 금액은 760원에서 조세 100원을 뺀 660원이다. 최종적으로 공급자에게는 40원, 수요자에게는 60원의 조세가 귀착된다.

① 사업이 비로소 정상 궤도에 올랐다.
② 주말에 가족이 함께 산에 올랐다.
③ 연구를 거듭한 결과 판매 실적이 올랐다.
④ 작년보다 등록금이 많이 올랐다.

08~09 다음 글을 읽고 물음에 답하시오.

칸트에 따르면, 인간이 인식하는 자연은 사물 자체가 아니고 감각 기관을 통해 형성되는 현상일 뿐이다. 따라서 우리가 인식하고 있는 이 세계는 절대적인 객관 세계가 아니라 인간의 인식 구조 안에서 구성된 주관적 현실이다. 인간은 결코 세계 그 자체를 인식할 수 없다. 그 것은 자기 자신을 규정할 때도 마찬가지다. 인간의 인식에 의해 파악된 ㉠ 자아는 현상적인 '나', 곧 우리의 감각과 인식을 통해 구성된 자아일 뿐이다. 이 자아는 과거의 경험과 사고를 기반으로 형성된 것으로, 인식의 대상이 된 자아이다. 칸트의 관점에서 현상적인 자아는 본래의 ㉡ 자아가 아니다. 하지만 칸트는 이러한 ㉢ 자아 이면에 초월적 자아가 존재한다고 보았다. 이는 감각적으로 주어지지도 않고 감각으로 포착되지도 않는다. 그러나 모든 인식을 가능케 하는 전제 조건으로서 존재한다. 이처럼 현상적 자아는 인식의 결과이며 대상이 되는 자아이고, 초월적 자아는 인식의 전제이며 주체로서의 자아이다. 전자가 경험 세계 안에서 규정된 자아라면, 후자는 경험을 가능하게 만드는 근거로서의 ㉣ 자아이다.

칸트의 초월적 자아의 개념은 인간에 대한 존엄성을 근거로 하고 있다. 모든 인간은 감각 경험의 세계에서 현상적 존재이면서 초월적인 존재로 살아간다. 현상적 자아는 인식되는 자아이고 초월적 자아는 인식할 수 없는 자아로, 초월적 자아가 인간 본래의 자아이다. 인간은 어떤 존재이건 간에 개개인이 존엄한 초월적 존재로서 절대적 인격 가치를 지닌다. 이를 통해 칸트는 인간을 '목적 그 자체'로 간주해야 하며, 어떤 외적 목적의 수단으로 취급되어서는 안된다고 주장한다. 이것이 바로 칸트의 도덕 철학에서 말하는 '정언 명령'의 핵심이다.

08 이 글에서 추론한 내용으로 가장 적절한 것은?

① 현상적 자아와 초월적 자아는 모두 인식 가능한 자아이다.

② 초월적 자아가 존재하기 때문에 현상적 자아도 존재할 수 있는 것이다.

③ 어떤 인간은 초월적 자아로만 존재하고, 어떤 인간은 현상적 자아로만 존재한다.

④ 칸트는 인간이 현상적 자아를 파악할 수 있기 때문에 인간을 수단으로 취급해서는 안 된다고 주장한다.

실력 ⊘

09 ㉠~㉣ 중 문맥적 의미가 동일한 것끼리 묶인 것은?

① ㉠, ㉡   ② ㉡, ㉢

③ ㉡, ㉣   ④ ㉢, ㉣

10 다음의 진술들이 모두 참이라고 할 때, 반드시 참이라고 볼 수는 없는 것은?

> • 주말이 되면 영희는 아르바이트를 한다.
> • 주말이 아니면 철수는 운동을 하지 않는다.
> • 철수가 운동을 하거나 민호가 외갓집을 방문한다.
> • 영희는 아르바이트를 하고 민호는 외갓집을 방문한다.

① 철수가 운동을 하면 영희는 아르바이트를 한다.

② 주말이 되었다.

③ 주말이거나 철수가 운동을 하지 않는다.

④ 민호가 외갓집을 방문한다.

01 다음 공문서의 ㉠~㉣을 수정한 것으로 적절하지 않은 것은?

〈20○○ 안전 실천 캠퍼스〉 모집 공고

　행정 안전부는 국민 참여형 안전 정책의 ㉠ <u>일환으로</u>, 지역 사회의 ㉡ <u>안전 문화 확립 및 안전 의식을 높이기 위해</u> 활동할 〈20○○ 안전 실천 캠퍼스〉를 모집하오니 많은 참여 바랍니다.

- 활동 일자: ㉢ <u>20○○. 10. 1</u>
- 활동 내용: 전공, 관심사, 동아리 활동 등과 관련된 안전 분야를 주제로 캠퍼스 및 지역 사회를 위한 안전 문화 캠페인
- 지원 방법: 8월 25일(월)부터 9월 5일(금)까지 지원서를 전자 우편으로 ㉣ <u>제출</u>

---

① ㉠은 어려운 한자어 대신 쉬운 우리말인 '하나로'로 다듬는다.

② ㉡은 병렬 구조를 고려하여 '안전 문화를 확립하고 안전 의식을 높이기 위해'로 수정한다.

③ ㉢은 어문 규범을 고려하여 '20○○. 10. 1.'로 수정한다.

④ ㉣은 문맥에 맞는 적절한 어휘를 선택하여 '접수'로 수정한다.

02 다음이 참이라고 할 때, 빈칸에 들어갈 결론으로 가장 적절한 것은?

> · A 부서 직원은 모두 B 부서 직원과 함께 프로젝트를 진행한다.
> · C 부서 직원 중에 B 부서 직원과 함께 프로젝트를 진행하는 사람은 없다.
> 따라서 _____.

① A 부서 직원이 아닌 사람은 모두 C 부서 직원과 함께 프로젝트를 진행한다

② A 부서 직원 중에 C 부서 직원과 함께 프로젝트를 진행하는 사람은 아무도 없다

③ B 부서 직원이 아닌 사람은 모두 C 부서 직원과 함께 프로젝트를 진행한다

④ C 부서 직원 중에 A 부서 직원과 함께 프로젝트를 진행하는 사람이 있다

03 ⊙~②을 수정하는 방안으로 가장 적절한 것은?

> 오늘날의 커뮤니케이션은 꽤 세련된 방식으로 이루어진다. 안부를 묻는 것도, 새해 인사도, 정치적 의견을 피력하는 것도, 물건을 사는 것도, 합격이나 불합격, 해고 통지도 모두 ⊙ 온라인으로 해결한다. 사람 얼굴이 보이지 않으니 행동이나 표정을 살필 일도 없고, 목소리도 들을 수 없으니 그 미묘한 마음의 디테일 역시 읽을 일이 없다. 그런 커뮤니케이션에서는 ⓒ 감정의 낭비가 없다. 이모티콘으로 최소한의 감정을 전달하지만 그런 문자 감정 기호는 진실성이 결여되어 있다. 그런 모든 감정 기호는 사실은 위안과 안심의 기호다. 문자 기호 커뮤니케이션에서는 격앙된 감정을 자제한다.
> 화를 내거나 우울한 기분을 전하는 기호조차 ⓒ 귀엽게 포장된다. 정말 화를 내고 싶으면 이모티콘이 아니라 욕을 써 버리면 되지만 온라인 커뮤니케이션에서 가장 금기시되는 것은 세련되지 못한 감정을 드러내는 것이므로 비난을 면하기 어렵다. 사실 진짜 욕, 진짜 화, 진짜 슬픔, 진짜 불안을 기호화한 이모티콘은 아직 보지 못했다.
> 따라서 조금씩 다른 그 모든 감정 기호는 사실 '좋아요'의 아류일 뿐이다. 온라인 커뮤니케이션의 두드러진 특징은 ② 기록된다는 것이 아니라 기억된다는 것이다. 그래서 영원히 남을 수 있기 때문에 문자 기호의 커뮤니케이션은 소리 기호의 커뮤니케이션보다 더 큰 책임이 따르며, 따라서 절제와 세련됨을 요구한다.

① ⊙: 오프라인으로 해결한다

② ⓒ: 감정의 낭비가 많다

③ ⓒ: 투박하게 드러난다

④ ②: 기억된다는 것이 아니라 기록된다는

04~05 다음 글을 읽고 물음에 답하시오.

> 서로 다른 문화 속에서 태어난 사람들은 세상을 다르게 보고 느끼는 방법을 배우며 자라지만, 종종 자신이 자기 문화의 산물이라는 것을 망각한다. 마치 물고기가 자기가 ㉠살고 있는 물을 당연한 것으로 여기듯이 하나의 문화 속에서 성장한 사람은 자신의 문화의 가장 중요한 특징들을 의식하지 못하기도 한다. 이러한 이유로 문화를 '하나의 인간 집단이 공유하는 가치나 신념'으로 정의하기도 하지만 이는 오히려 사회 구성원들 간에 '공유된 무관심'을 만들어 내는 것이라 할 수 있다.
>
> '자문화 중심주의'란 단지 자신의 문화에 우월감을 느끼면서 자신의 가치관과 세계관을 다른 문화 사람에게 강요하는 태도만 가리키는 것이 아니다. 넓은 의미에서는 자신의 문화에 대한 성찰이나 비판 없이 이를 당연시하는 태도나 자신의 문화의 여러 특질들의 존재에 대해 주의를 기울이지 않는 태도도 여기에 포함된다. 그래서 다른 문화를 알게 되고 그 사람들의 시각에서 볼 수 있게 된다는 것, 즉 '문화 상대주의'의 태도를 갖는다는 것은 바로 이러한 자문화 중심주의를 벗어나기 위해 꼭 필요한 과정인 것이다.

04 이 글의 중심 내용으로 가장 적절한 것은?

① 자문화 중심주의의 이면에는 공유된 무관심이라는 특성이 있다.

② 자문화 중심주의를 극복하기 위해서는 자신의 문화를 당연시해서는 안 된다.

③ 자문화 중심주의를 벗어나기 위해 문화 상대주의적 태도를 가져야 한다.

④ 자신의 문화를 비판하지 않고 그것을 다른 문화권의 사람에게 강요하는 태도를 지양해야 한다.

05 문맥상 ㉠의 의미와 가장 가까운 것은?

① 너는 하루 종일 연구실에서 살고 있구나.

② 잿더미에 불씨가 아직 살아 있다.

③ 아버지는 정의로운 삶을 살고 싶어 하신다.

④ 어릴 때 배운 노래 한 구절이 머릿속에 아직도 살아 있다.

06 〈보기 1〉을 참고하여 〈보기 2〉와 동일한 오류를 보이는 것을 고르면?

/ 보기 1 /

　　논리의 오류에는 크게 형식적 오류와 비형식적 오류가 있다. 비형식적 오류에는 전건 부정의 오류, 후건 긍정의 오류 등이 있다. 조건문 'p이면 q이다.'에서 전건인 p를 긍정하여 후건인 q를 긍정하거나, 후건인 q를 부정하여 전건인 p를 부정하는 것은 옳다. 그러나 전건을 부정하여 후건을 부정하거나, 후건을 긍정하여 전건을 긍정하는 것은 오류이다. 전자를 전건 부정의 오류라 하고 후자를 후건 긍정의 오류라 한다.

　　비형식적 오류에는 매우 다양한 종류가 있다. 애매어 사용의 오류란, 의미가 두 가지 이상인 단어를 한 문장 안에서 동시에 사용함으로써 발생하는 오류이다. 순환 논증의 오류란 증명하고자 하는 결론이 참인 근거는 전제에 의존하고, 그 전제가 참인 근거는 결론에 의존하여 순환적으로 논증하게 되는 오류이다. 성급한 일반화의 오류란 불충분한 통계 자료, 제한된 정보, 대표성을 결여한 자료 등을 부당하게 이용하여 특수한 사례를 일반화한 오류를 말한다.

/ 보기 2 /

　　이 공장의 모든 밸브 상태를 감시하며 개폐를 제어하는 인공 지능 시스템 BV2017은 자율성을 지닌 시스템이다. 그리고 자율성을 지닌 존재의 결정과 행위는 존중되어야 하고 외부의 간섭으로부터 보호되어야 한다. 따라서 BV2017의 모든 작동은 존중되고 인간 관리자를 포함한 모든 외부의 간섭으로부터 보호되어야 한다.

① 신은 존재한다. 왜냐하면 신이 계시한 성서가 그렇게 말하고 있기 때문이다.

② 모든 죄인은 감옥에 가야 한다. 그런데 인간은 모두 죄인이다. 따라서 인간은 모두 감옥에 가야 한다.

③ 공공건물 내 흡연을 허용해야 할지 조사하니 우리 팀원들은 모두 찬성했다. 따라서 우리 회사 사람들은 모두 실내 흡연을 원한다.

④ 버스의 배차 간격은 승객들이 항의하지 않는 한 줄어들지 않을 것이다. 항의가 내일 예정되어 있다. 그러므로 배차 간격은 줄어들 것이다.

07 다음 글을 통해 알 수 있는 사실로 가장 적절한 것은?

> 로마 사회는 단 한 순간도 노예 제도 자체를 문제 삼거나 유연하게 만들지 못했다. 노예를 결혼시키도록 허락한 일은 바람직하고 훌륭한 일이지만, 이것이 노예에 대한 흉포한 처벌, 형편없는 음식, 물질적·도덕적 고통, 횡포까지 바꾸어 놓을 수는 없었다. 스토아학파를 비롯한 윤리주의자들도 특별히 더 나을 것은 없었다. 스토아학파의 철학자 세네카의 눈에 노예 제도는 계급 사회의 산물이 아니라 개인적인 불행이었으며, 인간은 누구나 이러한 불행을 맞이할 수 있었다.
>
> 그렇다면 선한 사람의 의무는 무엇인가? 왕이건 시민이건 또는 노예이건 자기 운명에 따라 타고난 자리에서 해야 할 일을 하는 것이 그것이다. 주인의 운명을 타고났다면 그에 따라 훌륭한 주인 노릇을 해야 진정 행복해질 수 있을 것이다. 로마인들은 언제나 나쁜 주인이나 나쁜 남편보다는 훌륭한 주인이나 훌륭한 남편을 더욱 좋게 평가했다. 철학은 이처럼 특정인이 가진 장점을 현명한 사람이 되고자 하는 모든 사람들의 의무로 제시했다. 그래서 세네카는 제자들에게 노예로 태어난 '비천한 친구들'의 훌륭한 주인 노릇을 하라고 가르쳤던 것이다. 만약 그가 노예들에게 직접 가르침을 주었다면 훌륭한 노예로 행동하도록 가르쳤을 것이다.

① 로마의 노예들은 결혼도 금지당한 채 열악한 처우에 시달려야 했다.

② 세네카는 계급주의적 사회 구조가 노예 제도를 낳았다고 생각했다.

③ 세네카는 노예들이 자신의 본분에 충실해 훌륭한 노예가 되도록 그들을 몸소 가르쳤다.

④ 세네카는 주인의 운명을 타고났다면 훌륭한 주인 노릇을 하는 것이 선하다고 생각했다.

08~09 다음 글을 읽고 물음에 답하시오.

시에서 '나', '우리' 등의 표현이 있다면 화자가 작품 표면에 직접 드러난 것이고, 이런 표현이 없으면 겉으로 드러나지 않은 것이다. 전자를 현상적 화자, 후자를 함축적 화자라고 한다. 청자도 청자가 표면적으로 나오느냐의 여부에 따라 현상적 청자와 함축적 청자로 나누어진다.

정철의 〈훈민가〉는 강원도 백성들을 교화하기 위하여 창작한 총 16수의 연시조로, 각 수에 따라 다양한 형태의 화자와 청자가 나타난다. 가령 제2수의 경우, '나'가 나오지 않고 초장이 '형아, 아우야. 네 살을 만져 보아라.'인 점을 고려해 이를 형과 아우의 대화 형식으로 파악하고는 한다. 그러나 제2수의 화자와 청자를 아우와 형으로 볼 경우, 이어지는 '네 살을 만져 보아라.'나 종장의 '같은 젖을 먹고 자랐으니 딴 마음을 먹지 마라.'라는 언술의 주체가 형인지 아우인지 모호해진다. 특히 종장은 형과 아우 모두에게 해당되는 말이기 때문에 이 둘 모두가 청자라 할 수 있다. 따라서 이 작품의 화자는 [㉠]이고, 이 화자가 [㉡]인 형과 아우에게 서로 다른 마음을 먹지 말라고 금지하는 것으로 보아야 한다.

또한 제11수의 경우, '나'가 없이 조카와 아저씨가 청자와 화자가 되어 밥과 옷이 없어 어찌할 줄 모르는 상대를 걱정하는 대화 형식으로 파악하곤 한다. 그러나 초·중장의 '저 조카야', '저 아저씨야'의 '저'는 '화자와 청자로부터 멀리 있는 대상을 가리키는 말'이므로 조카와 아저씨는 청자가 될 수 없다. 또한 종장의 '어려운 일이 있으면 모두 말해라 돌봐 주려 하노라.'에서 '돌봐 주려'는 1인칭의 의도를 나타낸다. 이는 어려운 처지에 놓인 백성들을 향해 이들을 화자 자신이 돌보겠다는 의도를 드러낸 것이다. 이렇게 볼 때, 이 작품의 화자는 [㉢]이며, 청자는 [㉣]로 보아야 한다.

08 이 글에서 추론한 내용으로 가장 적절한 것은?

① 시는 화자와 청자 간의 대화 형식으로 이루어진다.
② 〈훈민가〉는 총 16수에서 모두 '나'가 나타나지 않는다.
③ 〈훈민가〉의 제2수는 '형제간의 우애'가, 제11수는 '어려운 백성을 향한 구제 의지'가 주제이다.
④ 〈훈민가〉의 제2수는 형과 아우의 대화 형식으로, 제11수는 조카와 아저씨의 대화 형식으로 구성되어 있다.

실력 ♡

09 ㉠~㉣에 들어갈 말을 적절하게 나열한 것은?

	㉠	㉡	㉢	㉣
①	함축적 화자	현상적 청자	함축적 화자	함축적 청자
②	함축적 화자	함축적 청자	현상적 화자	현상적 화자
③	현상적 화자	현상적 청자	함축적 화자	현상적 화자
④	현상적 화자	현상적 청자	현상적 화자	함축적 청자

실력 ⊙

10 다음 글의 내용이 참일 때, 반드시 참인 것은?

> • 추어튀김을 파는 식당은 모두 추어탕을 판다.
> • 남원에 있는 어떤 식당은 추어튀김을 팔지 않는다.
> • 그런데 남원에 있는 어떤 식당이 추어탕을 팔지 않는다는 말은 거짓이다.

① 추어튀김을 파는 식당은 모두 남원에 있다.

② 추어탕을 파는 식당은 모두 남원에 있다.

③ 추어탕을 파는 어떤 식당은 추어튀김을 팔지 않는다.

④ 추어튀김을 파는 어떤 식당은 남원에 있지 않다.

01 다음 글에 대한 이해로 가장 적절한 것은?

> 문장에서 주어가 스스로 동작이나 행위를 하는 것을 능동, 다른 주체에 의해 동작이나 행위를 당하는 것을 피동이라고 한다. 그리고 능동이 표현된 문장은 능동문, 피동이 표현된 문장은 피동문이라고 한다. 피동문은 용언 어간에 피동 접미사 '-이-', '-히-', '-리-', '-기-'를 결합하거나 연결 어미를 이용하여 구성된 '-아/-어지다', '-게 되다'를 결합해 만든다. 일부 명사 뒤에 '-되다'를 결합해 만들 수도 있다.
>
> 능동문을 피동문으로 만들 때, 일반적으로 능동문의 목적어는 피동문의 주어가 되고 능동문의 주어는 피동문의 부사어가 된다. 그런데 피동문에 대응하는 능동문을 상정하기 어려운 경우도 있다. 가령 '날씨가 풀렸다.'라는 문장은 피동문의 서술어가 자연적인 상태 변화를 나타낸다. 따라서 '(누가) 날씨를 풀었다.'처럼 행위의 주체를 설정하기 어려워 능동문으로 만들면 어색하게 느껴지는 것이다.
>
> 피동 표현은 행위의 대상에 초점을 맞추기 때문에 주체가 강조되지 않는다. 따라서 행위의 주체를 모르거나 설정하기 어려울 때, 행위의 주체를 의도적으로 숨기고자 할 때, 객관적인 느낌을 주고자 할 때 등에 사용한다. 한편, '보여지다, 생각되어지다, 받아들여지게 되다'와 같이 피동의 문법 요소를 두 번 결합한 이중 피동을 사용하는 경우도 있다. 그러나 이는 잘못된 표현인 경우가 많으므로 주의해야 한다.

① 주어가 다른 주체에 의해 동작을 당하는 것을 나타내는 표현은 문장에 객관성을 더할 수 있다.

② '이 책은 수많은 사람에게 읽혀졌다.'에서 '읽혀졌다'는 행위의 대상에 초점을 맞춘 올바른 표현이다.

③ '벽에 그림이 걸렸다.'는 행위의 주체를 설정해 능동문으로 만들면 부자연스러운 문장이 된다.

④ 능동문 '고양이가 쥐를 잡았다.'를 피동문으로 표현할 때, 능동문의 목적어는 피동문의 부사어가 된다.

실력 ⊘

02 철수는 집들이를 위한 상차림을 계획 중이다. 다음 계획에 따를 때, 반드시 상차림에 오를 음식은 모두 몇 가지인가?

> • 잡채나 매운탕 중 적어도 하나를 차리지 않으면, 갈비찜도 차리지 않는다.
> • 탕수육을 차리지 않으면, 잡채는 차리고 매운탕은 차리지 않는다.
> • 탕수육을 차리면 갈비찜도 차린다.
> • 매운탕은 반드시 차린다.

① 한 가지   ② 두 가지
③ 세 가지   ④ 네 가지

03 다음 대화에 대한 설명으로 적절하지 않은 것은?

> 갑: 족벌 신문을 '치외 법권의 성역'이나 '행정의 사각지대'라고 한 말이 풍문(風聞)만은 아닌 것 같습니다. 신문사 사주 가족들끼리 편법으로 상속하여 경영권을 세습하고, 세금을 누락시키는 경우도 실제로 있었습니다. 게다가 신문사 사주의 재산권을 침해한다고 도로나 지하철 노선을 바꾸기도 했다니, 족벌 신문 앞에서는 행정력도 '고양이 앞에 쥐 꼴' 아닌지 모르겠습니다.
>
> 을: 그래서 요즘 또다시 신문 개혁의 목소리가 높아지고 있는 것이 아니겠습니까? 그런데도 족벌 신문들은 특정 정당과 한 목소리로 언론 길들이기 음모라며 미꾸라지처럼 빠져나가려고만 하고 있으니, 참 한심한 일입니다.
>
> 갑: 진정한 신문 개혁이 이루어지기 위해서는 족벌 언론에 대한 세무 조사와 불공정 거래 조사가 이루어져야 합니다. 그래야만 신문 시장의 건전성과 투명성을 높일 수 있고, 권력과 언론의 유착, 그리고 사주의 전횡과 경영 불투명성을 극복할 수 있지 않을까요?
>
> 병: 기자를 대상으로 한 설문 조사의 결과에 따르면, 언론의 자유를 탄압하는 것은 정작 정부가 아니라 바로 편집권을 장악한 신문사 사주라고 합니다. 그렇기 때문에 저는 신문사 자체적으로 개혁을 시도하는 것이 바람직하다고 생각합니다.

① 갑은 구체적 사례를 들어 문제를 구체화하고 있다.
② 갑과 을은 모두 의문형 진술과 비유를 적절히 사용하고 있다.
③ 갑은 병과 달리 문제점에 근거하여 해결 방안을 도출하고 있다.
④ 을과 병은 문제의식을 공유하고 있다.

04 ㉮~㉭를 맥락에 맞추어 순서대로 나열한 것은?

학문(學問)은 '학(學)'과 '술(術)'의 두 개념으로 나눌 수 있다. '술'은 원래 '도로(道路)'란 의미였다가 나중에 '방법'이란 뜻으로 변화되었다.

㉮ '학'은 이와 달라, 그 자체가 목적이며 근원적 가치를 가진다. 동양적인 의미에서 '학'의 본래적 뜻은 '지혜를 통한 깨달음'이다. 사과가 익으면 떨어지는 사실은 누구나 알지만, 어째서 사과는 아래로만 떨어지고 위로 떨어지지 못하는가를 모르는 것은 인력의 이치를 깨닫지 못한 까닭이다.

㉯ 다시 말해 지식 또는 기술인 것이다. 그러나 기술은 수단이요 방법일 뿐이며, 그 가치는 방법적 가치, 응용적 가치에 불과한 것이다.

㉰ 여기에서 깨달음과 앎의 차이가 발생한다. 즉 자연과 인생 그 자체의 이해를 위주로 하는 것은 '학'의 범위에 속하는 것이요, 이용후생의 방법을 강구하는 것은 '술'의 범위에 속하는 것이다. 그러나 정신적 생활과 물질적 생활을 완전히 분리할 수 없는 것과 같이, '학'과 '술'도 불가분의 관계를 가지고 있다.

㉱ 도로라는 것은 목적지를 전제로 한 것이며, 목적지에 가기 위해서 통과하는 과정이다. 따라서 이것은 어떤 특정한 목적을 달성하기 위해서 필요한 수단이며 방법이다.

① ㉱ - ㉮ - ㉯ - ㉰

② ㉱ - ㉯ - ㉰ - ㉮

③ ㉱ - ㉮ - ㉯ - ㉰

④ ㉱ - ㉯ - ㉮ - ㉰

05~06 다음 글을 읽고 물음에 답하시오.

인간의 뇌는 나이가 들면서 크기가 줄어들고 기억력도 감퇴하는 것이 자연스러운 현상이다. 하지만 80세가 넘었음에도 50대와 맞먹는, 혹은 그보다 더 뛰어난 기억력을 자랑하는 '슈퍼에이저(super-ager)'도 있다. 연구 팀의 분석에 따르면, ㉠ 이들의 뇌는 여러 면에서 일반 노인, 심지어 젊은이들의 뇌와도 다른 특징을 보인다. 그중 하나는 기억과 학습에 필수적인 뇌 영역인 '내후각피질'에서 나타났다. 이 영역의 신경 세포(뉴런)는 알츠하이머병의 첫 공격 대상 중 하나인데, 슈퍼에이저의 뇌에서는 이 세포들이 놀라울 정도로 크고 건강하며 온전한 상태를 유지하고 있었다. 심지어 30대 젊은이들의 뉴런보다도 더 큰 것으로 확인되었다. 연구 팀은 이러한 결과가 ㉡ 이들의 뇌 구조적 견고함이 남다르다는 것을 시사한다고 설명했다.

또한 슈퍼에이저의 뇌 백질에서는 면역 세포인 '미세 아교 세포'의 활성화 수준이 현저히 낮았는데, 이는 30~50대와 비슷한 수준이었다. 이 세포는 뇌 속에서 손상된 세포를 제거하고 병원체를 방어하는 역할을 하지만, 과도하게 활성화되면 신경 세포 손상을 유발한다. 연구 팀의 설명에 따르면, 이 세포의 활성화 수준이 낮다는 것은 뇌에 유해 물질이 적거나, 면역 체계가 질병에 효율적으로 반응한 뒤 빠르게 안정 상태로 돌아가는 능력이 뛰어남을 의미한다.

한편 연구 팀은 ㉢ 이들이 공통적으로 사회적 교류를 즐기고 강한 자율성을 추구하는 경향이 있음을 발견했지만, 식단이나 운동 습관은 평범한 동년배와 크게 다르지 않았다. 이를 바탕으로 ㉣ 이들은 뇌 기능 유지에는 건강한 생활 습관이 아니라 유전적 요인이 중요한 역할을 할 것으로 보고 관련 연구를 확장하고 있다.

05 이 글에 대한 평가로 가장 적절한 것은?

① 슈퍼에이저와 동년배 일반 노인 간 미세 아교 세포의 활성화 수준에 차이가 없는 것으로 확인된다면, 연구 팀의 주장은 강화된다.

② 뇌 건강에 유리한 유전자를 보유한 개인이 잘못된 생활 습관 때문에 기억력과 인지 기능이 떨어졌다면, 연구 팀의 주장은 약화된다.

③ 연령이 어릴수록 인지 기능과 기억력이 더 우수하다는 견해가 추가된다면, 연구 팀의 주장은 강화된다.

④ 내후각피질과 미세 아교 세포의 기능적 안정성이 유전적 요인에 의해 결정된다면, 연구 팀의 주장은 약화된다.

06 ㉠~㉣ 중 지시 대상이 다른 하나는?

① ㉠   ② ㉡

③ ㉢   ④ ㉣

07 문맥상 ⑤~⑥과 바꾸어 쓰기에 가장 적절한 것은?

프랑스의 계몽주의자들은 신화적 관점이나 중세 시대의 종교적 관점으로 역사를 파악하고 서술하는 것을 ⑤ 배격하였다. 이들은 이성의 관점에서 역사를 바라보았고, 이러한 입장은 계몽주의자인 볼테르에 의해 ⑥ 확립되었다.

볼테르는 이성과 자연, 이성과 종교·정치·사회 등의 제도가 상호 작용하면서 역사가 끊임없이 발전한다고 보았다. 이러한 관점에 따르면 역사의 발전은 이성 그 자체가 발전하면서 문화를 발전시키는 이성의 발전사인 것이었다. 그에게 있어 문화는 예술, 법, 정치 등 인간 생활과 관련된 것들로 이성의 활동에 따라 만들어진 것이었다. 그는 이러한 입장에서 문화를 역사 서술의 대상으로 삼아 역사를 서술함으로써 이성의 발전을 드러내려고 했다.

볼테르는 모든 시대와 민족을 ⓒ 포괄하는 방대한 문화사를 서술했다. 이를 통해 이성이 모든 시대의 역사나 모든 민족의 역사에서 공통적으로 나타나는 발전 요소이며, 역사는 이성의 발전 과정임을 드러내려 한 것이었다. 그리고 역사를 서술할 때는 정치를 역사의 중심에 놓고 연대기적으로 서술하는 전통적인 방식에서 ⓔ 탈피해, 예술이나 법과 같은 문화를 구성하는 것들을 화제로 삼아 기술하는 화제 중심 체제의 방식을 사용했다.

① ⑤: 지켜 나갔다
② ⑥: 바로잡혔다
③ ⓒ: 헤쳐 놓는
④ ⓔ: 벗어나

08~09 다음 글을 읽고 물음에 답하시오.

'나'를 중심으로 말한다면, 타자는 '나'가 아닌 '남'을 가리킨다. 곧 타자는 나와 구별되는 타인이나 사물 혹은 현실을 폭넓게 지시할 수 있다. 주체에게 타자는 낯설고 이질적인 것으로 드러난다.

그러나 주체의 형성이 타자의 부정이나 타자와의 관계 속에서 이루어진다는 점에서 타자는 주체 형성의 필수 조건이기도 하다. '나'는 '나'에 대한 '남'의 반응과 태도를 통해 '나'의 정체성을 형성하는 까닭에, '나'의 정체성은 '남'에 의해서 부여되거나 규정된다고 말할 수 있다. 이러한 점에서 '나'의 정체성과 자의식은 궁극적으로 사회적 산물이다.

한편 타자는 주체 바깥에서뿐만 아니라 주체 내부에서도 경험될 수 있다. 주체 내부에서 타자가 경험되는 것은 주체의 분열에서 비롯한다. 주체의 분열은 유년기의 정신적 외상과 관련되는데, 주체는 의식과 무의식 사이에서 불안정하게 찢어진 주체가 된다. 주체의 분열은 필연적이고, 주체의 자기 동일성이나 통일성은 하나의 환상일 뿐이다. 이러한 경험은 주체의 자기 소외, 즉 주체의 타자화를 초래한다.

그러므로 모든 주체는 타자이다. 왜냐하면 한 주체는 다른 주체의 타자이기 때문이다. 따라서 모든 주체는 '_____㉠_____'일 수밖에 없다. 이와 같이 타자는 주체의 안팎에 다양한 양상으로 존재할 수 있다.

08 이 글에서 추론한 내용으로 적절하지 않은 것은?

① 모든 주체는 주체이면서 타자이다.

② 타자가 없다면 주체도 형성될 수 없다.

③ 주체는 태어나면서부터 분열된 상태이다.

④ 주체 내부가 분열되면 주체의 타자화가 나타날 수 있다.

실력 ⌄

09 ㉠에 들어갈 말로 가장 적절한 것은?

① 타자의 타자　　　　　② 타자의 주체

③ 주체의 타자　　　　　④ 주체의 주체

실력 ⌄

10 다음은 A 회사 직원들에 대한 정보이다. 갑이 A 회사에서 근무하며 회사 기숙사에서 살고 있다고 할 때, 반드시 참인 것은?

> • 직원 모두는 새로 제정될 사칙에 대해 찬반 투표를 하고 있다(기권은 없다.).
> • 경력 10년 이상인 직원들은 모두 회사 기숙사에 살고 있지 않다.
> • 경력 10년 이상이고 찬성을 한 직원들은 모두 책임감이 강하다.
> • 경력 10년 이상이 아니고 찬성을 한 직원들은 모두 성실하다.
> • 경력 10년 이상이 아니고 반대를 한 직원들은 모두 책임감이 강하지 않다.

① 갑은 성실하지 않다.

② 만일 갑이 성실하지 않다면, 갑은 책임감이 강하지 않다.

③ 만일 갑이 반대를 했다면, 갑은 책임감이 강하다.

④ 만일 갑이 찬성을 했다면, 갑은 책임감이 강하다.

매일 국어 15회

01 〈보기〉를 참고하여 ㉠~㉣을 수정한 것으로 적절하지 않은 것은?

/ 보기 /

· 중복되는 표현을 삼갈 것
· 문맥에 맞는 적절한 어휘를 사용할 것
· 필요한 문장 성분을 생략하지 않을 것
· 대등한 것끼리 접속할 때는 구조가 같은 표현을 사용할 것

· 심한 지진으로 인해 반 이상이 땅속에 함몰되었던 ㉠ 건물이 다시 재건되었다.
· 빗길에서는 수막현상으로 인해 ㉡ 미끄러지기 쉬우며, 제동 거리도 평소보다 길어지므로 규정 속도보다 감속해 운행해야 한다.
· 시연회에서는 국산 기술로 개발한 인공 지능[AI]이 ㉢ 신속한 의사 결정 지원 및 행정 서비스 과부하를 방지하는 혁신 서비스를 참석자에게 선보였다.
· 행정 안전부는 이번 사업으로 ㉣ 문화와 여가 생활의 중요성을 인식하는 분위기가 조성되어, 근로자들의 문화·여가 생활과 업무 편의가 크게 개선될 것이라고 전망했다.

① ㉠: 건물이 다시 세워졌다
② ㉡: 차량이 미끄러지기 쉬우며
③ ㉢: 신속한 의사 결정을 지원하고 행정 서비스 과부하를 방지하는
④ ㉣: 문화와 여가 생활의 중요성을 인식하는 분위기가 조장되어

02 〈보기〉와 동일한 논증 형식을 사용하여 올바른 결론을 도출하고 있는 것은?

／ 보기 ／

　철수와 영희가 둘 다 국문학을 전공한 것은 아니다. 그러므로 철수가 국문학을 전공하지 않았거나 영희가 국문학을 전공하지 않았다.

① 성희는 이번 크리스마스에 스테이크를 먹거나 케이크를 먹기로 했다. 성희는 이번 크리스마스에 스테이크를 먹기로 했다. 따라서 케이크는 먹지 않을 것이다.

② A 기업에 지원하기 위해 OPIc 성적표와 TOEIC 성적표 모두를 제출할 필요는 없다. 즉 OPIc 성적표를 제출하지 않거나 TOEIC 성적표를 제출하지 않아도 된다.

③ 진아는 피아노 연주를 잘한다. 따라서 진아는 피아노 연주를 잘하거나 바이올린 연주를 잘한다.

④ 민수가 채소와 버섯을 둘 다 좋아하는 것은 아니다. 따라서 민수는 채소를 좋아하지 않고 버섯도 좋아하지 않는다.

03 다음 대화를 분석한 내용으로 적절하지 않은 것은?

> 갑: 파리 올림픽 당시 쓰레기통 주변까지 쓰레기가 쌓여 위생과 미관이 악화되자 파리시는 역으로 쓰레기통을 치우기로 결정했어. 그러자 거리 환경이 개선되었다고 해. 나는 이 결정에 동의해. 쓰레기통이 있으면 그 주변이 쓰레기 투기 장소로 인식되어서 오히려 더 지저분해지더라고. 사람들 스스로 쓰레기를 집에 가져가는 습관을 들이는 게 더 깨끗한 도시를 만드는 방법이지.
>
> 을: 현실적으로 모든 사람이 쓰레기를 집까지 들고 갈 수는 없어. 특히 관광지나 유동 인구가 많은 곳에서는 쓰레기를 오래 들고 다니기 어렵잖아. 현실적인 대안은 쓰레기통을 없애는 게 아니라 그걸 자주 비우고 잘 관리하는 시스템을 갖추는 거야.
>
> 병: 그러면 관리 비용이 증가할 수밖에 없어. 예산을 쓰레기통 관리보다 환경 캠페인이나 시민 교육에 투자하는 게 장기적으로 더 효과적이야. 게다가 쓰레기통이 있다는 건 심리적으로 '여긴 버려도 되는 공간'처럼 느껴지게 만들어. 환경 심리학 연구에서도 깨끗한 공간이 유지될수록 사람들이 그 상태를 보존하려는 경향이 있다고 하니까, 쓰레기통을 없애고 깨끗한 상태를 계속 유지하는 게 시민 의식을 함양할 수 있다고 생각해.
>
> 을: 시민 의식이 일정 수준 이상 되기 전까지는 쓰레기통 없는 도시가 혼란만 부를 거야. 시민 의식은 쓰레기통을 설치하고 함께 관리하는 경험을 통해서 충분히 높일 수 있어.

① 쓰레기통의 존재가 사람들의 심리에 영향을 줄 수 있다는 데에 갑과 병은 모두 동의한다.

② 쓰레기를 집으로 가져가 처리하는 것이 실현 가능하다는 데에 갑은 동의하지만 을은 동의하지 않는다.

③ 쓰레기통을 관리하는 시스템을 갖추면 관리 비용이 증가할 수 있다는 데에 을과 병은 모두 동의한다.

④ 쓰레기통이 거리 위생과 환경 개선에 도움이 된다는 데에 갑과 병은 동의하지 않지만, 을은 동의한다.

04 다음 글에서 추론한 내용으로 가장 적절한 것은?

> 고전 소설 작품 중 형제간의 갈등이 중심이 되는 대표적 작품으로는 〈선우태자전〉, 〈적성의전〉, 〈흥부전〉이 있다. 이 작품들은 다양한 기준으로 구분된다. 우선 주인공의 성품과 자질, 출생 신분 관계에 따라 '착한 형과 악한 아우형'과 '악한 형과 착한 아우형'으로 나눌 수 있는데, 전자에는 〈선우태자전〉이 속하고, 후자에는 나머지 작품들이 속한다. 또 동복형제(同腹兄弟)형과 이복형제(異腹兄弟)형으로 나눌 수 있는데, 전자에는 〈적성의전〉, 〈흥부전〉이 속하고, 후자에는 〈선우태자전〉이 속한다.
>
> 또한 갈등의 양상으로도 구분할 수 있는데, 여기에는 애정 갈등, 재산 갈등이 있다. 애정 갈등은 가정에서 절대적인 권한과 지위를 가진 부모로부터 사랑을 받기 위한 형제간의 갈등으로, 〈선우태자전〉, 〈적성의전〉이 이에 속한다. 재산 갈등은 재산 상속 문제로 인한 형제간의 갈등으로, 〈흥부전〉이 이에 속한다.
>
> 한편 다양하게 야기된 형제 갈등은 그 해결에 있어 화해형과 응징형의 결말 구조를 보인다. 전자는 갈등을 일으킨 악한 형제의 개과천선으로 갈등이 소멸되고 형제의 화합을 가져오는 결말이고, 후자는 갈등을 일으킨 악한 형제가 벌을 받아 처치되는 결말이다. 후자의 결말 구조는 〈적성의전〉에 나타나고, 나머지 작품들은 전자의 결말 구조가 나타난다.

① 〈적성의전〉은 악행을 저지른 형이 마땅한 처벌을 받으며 마무리된다.

② 〈선우태자전〉은 재산 상속 문제로 갈등을 맺는 이복형제의 이야기이다.

③ 〈적성의전〉과 〈흥부전〉에 나타나는 갈등의 양상은 동일하다.

④ 〈선우태자전〉, 〈적성의전〉, 〈흥부전〉 중 동복형제간의 갈등이 나타나는 것은 〈흥부전〉뿐이다.

질력 ⌄

05 다음 글의 논지를 약화하는 것만을 〈보기〉에서 모두 고른 것은?

사후 피임약은 배란을 억제·지연시키고, 정자가 난자에 도달하는 것을 어렵게 만들어 수정을 방해한다. 그러나 수정란이 자궁에 이미 착상된 상태라면 효과가 없고 임신을 중단시키지도 못하므로, 낙태약은 아니다.

사후 피임약의 시판은 원하지 않는 임신으로 인해 고통을 겪는 여성들을 보호하기 위해서 필요하다. 우리 사회에서는 성폭력 등으로 인해 원하지 않는 임신 가능성이 점차 증가하고 있으며, 아무런 준비 없이 임신과 출산을 경험하는 청소년들 또한 급속하게 증가하고 있다. 이 때문에 매년 낙태 시술이 100만 건 이상 이루어진다는 보고도 있다. 이러한 낙태 시술은 많은 여성들에게 심각한 정신적, 신체적 피해를 가져온다. 따라서 인체에 유해하지 않다는 전제하에, 생명 존중의 이상을 구현하기 위해서라도 사후 피임약의 판매는 권장되어야 한다.

／ 보기 ／

㉠ 사후 피임약은 고함량의 호르몬제이기 때문에 오남용에 따른 부작용으로 인해 건강을 심각하게 해칠 수 있다.

㉡ 사후 피임약이 가능하게 하는 '임신으로부터의 해방'은 미성년자들에게 그릇된 성 윤리관을 형성케 하면서 성적 일탈을 부추길 수 있다.

㉢ 기독교계는 생명 존중 사상에 의거하여 여전히 낙태 반대 기조를 유지하고 있다.

① ㉠

② ㉠, ㉡

③ ㉡, ㉢

④ ㉠, ㉡, ㉢

06~07 다음 글을 읽고 물음에 답하시오.

> 법치주의란 국가의 운영이 의회가 미리 제정한 법률에 근거하여 수행되어야 한다는 민주 정치의 원리를 말한다. 즉 국가 권력을 법에 구속하여 자의적이고 독단적인 지배를 배척하고 궁극적으로 국민의 자유와 권리를 보장하고자 한다.
> 초기의 법치주의는 의회가 합법적인 절차를 ⊙ 거쳐 제정한 법에 따른 통치를 강조하였다. 그러나 외형상의 합법성만을 강조하면서 법률 자체의 목적이나 내용을 문제 삼지 않는 경우가 발생하게 된다. 이렇게 국민의 자유와 권리를 보장하지 못하고 통치의 수단으로 이용되는 법치주의를 형식적 법치주의라고 한다. 제2차 세계 대전 이후 형식적인 합법성뿐만 아니라 법률의 목적과 내용의 정당성도 갖추어야 한다는 실질적 법치주의가 대두되었다. 실질적 법치주의는 법률의 목적과 내용이 국민의 자유와 권리 보장이라는 헌법 이념에 부합해야 한다는 원리이다. 이는 정의 실현을 목적과 내용으로 하는 법의 지배가 이루어지게 하여 인간의 존엄성, 실질적 자유와 평등을 실현하고자 하는 것이다. 오늘날 법치주의는 개인의 자유를 국가의 침해로부터 보호하고 절차적 합법성과 내용의 정당성을 모두 요구하는 실질적 법치주의를 지향한다.

06 이 글에 대한 설명으로 적절하지 않은 것은?

① 법치주의의 성격을 통시적으로 설명하고 있다.

② 실질적 법치주의가 지향하는 바를 제시하고 있다.

③ 법치주의의 개념을 정의하여 독자의 이해를 돕고 있다.

④ 형식적 법치주의와 실질적 법치주의의 맹점이 보완되는 이유를 설명하고 있다.

07 문맥상 ⊙과 의미가 가장 가까운 것은?

① 우리는 대구를 거쳐 부산으로 여행을 갔다.

② 기숙사 학생들의 편지는 사감 선생님의 손을 거쳐야 했다.

③ 가장 어려운 문제를 해결했으니 이제 특별히 마음에 거칠 문제는 없다.

④ 학생들은 초등학교부터 중학교, 고등학교를 거쳐 대학에 입학하게 된다.

08~09 다음 글을 읽고 물음에 답하시오.

> 쿤이 말하는 과학 혁명의 과정은 다음의 질문들로 이해될 수 있다. 첫째, 새 이론을 제일 처음 제안하고 지지하는 소수의 과학자들은 어떤 이유에서 그렇게 하는가? 기존 이론은 이미 상당한 문제 해결 능력을 증명했지만, 기존 이론이 몇 가지 이상 현상을 설명할 능력이 없다고 판단한 소수의 과학자들이 나타난다. ㉠이들 중 누군가가 새 이론을 처음 제안했을 때 기존 이론을 수용하고 있는 과학자 공동체는 새 이론에 호의적이지 않다. ㉠이들은 새 이론이 기존 이론보다 더 많은 문제를 해결할 리 없다고 보기 때문이다. 그럼에도 불구하고 기존 이론이 설명하지 못하는 이상 현상을 새 이론이 설명한다는 것이 과학 혁명의 출발점이다.
>
> 둘째, 다른 과학자들은 어떻게 기존 이론을 버리고 새 이론을 선택하는가? 새 이론은 여전히 기존 이론보다 문제 해결의 성과가 부족하다. 하지만 새 이론을 처음 제안한 ㉡이들의 연구 활동과 그 성과에 자극을 받아 새 이론을 선택하는 ㉢이들은 그것이 앞으로 점점 더 많은 문제를 해결하고, 나아가 기존 이론의 문제 해결 능력을 능가하리라고 기대한다. 이러한 기대는 이론의 심미적 특성 같은 것에 근거한 주관적 판단이고, 그와 같은 판단은 개별 과학자의 몫이다. 물론 ㉣이들의 이러한 기대는 좌절될 수도 있고, 그 경우 과학 혁명은 좌초된다.
>
> 셋째, 과학 혁명이 일어날 때 과학자 공동체가 기존 이론을 버리고 새 이론을 선택하도록 하는 결정적인 요인은 무엇인가? 이제 선택의 주체는 더 이상 개별 과학자가 아니라 과학자 공동체이다. 하지만 과학자 공동체는 결국 개별 과학자들로 이루어져 있다. 이 단계에서 모든 개별 과학자들은 새 이론이 해결하는 문제의 수와 범위가 기존 이론의 그것보다 크다고 판단할 경우 새 이론을 선택할 것이다. 과학자 공동체의 대다수 과학자들이 이렇게 판단하면 그것은 과학자 공동체가 새 이론을 선택한 것이고, 이로써 쿤이 말하는 과학 혁명이 완성된다.

08 이 글에서 추론한 내용으로 적절하지 않은 것은?

① 과학 혁명은 기존 이론이 설명하지 못하는 이상 현상을 새 이론이 설명하는 데에서 시작한다.

② 과학 이론이 해결하는 문제의 수와 범위는 과학 혁명이 완성되는 데 중요한 요소이다.

③ 새 이론이 처음 제안된 상황에서 새 이론의 문제 해결 능력은 기존 이론의 문제 해결 능력보다 전반적으로 뛰어나다.

④ 과학 혁명이 완성되면 기존 이론을 수용하는 과학자들보다 새 이론을 수용하는 과학자들의 수가 더 많아진다.

질력 ⊘

09 ㉠~㉣ 중 문맥상 ㉕와 의미하는 바가 같은 것은?

① ㉠   ② ㉡

③ ㉢   ④ ㉣

실력 ⌄

10 다음 대화의 빈칸에 들어갈 말로 가장 적절한 것은?

> 갑: 의사소통 역량을 갖춘 채용 후보자는 모두 대인 관계 역량을 갖추지 못했어요.
> 을: 정보 수집 역량을 갖춘 채용 후보자 중 일부는 대인 관계 역량을 갖추고 있죠.
> 병: _____.
> 정: 여러분의 의견을 종합하자면, 정보 수집 역량을 갖춘 채용 후보자는 모두 의사소통 역량을 갖추지 못했군요.

① 대인 관계 역량을 갖추지 못한 채용 후보자는 모두 정보 수집 역량을 갖추지 못했어요

② 대인 관계 역량을 갖춘 채용 후보자는 모두 정보 수집 역량을 갖추고 있어요

③ 의사소통 역량을 갖추지 못한 채용 후보자 중 일부는 정보 수집 역량을 갖추고 있어요

④ 의사소통 역량을 갖추지 못한 채용 후보자는 모두 정보 수집 역량을 갖추고 있어요

공무원 국어의 독보적 기준
선재국어가 제시하는 매일 학습 전략!

공무원 국어의 독보적 기준 선재국어가 제시하는 매일 학습 전략!

WEEK

4

01 다음 글을 읽고 이해한 내용으로 적절하지 않은 것은?

> 문장에서 주로 주어, 목적어, 보어 등으로 쓰이는 체언은 일반적으로 조사와 결합할 수 있고 문장 속에서 형태가 변하지 않는다. 이러한 체언에는 명사, 대명사, 수사가 있다.
>
> 명사는 사람, 사물, 장소 등의 이름을 나타내는 단어로, '지호가 나무 한 그루를 심을 것이다.'의 '지호, 나무'처럼 홀로 쓰일 수 있는 자립 명사와 '그루, 것'처럼 관형어의 수식을 받아야만 쓰일 수 있는 의존 명사로 나뉜다. 또 '지호'처럼 특정한 하나의 대상을 다른 것들과 구별하는 고유 명사와 '나무'처럼 공통된 특성을 지닌 대상에 두루 쓰이는 보통 명사로도 나뉜다.
>
> 대명사는 대상의 이름을 대신하여 가리키는 단위로, '우리는 그에게 이것을 그곳에서 받았다.'의 '우리, 그'처럼 사람을 가리키는 인칭 대명사와 '이것, 그곳'처럼 사물이나 장소를 가리키는 지시 대명사로 나뉜다. 이 중 인칭 대명사는 '나, 우리, 저희' 등의 1인칭 대명사, '너, 너희, 당신' 등의 2인칭 대명사, '그, 자기, 당신' 등의 3인칭 대명사로 나눌 수 있다. 특히 '당신'은, '당신은 누구십니까?'에서처럼 2인칭 대명사로 쓰이기도 하고, '할머니는 뭐든지 당신 고집대로 하셨다.'에서처럼 '자기'를 아주 높여 이르는 3인칭 대명사로 쓰이기도 한다.
>
> 수사는 수량이나 순서를 나타내는 단어로, '하나, 둘'처럼 수량을 나타내는 양수사와 '첫째, 둘째'처럼 순서를 나타내는 서수사로 나눌 수 있다. 다만 '수술 환자를 다룰 때는 첫째, 마취를 제대로 할 수 있어야 하고, 둘째, 혈액을 취급할 줄 알아야 한다.'와 같이 쓰일 때는 '첫째, 둘째'가 차례를 나타내는 수사이지만, '그 집안의 첫째는 성실하기로 이름이 난 사람이다.'와 같이 '첫째'가 사람을 지칭할 때는 명사이다.

① '이 일을 한 사람이 당신이오?'의 '당신'과 '할아버지께서는 당신의 장서를 소중히 다루셨다.'의 '당신'은 인칭이 서로 다르다.

② '박 회장이 원하는 것은 첫째는 명예요, 둘째는 돈이다.'에서 '첫째'와 '둘째'의 품사는 수사이다.

③ 명사, 대명사, 수사는 일반적으로 문장 안에서 정해진 모양이 변하지 않으며, 조사와도 결합할 수 있다.

④ 공통적인 특성을 지닌 대상에 두루 쓰이는 체언은 관형어의 수식을 받아야만 쓰일 수 있다.

실력 ⊙

02 다음의 세 명제가 모두 참일 경우, 반드시 참인 것은?

· 헬스장을 운영하는 곳은 모두 필라테스 센터도 운영한다.
· 골프장을 운영하지 않는 곳은 모두 수영장을 운영한다.
· 헬스장을 운영하는 어떤 곳은 골프장을 운영하지 않는다.

① 필라테스 센터를 운영하는 어떤 곳은 수영장을 운영한다.
② 필라테스 센터를 운영하는 곳은 모두 수영장을 운영한다.
③ 헬스장을 운영하는 어떤 곳은 수영장을 운영하지 않는다.
④ 수영장을 운영하는 곳은 모두 골프장을 운영하지 않는다.

03 다음 글을 이해한 내용으로 적절하지 않은 것은?

문화의 접촉과 그에 따른 변화를 문화 접변이라 한다. 문화 접변은 자발적인 행위에 의한 문화 수용과 강요된 변화에 의한 문화의 강제 유입의 유형이 있다. 식민지 시기 대부분의 문화 접변은 후자에 속한다. 식민지 정부의 강력한 정치적 압박은 심지어 문화적으로 전혀 닮지 않아서 결코 받아들여질 것 같지 않은 정도의 이질적인 문화 요소들도 받아들이게끔 한다. 정치적 영향력은 어떠한 방향으로 변화하도록 강요할 수 있기 때문이다. 이 때문에 식민지 지배 기간에 이루어진 문화 접변은 성공적이지 않은 경우가 많았다. 종종 마지못해 강제로 받아들인 문화는 그것을 요구한 정치적 변화가 사라짐과 동시에 즉시 소멸하기 마련이다. 반면 대체로 식민 통치기에 자발적 행동으로 인해 채택되어 받아들여진 문화적 요소들은 오랫동안 지속되어 관습처럼 남게 되는 경향이 있다.

식민지 시기의 문화 접변의 예로는 '차 문화'가 있다. 차 문화의 경우 기존에 조선에 존재하는 문화 요소였다는 점에서 순조롭게 문화 접변이 이루어질 가능성이 높았다고 할 수 있다. 하지만 식민지 시대 본격적인 문화 접변이 조선인의 자발적인 필요성에 의해 이루어지지 않았고, 일본 제국주의 세력의 조선에의 팽창에 따른 이주 일본인에 의해 강제적인 상황에서 차 문화 요소가 전파되었다. 조선에서의 차의 문화 접변은 일본 제국주의의 지배를 강화하는 수단의 일환으로 일방적으로 진행됨으로써 다도의 형식을 둘러싸고 조선인의 저항이 일어났다.

① 문화 접변의 성공에는 시기보다 문화 수용 주체의 자발성이 더 중요한 역할을 한다.
② 식민지 시기의 문화 접변 가운데 일부 문화는 성공적으로 전승될 수 있다.
③ 식민지 시기의 차 문화는 문화 접촉에 따른 변화가 용이하지 않은 이질적인 문화 요소였다.
④ 식민지 시기의 차 문화 접변은 조선인에게 정치적 강요에 따른 것으로 받아들여졌다.

04~05 다음 글을 읽고 물음에 답하시오.

> 행동 경제학자들은 기존의 경제학자들과 다른 시선으로 인간을 바라본다. 기존의 경제학자들은 인간들을 철저하게 합리적이고 이기적인 존재로 상정하여, ㉠이들은 시간과 공간에 관계없이 일관된 선호를 보이며 효용을 극대화하는 방향으로 선택을 한다고 본다. 그래서 ㉡이들은 인간의 행동이 예측 가능하다는 것을 전제로 경제 이론을 발전시켜 왔다. 반면 행동 경제학자들은 인간들이 제한적으로 합리적이며 감성적인 존재라고 보며, 처한 상황에 따라 ㉢이들의 선호가 바뀌기 때문에 그 행동을 예측하기 어렵다고 생각한다. 또한 인간은 효용을 극대화하기보다는 어느 정도 만족하는 선에서 선택을 한다고 본다. 행동 경제학자들은 기존의 경제학자들이 가정하는 인간관이 지나치게 이상적이고 비현실적이라고 비판한다. 그래서 ㉣이들은 인간이 때로는 이타적인 행동을 하고 비합리적인 행동을 하는 존재라는 점을 인정하며, 현실에 실재하는 인간을 연구 대상으로 한다.

04 이 글에 대한 평가로 가장 적절한 것은?

① 대다수의 사람들이 가격 비교, 제품 후기 탐색 등을 통해 합리적으로 소비한다면, 기존 경제학자들의 주장은 약화된다.

② 객관적으로 명백히 틀린 판단이더라도 다수가 옳다고 하는 것을 따라가는 경향이 인간에게 있다면, 기존 경제학자들의 주장은 강화된다.

③ 인간의 선택이 비교 대상에 따라 달라진다면, 행동 경제학자들의 주장은 약화된다.

④ 자기 손해를 감수하면서 공동체나 타인의 이익을 우선시하는 사례를 추가한다면, 행동 경제학자들의 주장은 강화된다.

05 ㉠~㉣ 중 지시 대상이 동일한 것끼리 묶은 것은?

① ㉠, ㉡

② ㉠, ㉢

③ ㉡, ㉢

④ ㉢, ㉣

06 ㉠~㉣ 중 어색한 부분을 가장 적절하게 수정한 것은?

> 통계청에서는 전국의 '공실' 규모를 153만 5천여 호로 파악하고 있다. 심지어 여기에 오피스텔과 미분양 아파트는 빠져 있다. 이들 유형까지 감안하면 ㉠ 실제 빈집의 규모는 더 커진다. 빈집이 지속적으로 발생한다는 것은 특정 지역이 쇠락하며 인구가 지속적으로 유출되는 구조적인 문제에 오랫동안 노출되었다는 의미다. 또한 빈집이 생기는 동네에서는 지속적으로 부동산 가치 하락, 범죄 증가 등의 각종 도시 문제가 발생한다. 결국 ㉡ 빈집과 도시 문제 사이에는 인과 관계가 없다.
>
> 개별 지자체는 ㉢ 성장하지 않는 도시를 그려본 경험이 없다. 도시 기본 계획에서 기초 자치 단체의 대다수는 '지금의 인구 감소 추세를 상쇄하는 인구의 사회적 유입이 있을 것'이라고 2040년을 내다봤다. 빈집 문제는 한국 사회에 거대한 패러다임 전환을 요구하고 있다. 성장을 기본값으로 삼아 온 각 지역은 이제 '어떻게 해야 주택과 인구의 밀도를 유지하며 행정 낭비를 최소화할 것인지'에 대한 답을 찾아야 한다. 당연하게도 ㉣ 이 고민은 지역 사회가 홀로 떠맡지 말아야 한다. 그들이 자청한 문제가 아니기 때문이다.

① ㉠: 실제 빈집의 규모는 더 작아진다
② ㉡: 빈집은 도시 문제의 원인이자 결과이다
③ ㉢: 성장하지 않은 도시를 해결해 본 경험이 있다
④ ㉣: 이 고민은 지역 사회가 스스로 감당해야 한다

07 ㉠과 문맥적 의미가 가장 유사한 것은?

> 열 병합 발전소에서는 발전에 사용된 수증기를 열 교환기로 ㉠ 보낸다. 열 교환기로 이동한 수증기는 열 수송에 사용되는 물에 열을 전달하여 물을 데운다. 이 물속에는 고체 상태의 상변화 물질이 담겨 있는 마이크로 단위의 캡슐이 섞여 있다. 이 상변화 물질의 녹는점은 물의 어는점과 끓는점 사이에 있기 때문에, 물이 데워져 물의 온도가 상변화 물질의 녹는점 이상이 되면 상변화 물질은 액체로 상변화하게 된다. 액체가 된 상변화 물질이 섞인 물은 열 교환기에서 나와 온수 공급관을 통해 인근 지역 공동 주택 기계실의 열 교환기로 이동한다. 이 과정에서 상변화 물질이 고체로 상변화되지 않아야 하므로 이동하는 물의 온도는 상변화 물질의 녹는점 이상으로 유지되어야 한다.

① 정든 임을 보내려니 가슴이 찢어지는 듯하다.
② 관중들은 선수들에게 응원을 보내느라 정신이 없었다.
③ 동생이 고향집에 차를 보내어 부모님을 모셔 왔다.
④ 협회는 대표 팀을 국제 대회에 보내 실전 경험을 쌓게 하였다.

08~09 다음 글을 읽고 물음에 답하시오.

우리나라 근대 도서관은 20세기에 들어서면서 태동하였다. 그런데 우리나라 최초의 근대 도서관을 말할 때 도서관이 설치된 지리적 위치를 기준으로 보는 속지주의 관점에서 보느냐, 설립자의 한국 국적을 기준으로 보는 속인주의 관점에서 보느냐에 따라 그 주장이 다르다.

우선 홍도도서실은 1901년 일본 홍도회 부산포 지회가 부산 서산 하정 사무소 내에 처음으로 설치하였다. 일본 홍도회 부산포 지회는 1897년 부산을 중심으로 전국 일본인 유지들이 결성한 단체였다. 이 도서실은 현재 부산광역시립 시민 도서관으로 이어지고 있다. 다음으로 대동서관의 경우, 1906년 3월 평양의 유지 김흥윤 등이 평양에 창립한 것이다. 대동서관은 열람·대출과 같은 도서관의 역할과 각종 서적의 발간을 겸하였다. 그러나 1910년 한일 병합으로 폐관되었다. 마지막으로 경성도서관은 1908년 야마구치 세이가 설립한 경성문고가 폐관된 후, 그 장서와 각종 자료들을 1920년 윤익선 등이 인수하여 현재의 가회동에 새롭게 설립한 도서관이다. 이는 1923년 경영난으로 폐관하였으나 이후 이범승이 인사동에 동일한 명칭의 경성도서관을 설립하고 윤익선의 도서관을 흡수하여 분관으로 운영하면서 본관과 분관이 있는 경성도서관을 정식 개관하였다. 경성도서관은 경성 부립 도서관 '종로분관'이 되었다가 1945년 서울 시립 종로도서관으로 승격하여 오늘에 이르고 있다.

이러한 내용을 고려할 때, 속인주의 관점에서 최초의 공공 도서관은 ⟨ ㉠ ⟩이다. 하지만 현존 도서관 중 속인주의에 따른 최초의 공공 도서관은 ⟨ ㉡ ⟩이다. 반면 속지주의 관점에서 보면, 최초의 공공 도서관은 ⟨ ㉢ ⟩이다.

실력 ✓

08 이 글에서 추론한 내용으로 가장 적절한 것은?

① 경성도서관은 경성문고로 이름이 바뀌었다가 종로분관이 되었다.

② 경성도서관이 설립되기 직전 폐관한 대동서관은 책 제작 작업도 겸했다.

③ 윤익선의 경성도서관과 이범승의 경성도서관 본관은 서로 다른 곳에 위치했다.

④ 홍도도서실은 부산에 거주하는 일본인들만을 모아 결성한 단체가 설립하였는데, 현존하고 있다.

09 ㉠~㉢에 들어갈 말을 바르게 배열한 것은?

	㉠	㉡	㉢
①	대동서관	홍도도서실	경성도서관
②	경성도서관	홍도도서실	대동서관
③	대동서관	경성도서관	홍도도서실
④	경성도서관	대동서관	홍도도서실

실력 ⌄

10 다음 [증인의 진술]이 모두 참이라고 할 때, [탐정의 추론]이 타당하기 위해 필요한 진술을 한 사람은?

[증인의 진술]

사건이 백화점에서 일어났다면, 철수가 범인이거나 영희가 범인일 거예요. 철수가 범인이라면, 철수는 해외로 출국했을 거예요. 경찰이 범행 일시를 모르거나 영희의 부모님이 한국에 있다면, 영희는 범인이 아닐 거예요. 경찰이 범행 일시를 안다면, 철수는 해외로 출국했을 거예요.

[탐정의 추론]

사건은 백화점에서 일어난 게 아니었군요.

---

① 갑: 철수는 해외로 출국하지 않았어.

② 을: 경찰은 범행 일시를 알아.

③ 병: 영희의 부모님은 한국에 있어.

④ 정: 철수는 해외로 출국했어.

매일 국어 17회

01 다음 〈보도 자료〉의 ㉠~㉣을 수정한 것으로 적절하지 않은 것은?

/ 보도 자료 /

서비스 산업 경쟁력 강화 ㉠ 전담 팀[TF] 첫 회의 개최

정부와 경제 단체가 ㉡ 서비스 산업 현장의 문제점 발굴 및 해결책을 함께 모색하기 위해 전담 팀을 구성하고 첫 회의를 개최했다.

㉢ 회의의 주요 논의 내용으로는 국내 관광 산업 범위 개편, 지역 관광 교통망과 대형 공연장 확충, 지역 특화 관광 콘텐츠 발굴 등을 논의하였다.

또한 서울 외 지역에 관광 권역을 육성하기 위해 올해 연말까지 ㉣ 구체적인 로드 맵을 마련해 발표할 예정이다.

① ㉠은 어문 규범을 고려하여 '전담 팀(TF)'으로 수정한다.

② ㉡은 대등한 구조를 보이도록 '서비스 산업 현장의 문제점을 발굴하고 해결책을 함께 모색하기 위해'로 수정한다.

③ ㉢은 표현이 중복되지 않도록 '회의의 주요 논의 내용으로는 국내 관광 산업 범위 개편, 지역 관광 교통망과 대형 공연장 확충, 지역 특화 관광 콘텐츠 발굴 등이 있다'로 수정한다.

④ ㉣은 쉬운 우리말 표현을 사용하여 '구체적인 단계별 이행안을 마련해'로 수정한다.

실력 ⌄

02 다음 글의 내용이 참일 때, 추론할 수 없는 것은?

> 일자리가 줄지 않으면, 지방 도시의 발전이 이루어지기 마련이다. 만일 IT 산업이 첨단화되거나 혹은 정부의 투자가 증가하면, 일자리는 줄지 않을 것이다.

① IT 산업이 첨단화되지 않으면, 정부의 투자가 증가한다.

② IT 산업이 첨단화되면, 지방 도시의 발전이 이루어진다.

③ 일자리가 줄면, 정부의 투자가 증가하지 않는다.

④ 지방 도시의 발전이 이루어질 경우에만, 정부의 투자가 증가한다.

03 다음 글에서 추론한 내용으로 적절하지 않은 것은?

> 불이 나려면 세 가지 조건이 필요하다. 첫째, 연료가 있어야 한다. 연료는 나무, 종이, 휘발유처럼 불에 탈 수 있는 물질이다. 둘째, 산소가 필요하다. 보통 공기 중의 산소가 이 역할을 한다. 셋째, 연료가 발화점 이상으로 가열되어야 한다. 발화점이란 연료가 스스로 불이 붙을 수 있는 최소한의 온도를 말한다. 이 세 가지 요소가 모두 갖춰지면 연소가 일어나고, 이때 방출되는 에너지가 열과 빛, 즉 불꽃으로 나타난다. 불이 한 번 붙으면 생성된 열이 주변 연료를 다시 발화점까지 데운다. 불은 이렇게 스스로를 유지하는 자기 유지 반응을 계속한다. 불의 속성은 단순한 자연 현상이 아니라, 화학적·물리적 법칙에 따라 일어나는 에너지 변환 과정이다. 그리고 인류는 불의 속성을 잘 연구해 이 에너지를 더욱 효과적으로 활용함으로써 과학과 산업을 발전시켜 왔다. 불이 없었다면 인류 문명도 없었다.

① 산소가 존재해도 반드시 연소가 일어나는 것은 아니다.

② 불의 존재는 인류 문명이 탄생하기 위한 충분조건이다.

③ 불이 나지 않았다면 연료, 산소, 발화점 이상의 온도 중 하나 이상이 성립하지 않은 것이다.

④ 연소가 일어났을 때 주변에 산소와 연료가 있다면 발화점 이상의 온도가 지속적으로 유지된다.

04~05 다음 글을 읽고 물음에 답하시오.

사실성과 허구성을 둘러싼 중국 시와 서구 시의 차이에 대하여, 미국의 중국 문학 연구자가 흥미로운 예를 소개한 것이 있다. 소테펜 오웬은 《중국 고전시와 시학》에서 두보의 시 〈여행지의 밤에 속내를 적다〉와 워즈워드의 시 〈1820년 9월 3일 웨스트민스터 브리지에서 짓다〉를 나란히 들고, 이렇게 비교하였다. 두보의 시에는 구체적 장소와 날짜가 ㉠ 나타나 있지 않지만 그럼에도 불구하고 그것이 두보의 인생에서 실제로 ㉡ 일어났던 한 순간의 일이었다는 사실을 독자는 확신한다. 그것은 일기와 같으며, 다만 일기보다 경험의 한 부분에 초점을 맞추어 강력하게 기술하였다고 하는 차이가 있을 따름이다.

한편 워즈워드의 시에서는 1820년 9월 3일이라는 구체적 날짜, 웨스트민스터 브리지라는 구체적 지명이 나타나 있음에도 불구하고, 독자는 워즈워드가 그때 그 장소에 실제로 있었는지 어떤지, 시에 쓰여 있는 그런 런던의 광경을 실제로 그때 볼 수 있었는지 아닌지, 그러한 사실에 일체 관심을 ㉢ 쏟지 않는다. 중국 시의 경험은 역사적·현실적이라고 ㉣ 받아들이는 데 비하여, 서구의 시는 그렇게 받아들이지 않는다. 서구의 시에서는 모든 것이 메타포이자 픽션이어서, 거기서부터 의미가 떠올라 오는 것이 시라고 간주한다.

04 이 글의 글쓴이가 말하고자 하는 바로 가장 적절한 것은?

① 중국 시와 서구 시의 본질적 차이는 두보와 워즈워드의 시를 비교해 보면 알 수 있다.

② 중국 시와 서구 시의 표현 방식의 차이는 인간에 대한 중국과 서구의 인식 차에서 비롯한다.

③ 중국 시는 사실적 성격을, 서구 시는 허구적 성격을 지닌다는 점에서 이 둘은 본질적인 차이가 있다.

④ 중국 시와 서구 시는 시에 구체적 날짜와 장소를 나타냈는지를 기준으로 구분할 수 있다.

05 ㉠~㉣과 바꾸어 쓸 수 있는 유사한 표현으로 적절하지 않은 것은?

① ㉠: 명시(明示)되어

② ㉡: 발생(發生)했던

③ ㉢: 배제(排除)하지

④ ㉣: 인정(認定)하는

06~07 다음 글을 읽고 물음에 답하시오.

프랑스의 라스코 동굴에서 발견된 동굴 벽화는 약 2만 년 전 후기 구석기 시대에 그려진 것으로, 초기 인류의 예술 표현 중 가장 정교한 사례로 꼽힌다. 미술사학자 브레일은 벽화 속 대부분의 동물들이 선사 시대 인간들이 실제로 사냥하던 대상이라는 점에 주목하며, ㉠ 이들이 그린 동굴 벽화가 사냥의 성공을 기원하는 일종의 주술적 행위의 일부라고 보았다. 이후 르루아 구랑은 동굴 벽화에 그려진 다양한 동물 이미지들이 '말과 들소', '사슴과 곰'처럼 특정 동물들이 쌍을 이루거나 대조적으로 배치되는 양상을 분석해, ㉡ 이들 조합이 성별 이분법이나 생명 주기와 관련된 신화적 질서를 반영하고 있다고 해석했다. 나아가 구랑은 동굴 내부 공간의 구획, 그림의 위치, 크기, 방향성이 모두 의도적인 구조를 이룬다고 보고, 동굴 벽화를 그린 ㉢ 이들이 일정한 규범과 인식틀 속에서 이미지를 제작했음을 주장했다.

그러나 윌리엄스는 동굴 벽화가 어떠한 기능이나 의미로 환원될 수 없으며, 여기에 주술적 목적이나 상징체계가 담겨 있다는 해석은 현대인의 관점을 무리하게 투사한 것이라고 비판했다. 구석기 시대의 사람들에게 그러한 체계적인 의도와 분명한 상징체계를 기대하는 것은 지나치게 단순화된 판단이라는 것이다. 이에 대해 장 클로드와 같이 브레일이나 르루아 구랑의 견해를 지지하는 학자들은 반론을 제기했다. ㉣ 이들은 선사 시대의 인간도 인지적으로 높은 수준의 상징 이해 능력을 갖추고 있었으며, 문화적 표현의 다양성은 결코 근대의 독점물이 아니라고 주장했다.

06 이 글에 대해 평가한 내용으로 가장 적절한 것은?

① 상징을 통한 표현이 인간의 보편적 특성이라면, 윌리엄스의 주장은 강화된다.

② 라스코 동굴보다 더 오래된 동굴 벽화가 발견된다면, 클로드의 주장은 약화된다.

③ 라스코 동굴 벽화에 들소의 몸에 창이 박힌 것처럼 보이는 그림이 존재한다면, 브레일의 주장은 강화된다.

④ 라스코 동굴 벽화에서 말 그림은 주로 동굴 입구나 주변에, 들소 그림은 중앙부에 배치되는 경향이 있다면, 구랑의 주장은 약화된다.

07 ㉠~㉣ 중 지시 대상이 같은 것만으로 묶인 것은?

① ㉠, ㉡   ② ㉠, ㉢

③ ㉡, ㉢   ④ ㉢, ㉣

실력 ⊘

08 다음 글을 읽고 추론할 수 있는 바로 적절하지 않은 것은?

> 브룩스와 워런은 화자가 '어디에 서 있는가.'와 '어떤 방법으로 이야기를 하는가.'라는 기준에 따라 소설의 시점을 네 가지 유형으로 구분하고 있다. '어디에 서 있는가.'의 기준은, 작품 속에 설정된 '나'가 주인공인 '나'로서 또는 주인공이 아닌 인물인 '나'로서 이야기를 하는 경우와, 작품 밖에 서 있는 화자가 말하는 경우로 나뉜다. 전자는 1인칭 시점, 후자는 3인칭 시점이라고 한다. '어떤 방법으로 이야기를 하는가.'의 기준은 사건을 주관적인 관점에서 내부적으로 분석하는 경우와 사건을 객관적으로 외부적인 관찰을 하는 경우로 구분한다.
>
> 1인칭 시점은 1인칭 주인공 시점과 1인칭 관찰자 시점으로 나뉜다. 1인칭 주인공 시점은 소설 속에서 누구를 그리느냐 하는 성격의 초점과 누구의 입장에서 서술하느냐 하는 서술의 초점이 일치한다. 즉 '나'라는 주인공의 경험이나 심리적 동향을 '나'의 입장에서 직접 말한다. 반면 1인칭 관찰자 시점은 부차적인 인물인 '나'라는 관찰자가 일정한 거리를 두고 주인공의 이야기를 소설에서 펼치기 때문에 서술 시점의 주관성과 관찰 대상의 객관성을 함께 유지할 수 있다.
>
> 3인칭 시점은 전지적 작가 시점과 작가 관찰자 시점으로 구분된다. 전지적 작가 시점에서 작가는 등장인물의 말과 행동, 생각에 대하여 모든 것을 알고 있다. 또한 작가는 그들도 모르는 것까지 다 서술할 수 있다. 반면 작가 관찰자 시점에서 작가는 작품의 밖에서 관찰자로서의 객관적인 입장을 철저히 지켜, 관찰 가능한 사실이나 확실히 드러나는 인물의 말과 행동만을 보이는 그대로 이야기한다.

① 브룩스와 워런은 네 가지 유형의 시점을 '누가 어디에서 어떻게 말하는가.'를 기준으로 구분하였다.

② 1인칭 주인공 시점과 전지적 작가 시점은 모두 서술자가 주인공의 심리를 알고 있다.

③ 1인칭 관찰자 시점은 작가 관찰자 시점에 비해 서술 시점의 주관성이 더 강하다.

④ 1인칭 관찰자 시점과 달리 1인칭 주인공 시점은 서술 시점의 주관성을 유지할 수 있다.

09 다음 글에서 추론한 내용으로 적절하지 않은 것은?

어느 나라, 어느 민족이든지 공식적인 학교 교육에서는 그 나라 또는 그 민족의 공식 언어를 교육의 직접 대상으로 삼는 교과를 설정하고 있다. 이때 언어 교과의 명칭은 언어 교육에 대한 기본 철학과 깊이 연결되어 있다. 가령, 언어 교과를 '국어', '영어', '불어' 등과 같이 그 나라의 공식 언어 이름으로 부르는 전통적인 방식은, 언어 교육을 '어떤 내용을 가르치는 교육'으로 인식하는 경향이 강하다. 이 관점에서 그 내용의 핵심은 자국어에 대한 지식, 즉 '문법'과 그 언어로 표현된 '문학'의 이해에 있다. 반면, 언어 교과 명칭을 '언어 예술'이나 '의사소통 기술' 등으로 사용하는 방식은, 언어 교육을 학생들이 실제 생활에서 효과적으로 의사소통할 수 있도록 돕는 기능 중심의 교육으로 본다. 이 경우에는 말하기, 듣기, 읽기, 쓰기 등 언어 사용 능력의 신장을 핵심 내용으로 삼는다.

이 두 입장은 우리나라 국어 교과의 성격을 규정하는 데에도 영향을 미쳤다. 해방 이후 제4차 교육 과정 시기(1945~1986년)까지는 국어 교육의 내용을 국어학 지식, 국문학 지식 등 지식 교육으로 보았다. 그래서 국어 교육에 대한 정책이나 내용 선정이 대부분 국어학과 국문학을 전공하는 학자들에 의해 결정되었다. 그러다가 제5차 국어과 교육 과정의 개정(1987년) 시기에 국어 교육의 핵심 지도 내용은 종래의 국어학과 국문학 지식에서 말하기, 듣기, 읽기, 쓰기 능력의 지도로 새롭게 바뀌었다. 이런 변화에 맞추어 초등 교육에서 종래에 사용해 왔던 〈국어〉라는 단일 교과서를 〈말하기·듣기〉, 〈읽기〉, 〈쓰기〉 교과서로 나누어 발간하였다.

① 교과 명칭을 '언어 예술'로 삼는 국가의 경우 국어학자가 주도하여 교과 내용을 선별한다.
② 우리나라의 국어과 교육 과정은 지식 중심의 교육에서 기능 중심의 교육으로 변화하였다.
③ 제4차 교육 과정 시기의 국어 교육의 핵심에는 문학의 이해가 포함되어 있다.
④ 제5차 교육 과정 시기의 국어 교육은 단일 교과를 세부 과목으로 나누어 발간함으로써 언어 사용 능력을 기르는 데 중점을 두었다.

실력 ⊘

10 다음 전제가 모두 참일 때, 반드시 참이 아닌 것은?

전제 1. 범죄는 모두 옳지 않은 행위이다.
전제 2. 어떤 범죄는 죄질이 심각한 행위이다.
전제 3. 옳지 않고 죄질이 심각한 행위라면, 모두 처벌받아야 한다.

① 어떤 범죄는 처벌받아야 한다.
② 처벌받지 않아도 되는 범죄가 있다.
③ 옳지 않고 죄질이 심각한 행위가 있다.
④ 옳은 행위라면 모두 범죄가 아니다.

01 다음 글을 읽고 이해한 내용으로 적절하지 않은 것은?

> 서술어는 주어의 동작이나 성질, 상태 따위를 풀이하는 기능을 하는 문장 성분이다. '무엇이 어찌한다.', '무엇이 어떠하다.', '무엇이 무엇이다.'에서 '어찌한다(동사)', '어떠하다(형용사)', '무엇이다(체언 + 서술격 조사)'에 해당하는 부분이 바로 서술어이다.
>
> 서술어는 성격에 따라서 그것이 반드시 필요로 하는 문장 성분의 숫자가 다른데, 이때 꼭 필요한 문장 성분의 숫자를 '서술어의 자릿수'라고 한다. '꽃이 피었다.'와 같이 주어 하나만을 요구하는 서술어를 한 자리 서술어, '학생들이 밥을 먹는다.'와 같이 주어 이외에 목적어, 보어, 부사어 가운데 하나를 필수적으로 요구하는 서술어를 두 자리 서술어라고 한다. 또 '선생님께서 우리에게 책을 주셨다.'와 같이 주어 이외에 목적어와 부사어를 필수적으로 요구하는 서술어를 세 자리 서술어라고 한다.
>
> 둘 이상의 뜻을 가진 동사나 형용사는 그 의미에 따라 서술어의 자릿수에서 차이를 보이기도 한다. 예를 들어, '함박눈이 내렸다.'의 '내리다'는 한 자리 서술어이지만, '그가 차에서 내렸다.'의 '내리다'는 두 자리 서술어이다.

① 서술격 조사 '이다'는 체언이 주어의 동작이나 상태를 풀이하는 기능을 하게 한다.

② '어머니는 아이에게 용돈을 주었다.'의 '주다'는 주어와 목적어를 필수적으로 요구하는 두 자리 서술어이다.

③ '달이 휘영청 밝다.'의 '밝다'와 '그는 자기 고장의 지리에 밝다.'의 '밝다'는 서술어의 자릿수에서 차이를 보인다.

④ '그는 그녀에게 운전을 가르쳤다.'에서 '가르치다'는 주어 이외에 목적어와 부사어를 필수적으로 요구한다.

실력 ⌄

02 ⊙과 ⓒ에 들어갈 말을 알맞게 짝 지은 것은?

> **진술 1.** 코트를 입은 어떤 사람은 사기범이다.
>
> **진술 2.** ⌈   ⊙   ⌉.
>
> **진술 3.** 절도범은 모두 코트를 입지 않는다.
>
> 　진술들이 참일지 거짓일지는 확신할 수 없다. 그러나 만약 진술 1과 진술 2가 참이면, 어떤 사기범은 절도범이다. 진술 1과 진술 3이 참이면, ⌈   ⓒ   ⌉.

① ⊙: 코트를 입은 사람은 모두 절도범이다

　ⓒ: 어떤 사기범은 절도범이 아니다

② ⊙: 절도범은 모두 코트를 입는다

　ⓒ: 어떤 사기범은 절도범이 아니다

③ ⊙: 절도범은 모두 코트를 입는다

　ⓒ: 절도범은 모두 사기범이다

④ ⊙: 코트를 입은 사람은 모두 절도범이다

　ⓒ: 어떤 절도범은 사기범이 아니다

03 ⊙~ⓔ의 전개 순서로 가장 자연스러운 것은?

> ⊙ 합리적으로 처리해야 할 일을 힘이나 감정으로 해결하려는 것은 원칙의 잘못된 적용이라는 문제점 때문에 잘못된 것이기도 하지만 그보다는 인간성을 비하시키는 결과를 초래한다는 점에서 더욱 멀리해야 할 일이다.
>
> ⓒ 합리성이 아니라 힘이나 감정에 따라 처리해야 할 일이 얼마든지 있는 것이다.
>
> ⓒ 그러나 이치를 따져서 최선의 선택을 해야 할 필요가 있는 일들이 있는데, 이런 일들을 힘이나 감정으로 해결하려 하는 것은 사랑을 힘으로 해결하려는 것처럼 원칙을 혼동하는 것이 된다.
>
> ⓔ 인간이 이성이라는 기능을 가지고 있다고 해서 인간이 하는 일 모두가 합리적이라든가 합리적이어야 한다고 생각하는 것은 잘못이다.

① ⊙ - ⓒ - ⓒ - ⓔ　　　　② ⊙ - ⓒ - ⓒ - ⓔ

③ ⓔ - ⓒ - ⓒ - ⊙　　　　④ ⓔ - ⓒ - ⊙ - ⓒ

04~05 다음 글을 읽고 물음에 답하시오.

미국이 농업국에서 공업국으로 전환하던 1860~1890년대, '도금 시대'라 불리던 이 시기에 '강도 귀족'이라 불리는 일군의 대부호들이 등장한다. 이들은 철도·철강·금융··석유 등의 기간 산업에서 갖은 부정과 모략, 부당한 독점으로 막대한 부를 쌓았다.

㉠ 이들은 부를 쌓은 과정도 문제적이지만 부를 사용하는 방식으로 더 이목을 끌었다. 이른바 과시적 소비다. 반면 당시 노동자들은 하루 14~15시간 노동에 시달리며 생존에 겨워하는 형편이었다. 빈부 차가 이렇게 극단적으로 벌어지면 사회적 반발이 없을 수 없다.

1886년 미국 노동자 총연맹은 하루 8시간 노동제를 요구하며 5월 1일 총파업을 단행하기로 했다. 그날 미 전역에서 34만 명의 노동자가 시가행진에 나섰고, 19만 명이 파업에 참가했다. 하지만 돌아온 것은 경찰의 폭력이었다. 그리고 ㉡ 이들의 발포로 5월 3일 파업 농성 중이던 맥코믹 농기계 공장 노동자들 중 6명이 사망하는 참사가 발생했다. 다음 날 이에 항의하던 노동자들의 헤이마켓 광장 집회에서는 폭탄이 터졌는데 미국 정부는 이를 ㉢ 그들의 소행으로 몰아 노동 운동 지도자들을 체포해 그중 4명을 교수형에 처했다. 이를 계기로 사회주의계 근로자 및 사회주의 단체의 국제 조직인 제2 인터내셔널은 1890년 5월 1일부터 8시간 노동제를 요구하는 국제 시위를 벌이기로 한다. '근로자의 날'이라 불리는 기념일의 시작이었다.

그러니 뒤집어 보면 오늘날 노동자들의 권리가 그나마 확립된 것은 강도 귀족들 덕분이랄 수도 있다. ㉣ 그들이 베풀면서 겸손하게 살았다면 노동자들의 각성은 그만큼 늦어졌을 테니 말이다.

04 이 글에서 이해한 내용으로 가장 적절한 것은?

① 도금 시대에 일어난 노동 운동을 통해 강도 귀족의 과시적 소비를 막을 수 있었다.

② 근로자의 날은 1886년 미국 노동자 총연맹이 주도한 총파업을 계기로 제정되었다.

③ 강도 귀족이 초래한 사회적 불공정은 노동자들의 권리 향상을 촉발하는 계기가 되었다.

④ 노동 운동 지도자들이 폭탄을 설치한 이후 미국 정부가 노동자들을 과도하게 진압하기 시작했다.

05 ㉠~㉣ 중 문맥상 지시 대상이 동일한 것끼리 묶인 것은?

① ㉠, ㉣

② ㉡, ㉢

③ ㉠, ㉡, ㉣

④ ㉡, ㉢, ㉣

06~07 다음 글을 읽고 물음에 답하시오.

애니메이션에서 한 시퀀스(sequence) 내에 있는 여러 장면에서 등장인물의 행동은 매우 중요하다. 특히 등장인물의 행동 방향은 ㉠ 관객들에게 중요한 영향을 미치므로, 애니메이션 작가들이 각별히 신경을 써야 하는 부분이다. 한 등장인물이 오른쪽을 향해 가는 장면을 보여 주다가 갑자기 왼쪽으로 가는 장면을 보여 주면 관객들은 등장인물이 뒤로 돌아가는 것으로 느끼게 된다. 그런데 이것은 한 인물이 스크린의 왼쪽으로 이동하고 다음 장면에서 다른 인물이 오른쪽으로 이동할 때 ㉡ 관객들이 느끼는 것과는 다르다. 이때 관객들은 두 사람이 서로를 향해 가고 있다고 느끼게 된다.

힘든 일을 감내해야 하는 상황, 예컨대 높은 산을 오르는 장면이라면 등장인물을 어느 쪽으로 향하게 하는 것이 좋을까? ㉢ 답은 오른쪽이다. 등장인물이 오른쪽에서 왼쪽으로 움직이면 시선 이동의 자연스러움을 ㉮ 거슬러 더 어려운 상황에 놓여 있는 것 같은 느낌을 불러일으킨다.

등장인물의 행동에 오른쪽이나 왼쪽으로 방향을 제시하지 않는 경우도 있는데, 위협감을 느끼게 하는 장면에서 흔히 사용된다. 코뿔소가 사냥꾼을 공격하기 위해 달려가는 장면을 생각해 보자. 만약 좀 더 긴장감 있는 장면을 연출하려면 ㉣ 코뿔소를 중앙에 놓고 코뿔소의 정면을 그리는 것이 좋다. 왜냐하면 관객들은 정면으로 달려드는 코뿔소가 마치 자신에게 달려드는 느낌을 받아 공포감을 더욱 크게 느끼기 때문이다.

06 ㉠~㉣을 수정하는 방안으로 가장 적절한 것은?

① ㉠: 관객들에게 영향을 미치지 않으므로
② ㉡: 관객들이 느끼는 것과 같다
③ ㉢: 답은 왼쪽이다
④ ㉣: 코뿔소를 측면에 놓고 코뿔소의 측면을

07 문맥상 ㉮와 의미가 가장 가까운 것은?

① 천 원짜리 지폐를 주고 백 원짜리 동전을 하나 거슬러 받았다.
② 국민들은 시대를 거스르는 구시대의 법을 폐지할 것을 요구했다.
③ 그녀는 멋대로 행동함으로써 모두의 뜻을 거스르고 말았다.
④ 그의 거친 언행에는 신경을 거스르는 부분이 있다.

08 다음 글을 바탕으로 하여 추론한 내용으로 가장 적절한 것은?

> 김시습이 지은 〈만복사저포기〉와 〈이생규장전〉은 모두 살아 있는 남자와 죽은 여자의 사랑 이야기로, 여기에서 비극적 세계상이 구성된다. 자연법칙으로 볼 때 산 자와 죽은 자는 서로 함께할 수 없기 때문이다. 이 근본적인 한계에 대해 〈만복사저포기〉의 주인공 양생은 죽은 여인과 헤어지고 그녀의 명복을 빌어 준 뒤 지리산에 들어가 살았는데 그 마친 바는 알 수 없다는 '부지소종(不知所終)'의 결말을 보여 준다. 이는 이별이라는 운명의 초극 의지로 해석할 수 있다. 이 초극이란 현실 속에서 정면으로 대결하거나 굴복하지 않는 제3의 길이다. 이러한 초극이 가능했던 것은 불교적 세계관이 〈만복사저포기〉의 기반을 이루고 있기 때문이다.
>
> 반면 〈이생규장전〉의 주인공 이생은 아내의 귀신과 헤어진 후 끝내 죽어 버린다. 그의 죽음은 극복할 수 없는 운명의 거대한 힘 앞에서 결코 굴복하지도, 우회하지도 않는 정면 승부이다. 이는 작가인 김시습의 정치적 역정과 관련된 알레고리라고 보는 시각이 정당성을 갖는다. 이생이 김시습이라면 최 낭자는 정당한 왕(들)이다. 생전의 최 낭자는 매우 적극적이다. 이는 그를 불러 친견하고 그의 장래를 약속해 주었던 세종을 떠올리게 한다. 사후의 최 부인은 왕위를 잃은 단종의 이미지를 지니고 있는데, 이생은 자신의 친가가 불에 타 없어진 뒤 처가를 찾아 폐허 속에 있다가 죽은 부인을 만나게 된다. 부인은 비록 목숨─왕위의 상징으로 볼 수 있다─을 잃었으나 결코 정절─정통성─을 잃지는 않았다. 이생은 이때부터 벼슬에 나갈 마음을 먹지 않고 그녀만을 바라보면서 3년을 지낸다. 그녀가 저승으로 돌아가게 되자 이생은 그리움에 병이 들어 결국 죽게 된다. 이 서사의 과정은 김시습의 생애와 그대로 일치한다. 이렇게 보면 이 작품의 결구는 단종의 폐위와 죽음에 대한 비분강개*를 형상화한 것이다.
>
> *비분강개(悲憤慷慨): 슬프고 분하여 마음이 북받침.

① 〈이생규장전〉에서 최 낭자의 삶과 죽음은 세종의 삶과 죽음을 상징한다고 이해할 수 있다.

② 〈이생규장전〉과 〈만복사저포기〉는 사랑하는 이와 헤어진 주인공이 죽음을 택하는 것으로 마무리된다.

③ 〈만복사저포기〉의 주인공과 달리 〈이생규장전〉의 주인공은 자연법칙의 근본적인 한계를 극복하여 사랑을 성취한다.

④ 〈이생규장전〉에는 정통성을 잃지 않은 왕에 대한 충절을 지키기 위해 세속과의 결별을 선택한 김시습의 생애가 나타난다.

실력 ⊘

09 다음 글의 논지에 대한 평가로 적절하지 않은 것은?

> 충분한 초기 자본이 갖추어져 있다고 반드시 스타트업이 창업에 성공한다고 할 수는 없다. 그러나 충분한 초기 자본은 스타트업이 창업하는 과정에서 예상하지 못했던 사업의 문제점을 해결하고 사업의 연속성, 즉 생존하는 데 많은 시간적 여유를 확보해 준다. 즉 충분한 초기 자본은 스타트업이 창업에 성공할 수 있는 필수적 요인이다. 아무리 훌륭한 사업 아이템과 개인적 자질을 갖추었다고 하더라도 사업을 본격적으로 추진해 나가는 데 필요한 초기 자본이 적절하게 뒷받침이 되지 못한다면 성공적인 창업은 불가능한 것이다. 이는 모든 사업체의 행위가 자본을 매개로 하여 이루어지기 때문이다. 따라서 성공적인 창업이 되기 위해서는 충분한 창업 자금의 확보가 필요하다.

① 초기 자본이 충분했으나 창업에 실패한 스타트업이 있다면, 이 글의 논지는 강화된다.

② 초기 자본이 부족한 스타트업이 모두 창업에 성공하지 못했다면, 이 글의 논지는 약화된다.

③ 창업에 성공한 스타트업 중에 초기 자본이 충분했다고 답한 곳이 있다면, 이 글의 논지는 강화된다.

④ 초기 자본은 부족했으나 훌륭한 사업 아이템과 경영 판단으로 창업에 성공한 스타트업이 있다면, 이 글의 논지는 약화된다.

실력 ⊘

10 다음 논증이 타당하기 위해 빈칸에 들어갈 진술로 가장 적절한 것은?

> 바람이 불면 도서관이 한산하지 않다. 복도가 조용하면 도서관이 한산하지 않다. 그런데 ⬚⬚⬚⬚⬚⬚⬚⬚⬚⬚. 따라서 비가 오거나 바람이 불면, 도서관이 한산하지 않다.

① 바람이 불면 비가 온다

② 비가 오거나 바람이 분다

③ 복도가 조용하면 비가 온다

④ 비가 오지 않거나 복도가 조용하다

01 다음 〈보도 자료〉의 ㉠~㉣을 수정한 것으로 적절하지 않은 것은?

/ 보도 자료 /

○○○ 장관, 산불 피해 지역 방문하여 이재민 위로

○○○ 장관은 산불로 피해를 입은 ○○군을 방문하여 이재민의 ㉠ 슬픔을 위로하고, 산불 피해 복구 현장을 점검하였다.

먼저, ○○군으로부터 이재민 구호 현황과 산불 복구 계획을 보고받은 후, ㉡ 이재민들이 가능한 빠르게 일상을 회복할 수 있도록 세심한 지원을 당부하였다. 아울러 감염병 예방을 위한 방역과 위생 관리에 ㉢ 만전을 기할 것을 지시하였다. 또한 다가올 장마철에 대비해 ㉣ 마을로 유입되지 않도록 우회 배수로를 설치하는 등 피해를 예방하기 위해 최선을 다할 것을 강조하였다.

① ㉠: 문맥에 맞는 적절한 어휘를 사용하여 '애환을 위로하고'로 수정한다.

② ㉡: 수식 관계를 고려하여 '이재민들이 가능한 한 빠르게 일상을 회복할 수 있도록'으로 수정한다.

③ ㉢: 어려운 한자어는 쉬운 우리말로 표현하여 '소홀함이 없도록 할 것을'로 수정한다.

④ ㉣: 필요한 문장 성분이 생략되지 않도록 '빗물이나 토사가 마을로 유입되지 않도록'으로 수정한다.

02 빈칸에 들어갈 내용으로 적절하지 않은 것은?

제목: 방송 언어 순화의 필요성

Ⅰ. 방송 언어의 실태
  1. 예능 프로그램과 드라마에서 남발되는 저속한 표현
  2. 상업 광고의 자극적 표현 및 외국어 남용
  3. 방송인들의 어법에 맞지 않는 표현

Ⅱ. 방송 언어가 지닌 문제의 원인
  1. OTT와 방송 채널 증가로 인한 프로그램 간 과열된 경쟁
  2. 상품을 시청자의 뇌리에 빠르게 각인시키기에만 급급한 광고계의 관행
  3. 국어 지식 및 규범에 대한 이해 부족

Ⅲ. 방송 언어 문제의 해결 방안
  [   ]

① 방송인을 대상으로 한 어법에 맞는 언어 사용에 대한 교육 마련

② 시사와 교양 프로그램을 중심으로 한 프로그램 편성표로의 변화 촉구

③ 방송가의 프로그램 경쟁 자제 촉구와 자체 반성을 위한 노력

④ 상업 광고에 사용되는 언어에 대한 자정과 감독 강화

03 다음 글의 논지에 대한 평가로 가장 적절한 것은?

> 오늘날의 상황을 '소비의 위기'라 부른다. 좀 더 솔직하게 털어놓으면 그만큼 소비에 대한 인식이 위태롭다. 소비의 위기는 민주주의의 위기를 수반한다. 우리가 소비를 덜 할수록 우리 사회의 민주주의적 토대도 허물어진다. 절약하는 것으로는 민주주의를 구현하지 못한다. 좀 더 부정적으로 말할 수도 있다. 민주주의 사회가 계속 유지되기 바란다면 우리는 끊임없이 소비해야 하는 형을 선고받은 것이나 마찬가지이다. 대량 소비가 점점 줄어들거나 대중에게 소비의 폭넓은 접근 가능성이 주어지지 않는다면 사회는 완전히 다른 구조로 넘어갈 수도 있다.
>
> 소비자들의 수입이 장기적으로 불안해지는 추세와 함께 이른바 마비 현상이라 부르는 위험한 상황이 도래하고 있다. 불안과 욕구라는 양극단 중 어느 한쪽도 취하지 못해서 생기는 심적인 경련과 리듬 상실의 증세가 나타나고 있는 것이다. 이따금 모든 정상적인 소비 현상을 터무니없는 것으로 여기는 만성 자제력 상실 현상이 발생하기도 한다. 향후 몇 년 안에 달라질 전망은 보이지 않는다.

① 소비와 민주주의 사회가 밀접한 관련을 지닌다는 견해가 추가된다면, 이 글의 논지는 약화된다.

② 우리 사회의 발전을 위해 소비를 장려해야 한다는 견해가 추가된다면, 이 글의 논지는 약화된다.

③ 최근 몇 년간의 통계 지표는 전 세계의 소비 심리가 꾸준히 상승하고 있음을 보여 준다면, 이 글의 논지는 약화된다.

④ 소비보다는 절약과 저축이 민주주의를 떠받치는 기둥이라는 견해가 추가된다면, 이 글의 논지는 강화된다.

04 빈칸에 들어갈 내용으로 가장 적절한 것은?

> 코넬 대학교 연구 팀은 미국의 한 초등학교 교사와 교직원을 대상으로 아동들이 직면하고 있는 위험 요소가 5년 전에 비하여 증가했는지 감소했는지를 물었다. 그런 다음 응답자들에게 신상 정보를 물었는데 그중 한 질문이 첫 아이가 태어난 연도였다. 그 5년 사이에 아이를 낳은 응답자와 그렇지 않은 응답자의 위험 지각 정도를 비교했더니, 그동안에 부모가 된 교사와 직원들이, 그렇지 않은 교사와 직원들에 비해 아이들이 직면한 위험 요소가 훨씬 더 늘었다고 답했다. 부모가 되는 순간 세상은 위험한 곳으로 인식되기 시작하는 것이다.
>
> 이처럼 우리가 매일 보고 듣는 말이나 내용은 개개인의 프레임에 의해 결정된다. 따라서 누군가 '세상이 어떻다, 주변 사람들이 어떻다.'라고 평가하는 것은 세상과 주변 사람들에 대한 정보라기보다는 [   ]에 대해 더 많은 것을 알려 주는 법이다.

① 세상이 어떤 프레임에 의해 갇혀 있는지

② 말하는 사람이 어떤 프레임을 갖고 있는지

③ 개개인의 프레임이 어떻게 형성되어 작동되는지

④ 세상과 주변 사람들이 어떤 프레임을 갖고 있는지

05 갑~병의 주장을 분석한 내용으로 적절한 것만을 〈보기〉에서 모두 고르면?

갑: AI 스피커는 집안에서 나는 소리를 수집해서 스피커에 보관했다 삭제했다를 반복합니다. 실제로 미국 아칸소주에서 살인 사건을 조사할 당시, 경찰은 용의자가 사용 중인 AI 스피커를 제조한 회사에 데이터를 제공하라고 요청했어요. 내가 만일 억울한 용의자라면 내가 왜 사적인 생활을 경찰에게 공개해야 하죠? 프라이버시에 관한 기준이 오히려 더 엄격해질 필요가 있어요.

을: 우리나라는 디지털 인프라가 어떤 나라보다도 발달해 있어요. 하지만 개인 정보 유출에 대해 너무 민감해서 오히려 빅 데이터 활용에 대해 과도하게 불안감을 느끼고 있어요. 미국 같은 나라에서는 개인 정보 활용을 위험이라기보단 구글이나 페이스북에서 하는 공짜 서비스에 대한 일종의 대가로 인식해요. 우리도 이젠 그래야 한다고 보고요.

병: AI 스피커의 설정에 들어가면 내 음성 기록을 삭제하고 관리할 수도 있죠. 하지만 기업은 이런 기능이 있다는 걸 제대로 안내해 주지 않아요. 소비자의 편리성을 앞세우느라 소비자의 프라이버시는 중요시하지 않죠. 프라이버시에 대한 우리들의 자각이 낮아서 그런 거예요. 사용자가 편리하게 사용하기 위해 어떤 프라이버시를 희생하게 될지 기업은 소비자에게 자각시켜 줘야 해요.

─── 보기 ───

㉠ 갑의 주장과 을의 주장은 대립한다.
㉡ 갑의 주장과 병의 주장은 대립한다.
㉢ 을의 주장과 병의 주장은 대립한다.

① ㉠, ㉡
② ㉠, ㉢
③ ㉡, ㉢
④ ㉠, ㉡, ㉢

06 ㉠~㉣의 전개 순서로 가장 자연스러운 것은?

사회 보험*은 보험 시장에 대한 국가의 부당한 개입이라고 주장하는 사람이 있다. 그런데 이 주장을 고용 보험에 적용해 보면 타당성이 없음을 분명히 알 수 있다.

㉠ 또 국민연금이나 국민 건강 보험 역시 국가가 추구하는 공익성을 우선시해야 하기 때문에 상업적 이익을 추구하는 민간 보험사에 맡길 수는 없다.

㉡ 일반적으로 민간의 보험 상품이 공급되기 위해서는 보험금 지급 대상 위험이 암이나 교통사고와 같이 상호 독립적이어야 한다.

㉢ 그러나 실업은 외환 위기 때 경험한 것처럼 다른 사람의 실업이 증가할수록 나의 실업 확률도 커지는 상호 의존적 성격이 강하기 때문에 민간 보험 회사들은 고용 보험 상품을 제공하려 하지 않는다.

㉣ 그러므로 사회 보험은 국가가 주도할 수밖에 없는 것이다.

*사회 보험(社會保險): 출산, 양육, 실업 등의 사회적 위험에 대비하여 국가 및 지방 자치 단체가 보장하는 강제적인 성격의 보험. 건강 보험, 국민연금, 고용 보험, 산재 보험 등이 있다.

① ㉡-㉠-㉣-㉢
② ㉡-㉢-㉠-㉣
③ ㉣-㉠-㉢-㉡
④ ㉣-㉢-㉠-㉡

07~08 다음 글을 읽고 물음에 답하시오.

판소리 분야에서는 전통 판소리와 창작 판소리의 구분이 일반적이다. ㉠전자는 '전통'의 영역에 속하는 열두 바탕 판소리를 뜻하고, ㉡후자는 이전에 없던 사설에 새로운 곡조를 붙여 만든 판소리를 뜻한다. 창과 사설이 온전히 전승되는 판소리 작품이 열두 바탕 이상 존재했던 19세기 전성기를 지나, 그 수는 여섯으로, 다시 다섯으로 줄었다. 그렇게 남은 다섯이 '전승 5가'이며, 창을 잃은 채 사설만 남았거나 창과 사설 모두를 잃은 일곱 바탕을 '실창 7가'라고 한다. 이 모두를 전통 판소리라고 한다. 전승 5가에는 현재까지 이어져 내려오는 〈춘향가〉, 〈심청가〉, 〈수궁가〉, 〈흥부가〉, 〈적벽가〉 등이 속하고, 실창 7가에는 〈변강쇠 타령〉, 〈옹고집 타령〉, 〈장끼 타령〉, 〈무숙이 타령(계우사)〉, 〈배비장타령〉, 〈강릉매화 타령〉, 〈가짜 신선 타령〉 등이 속한다. 〈가짜 신선 타령〉 대신 〈숙영낭자전〉을 넣기도 한다.

판소리에는 복원 판소리와 신작 판소리도 있다. ㉢전자는 1960~1970년대 박동진 명창이 기존의 '실창 7가'의 텍스트에 음악을 새로 붙인 것이고, ㉣후자는 역사적 사실이나 고전 소설 등을 원천으로 삼아 1930년대부터 1950년대 사이에 만든 일련의 작품을 통칭하는 개념이다. 복원 판소리는 전승이 이미 끊긴 상태라 옛 명창들이 불렀던 소리를 그대로 재현할 수는 없지만, 전통 판소리의 음악 어법에 따라 되살려 불렀다는 의미로 '복원'이라고 한다. 〈변강쇠가〉, 〈숙영낭자전〉, 〈배비장전〉, 〈장끼 타령〉, 〈옹고집전〉 등이 대표작으로 일컬어진다. 여기에는 일부 창작적 보완이 들어가 있지만, 전통 판소리와 창작 판소리 중 ㉤전자의 범주에 넣는다. 반면 신작 판소리는 새로운 소재와 내용을 창작한 판소리이므로, 전통 판소리와 창작 판소리 중 ㉥후자의 범주에 넣는다.

07 이 글을 이해한 내용으로 가장 적절한 것은?

① 복원 판소리가 신작 판소리보다 먼저 만들어졌다.
② 〈춘향가〉는 박동진 명창에 의해 복원된 판소리이다.
③ 〈장끼 타령〉은 전통 판소리이자 복원 판소리에 속한다.
④ 사설과 창 중 전자만 전승되면 전승 5가이고, 후자만 전승되면 실창 7가이다.

08 ㉠~㉥ 중 지시하는 바가 같은 것끼리 짝 지은 것은?

① ㉠, ㉣
② ㉡, ㉢
③ ㉡, ㉥
④ ㉣, ㉤

09 다음 글의 내용이 참일 때, 밑줄 친 결론을 이끌어 내기 위해 빈칸에 들어가야 할 전제로 가장 적절한 것은?

- 갑이 바나나 보트를 타면 을은 제트 스키를 탄다.
- 병이 윈드서핑을 하면 정은 스쿠버 다이빙을 한다.
- 만일 을이 제트 스키를 타거나, 정이 스쿠버 다이빙을 한다면, 무는 웨이크보드를 탄다.
- [   ].
따라서 <u>무는 웨이크보드를 탄다.</u>

① 병이 바나나 보트를 탄다
② 갑이 바나나 보트를 타지 않는다
③ 정이 스쿠버 다이빙을 하지 않는다
④ 병이 윈드서핑을 한다

10 ⊙~ⓔ을 수정하는 방안으로 적절하지 않은 것은?

자화상[Self-Portrait]의 의미를 간단하게 생각하여 '자기를 끌어내어 밝히다.'라고 이해할 수도 있는데 이런 점에서 본다면 ⊙ 화가를 이해하는 데 있어 자화상은 그다지 좋은 자료가 아니었을 것이다. 자화상은 화가 개인의 성향이 담겨 있으며 화가가 세상을 바라보는 관점을 드러내기 때문이다.

르네상스 시기에는 여러 화가들이 자화상을 그렸으며 대표적 인물로 뒤러가 있다. 자화상 속의 뒤러는 정면을 향하고 있고, 머리카락은 실제 모습과는 다르게 갈색에 가까운 어두운 색으로 표현되었다. 예수의 얼굴을 닮은 듯한 뒤러의 자화상은 ⓛ 자신이 되고 싶은 모습이 아닌 실제의 모습을 그대로 그렸던 것이다. 뒤러의 자화상은 신으로부터 창조력을 부여받은 예술가는 그 능력에 있어서도 만물의 창조자와 닮았다는 신념을 나타낸다.

뒤러 이후의 자화상은 렘브란트에 이르러 더욱 발전하게 된다. 렘브란트는 말년으로 갈수록 자화상에서 자신의 영혼을 탐색해 나갔다. 그는 인생의 역경을 체험한 후의 체념, 달관, 슬픔이 깃든 자화상을 통해서 개인의 심리 상태 기록을 넘어 ⓒ 자신만이 지니는 특수한 속성을 자신의 모습을 통해 표출하고자 하였다. 그의 자화상에는 인간이 누구나 겪을 수 있는 삶의 흥망성쇠가 고스란히 담긴 모습이 나타난다. 화가들이 자화상을 그린 가장 큰 이유는 ⓔ 자기 자신의 모습에 대한 표현뿐 아니라 자기 정체성의 규명에 대한 열의가 중요한 동기로 작용했다고 볼 수 있다. 자신을 탐색하고, 자기를 인식하기 위한 하나의 방법으로 화가들은 자화상을 그렸던 것이다.

① ⊙: 화가를 이해하는 데 있어 자화상만큼 좋은 자료는 없을 것이다

② ⓛ: 실제의 모습을 그대로 그린 것이 아니라 자신이 되고 싶은 모습을

③ ⓒ: 인간이 지니는 보편적 속성을

④ ⓔ: 자기 정체성의 규명에 대한 열의보다 자기 자신의 모습에 대한 표현이

11 다음 글을 읽고 이해한 내용으로 적절하지 않은 것은?

한 단어가 관련성이 있는 여러 의미를 지니고 있을 때, 이를 다의어라고 한다. 한 단어에서 가장 기본적이고 핵심적인 의미를 '중심적 의미', 중심적 의미가 확장된 그 나머지 의미를 '주변적 의미'라고 한다. 가령 '손으로 공을 잡다.'의 '손'은 '사람의 팔목 끝에 달린 부분'이라는 중심적 의미를 지닌다. '손이 부족하다.'와 '그 일은 손이 많이 간다.'의 '손'은 각각 '일을 하는 사람', '어떤 일을 하는 데 드는 사람의 힘이나 노력, 기술'이라는 주변적 의미로 쓰였다.

한편 소리는 같지만 뜻이 다른 단어도 있는데, 이를 동음이의어라고 한다. 동음이의 관계에 있는 단어들은 의미적 연관성을 가지고 있지 않다. 가령 '우리 집에는 늘 자고 가는 손이 많다.'의 '손'은 '다른 곳에서 찾아온 사람'이라는 뜻으로, 위의 '손'과는 별개의 단어로 사전에 등재되어 있다. 《표준국어대사전》에서는 이러한 동음이의어 각각을 하나의 표제어로 처리하고 있으며 다의어는 하나의 표제어로 처리하고 있다.

다의어와 동음이의어는 하나의 단어 또는 발음이 같은 단어가 맥락에 따라 서로 다른 의미로 쓰이므로 단어만으로는 그 의미를 알기 어렵다. 따라서 각 단어가 쓰인 문장의 맥락을 통해 그 의미를 파악해야 한다.

① '다리에 쥐가 나다.'의 '다리'는 핵심적인 의미를 지니고, '이 의자는 다리가 하나 부러졌다.'의 '다리'는 확장된 의미를 지닌다.

② '나는 할머니의 손에서 자랐다.'의 '손'은 '사람의 팔목 끝에 달린 부분'을 뜻하는 '손'의 다의어이다.

③ 《표준국어대사전》에서 다의어의 중심적 의미와 주변적 의미는 각각 하나의 표제어로 등재되어 있다.

④ 두 개의 단어가 발음은 같더라도 의미적으로 관련이 없다면, 이는 동음이의어에 해당한다.

12~13 다음 글을 읽고 물음에 답하시오.

고려 시대에 철제품 생산을 담당한 것은 철소(鐵所)였다. 철소는 기본적으로 철산지나 그 인근의 채광과 제련이 용이한 곳에 설치되었다. 망이와 망소이가 반란을 일으킨 공주의 명학소는 철소였다. 하지만 다른 철소와 달리 이곳에서 철이 생산된 것은 아니었다. 철산지는 인근의 마현이었다. 명학소는 제련에 필요한 숯을 생산하고, 마현으로부터 가져온 철광석을 가공하여 철제품을 생산하는 곳이었다. 마현에서 채취된 철광석은 육로를 통해 명학소로 운반되었고, 이곳에서 생산된 철제품은 명학소의 갑천을 통해 공주로 납부되었다.

하지만 명학소민의 입장에서 보면, 마현에서 철광석을 채굴하고 광석을 골라낸 뒤 명학소로 운반하는 작업, 명학소에서 철광석 제련에 필요한 숯을 생산하고 철제품을 생산하는 작업, 생산된 철제품을 납부하는 작업에 이르기까지 감당할 수 없는 과중한 부담을 ㉠지고 있었다. 이는 일반 군현민의 부담뿐만 아니라 다른 철소민의 부담과 비교해 보아도 훨씬 무거운 것이었다. 더군다나 명종 무렵에는 철 생산이 이미 서서히 한계를 드러내고 있었음에도 할당된 철제품의 양은 줄어들지 않았다. 이러한 것이 복합되어 망이와 망소이의 반란이 일어난 것이다.

12 이 글을 이해한 내용으로 가장 적절한 것은?

① 명학소에서 생산된 철제품은 마현으로 운반된 뒤 명학소의 갑천을 통해 공주로 납부되었다.

② 명학소에 할당된 철제품의 양은 망이와 망소이의 반란이 일어나기 직전까지 계속 늘어났다.

③ 명학소민은 철광석 채굴에서부터 철제품 생산 작업에 이르기까지 모든 과정에 참여하였다.

④ 명학소는 고려 시대의 대표적인 철산지였다.

13 문맥상 ㉠과 의미가 가장 가까운 것은?

① 그 상처는 아직도 얼굴에 흉이 져서 남아 있다.

② 당신은 당신이 한 말에 책임을 져야 합니다.

③ 그는 어찌나 고집이 센지 내가 그에게 지고 말았다.

④ 달은 서산에 졌는데 동녘 하늘에서 해가 솟지 않는다.

14 김 과장은 거래처에 새로 부임한 이 사원을 만나기로 했다. 이 사원의 인상착의에 대한 다음 설명이 참일 때, 반드시 참인 것은?

㉠ 이 사원은 운동화를 신거나 구두를 신는다.
㉡ 만약 이 사원이 운동화를 신는다면, 면바지를 입는다.
㉢ 만약 이 사원이 면바지를 입지 않는다면, 구두를 신지 않는다.
㉣ 만약 이 사원이 운동화를 신는다면, 면바지를 입지 않는다.

① 이 사원은 운동화를 신지 않고 면바지를 입지 않는다.

② 이 사원은 면바지를 입고 운동화를 신는다.

③ 이 사원은 구두를 신고 면바지를 입는다.

④ 이 사원은 면바지를 입고 구두를 신지 않는다.

15 다음 글을 바탕으로 하여 글쓴이가 궁극적으로 말하고자 하는 바로 가장 적절한 것은?

> 님비(NIMBY)는 '내 뒷마당엔 안 돼[Not In My Back Yard].'라는 말의 약어이다. 님비 현상은 공공의 이익으로 볼 땐 꼭 필요한 시설이지만 '자신의 지역에는 받아 줄 수 없다.'라는 유치 반대 행동으로 보면 된다. 대표적인 유치 반대 시설로는 쓰레기 소각장, 장애인·노숙자 시설, 화장 시설 등이 있다.
>
> 그런데 최근 AI 시대 핵심이자 필수 시설인 '데이터 센터'도 님비 취급을 받는 분위기다. 유치 경쟁도 벌어졌던 시설인데 기피 시설로 인식되기 시작한 것이다. 데이터 센터 없는 AI 세상은 상상하기 어려울 정도로 수요가 엄청나게 늘고 있지만 반대 여론도 만만찮다. 실제로 미국 일부 지역에서 데이터 센터로 인한 고통을 호소하며 반발하는 사람들이 늘고 있다고 한다. 전력과 냉각수 사용량이 어마어마해 지역의 전기와 물을 엄청나게 소비하는 데다 소음 공해 등 생활 불편도 크다는 것이다.
>
> 우리나라도 '가뜩이나 전기가 부족한 수도권에 몰려선 안 된다.'라는 등 수도권 건립에 반대하는 목소리가 나오기 시작했다. 전자파·소음·발열 등 건강상의 우려, 재산 피해 등의 이유로 건립 반대나 공사 지연·중단 사태도 벌어지고 있다. 하지만 국력과 국가 생존이 달린 글로벌 AI 전쟁에서 살아남고, 세계 3대 AI 국가 목표를 달성하기 위해선 데이터 센터는 필수다. 그런데 혐오 시설로 낙인찍히면 건립이 힘들어질 수밖에 없다.

① 지역 주민들의 동의와 수용 없이는 데이터 센터 건립은 바람직하지 않다.

② 데이터 센터의 필요성을 사회적으로 설득하고 수용할 방안을 마련해야 한다.

③ 데이터 센터는 AI 시대의 필수 시설이면서 동시에 지역 주민들에게 불편을 초래하는 양면적 특성을 지닌다.

④ 님비 현상은 공동체의 이익을 외면한 채 개인과 지역의 이익만을 앞세우는 이기적 태도이므로 비판받아야 한다.

16 다음 글에서 추론한 내용으로 적절하지 않은 것은?

> 사과를 포함해 일부 과일 가격이 지속적으로 상승하는 가운데, 농림 축산 식품부(이하 농식품부)는 비록 올해 2월에는 눈·비가 자주 내린 기상 상황 탓에 참외의 수확량이 적었지만, 최근 생육 환경이 나아져 4월에 열린 과실량이 5월에 함께 공급될 것으로 예상돼 특히 5월부터는 참외 공급량이 작년 수준만큼 회복될 것으로 보인다고 했다.
>
> 또한 올여름 수박의 재배 면적이 지난해와 비교해 볼 때 소폭 상승해 생장기 기상 상황이 안정적이라면 수박 공급량 역시 작년과 비슷할 것으로 판단된다고 했다. 이 밖에도 토마토의 경우 생육이 회복하고 있어 긍정적으로 전망되지만, 멜론의 경우 재배 면적이 작년보다 감소해 공급량이 줄어들 것으로 예상된다고 했다. 사과 역시 햇과일이 나올 때까지는 가격이 계속 상승세를 유지할 것으로 보이지만, 여름에는 사과보다는 비교적 참외와 수박이 소비되는 경향이 있어 사과보다는 참외와 수박의 가격이 체감 물가로 이어질 것으로 보인다고 했다.
>
> 이에 농식품부는 제철 과일 및 채소의 생육 관리를 위해 농업인 대상의 기술 지도를 늘리고, 농작물 생장 관리를 위한 영양제를 저렴하게 공급하겠다고 공표했다. 또한 농가에서도 농작물의 생육 관리를 위해 수박은 15℃ 이상으로, 참외는 30℃ 이하로 온도를 유지하는 등 각 과일 및 채소 재배 환경에 맞는 적절한 온도 조절과 환기에 신경 써 달라고 당부했다.

① 올해 수박 재배 면적은 작년 대비 넓어졌지만 멜론은 줄어들었다.

② 수박과 참외는 20℃ 정도의 환경 조건에서 원활하게 생장할 것이다.

③ 올해 2월 참외 공급량보다 올해 5월 참외 공급량이 더 많을 것이다.

④ 여름을 제외한 세 계절의 체감 물가는 사과의 가격으로 정해질 것이다.

17 다음 글의 내용이 참일 때, 빈칸에 들어갈 말은?

> 지혜로운 사람은 모두 다양성을 인정한다. 지혜로우면서 결단력이 있는 사람이 있다. 그리고 [   ]. 따라서 사람들에게 신뢰를 받는 어떤 사람은 결단력이 있다.

① 사람들에게 신뢰를 받는 사람은 모두 다양성을 인정한다
② 지혜로운 어떤 사람은 사람들에게 신뢰를 받는다
③ 사람들에게 신뢰를 받는 사람은 모두 지혜롭다
④ 다양성을 인정하는 사람은 모두 사람들에게 신뢰를 받는다

18 다음 글에서 추론한 내용으로 적절하지 않은 것은?

> 〈표준 발음법〉 제9항~제11항은 종성에 놓인 받침의 발음에 대하여 규정하고 있다.
>
> 받침 'ㄲ, ㅋ', 'ㅅ, ㅆ, ㅈ, ㅊ, ㅌ', 'ㅍ'은 어말 또는 자음 앞에서 각각 대표음 [ㄱ, ㄷ, ㅂ]으로 발음한다. 음절 종성에서 발음이 [ㄱ, ㄷ, ㅂ] 중 하나로 바뀌는 자음들은 모두 장애음이라는 공통점을 지닌다. 장애음에 대립되는 자음 부류는 공명음이며 비음 'ㄴ, ㅁ, ㅇ'과 유음 'ㄹ'이 여기에 속한다. 공명음은 종성에 놓여도 제 음가대로 발음된다. 즉 'ㄴ, ㄹ, ㅁ, ㅇ'은 종성에서도 온전하게 실현될 수 있는 것이다.
>
> 한편 겹받침 'ㄳ', 'ㄵ', 'ㄼ, ㄽ, ㄾ', 'ㅄ'은 어말 또는 자음 앞에서 각각 [ㄱ, ㄴ, ㄹ, ㅂ]으로 발음한다. 다만 '밟-' 뒤에 자음으로 시작하는 어미가 붙을 때에는 [ㅂ]으로 발음되고, '넓-'이 포함된 복합어 중 '넓죽하다', '넓둥글다', '넓적하다' 등에서도 'ㄹ'을 탈락시켜 [ㅂ]으로 발음한다.
>
> 또한 겹받침 'ㄺ', 'ㄻ', 'ㄿ'은 어말 또는 자음 앞에서 각각 [ㄱ, ㅁ, ㅂ]으로 발음한다. 이는 겹받침을 이루는 두 개의 자음 중 앞선 자음이 탈락하는 경우를 규정하는 것이다. 다만, 용언 어간의 겹받침 'ㄺ'은 'ㄱ' 앞에서 [ㄹ]로 발음된다. 그래서 'ㄺ'으로 끝나는 어간 뒤에 '-고, -거나, -거든' 등과 같은 어미가 결합하는 경우에는 'ㄺ'을 [ㄹ]로 발음한다. 이것은 용언의 활용형뿐만 아니라 '늙개[늘깨], 밝기[발끼]'와 같은 파생어에도 그대로 적용된다.

① 국어 음절 종성에서 발음될 수 있는 자음은 'ㄱ, ㄷ, ㅂ, ㄴ, ㄹ, ㅁ, ㅇ' 7개이다.
② '늙다'의 '늙-'은 [늑]으로 발음하고 '늙고'의 '늙-'은 [늘]로 발음한다.
③ '여덟'의 받침 'ㄼ'과 '밟지'의 받침 'ㄼ'은 발음이 같지 않다.
④ '곶감'은 받침의 자음이 모두 공명음이므로 제 음가대로 발음한다.

19~20 다음 글을 읽고 물음에 답하시오.

인간 배아 유전자 편집을 반대하는 이들은 이 기술이 치료 목적이 아닌 데 쓰일 수 있다는 점을 근거로 든다. 유전자를 마음대로 조작할 수 있기 때문에 신체적 능력이나 지적 능력들을 증강하는 데 쓴다는 것이다. 이렇게 비치료적 유전자 증강이 시도되면 사회에 악영향을 미칠 것이라고 말한다. 그런데 비치료적 유전자 증강은 정말로 나쁠까? 인간은 언제나 현재의 한계를 ㉠ 넘어서기 위해 연구해 왔다. 특히 인간의 신체는 무서운 맹수가 ㉡ 들끓고 춥고 더운 극한의 기후에서 ㉢ 살아남기 어려울 정도로 약하기 때문에 이러한 신체적 약점을 보완하기 위해 노력했다. 또한 '더 잘 보기 위해' 안경을 쓰고, '더 빨리 이동하기 위해' 자동차를 만들었다. 이런 관점에서, 인간이 신체적 약점을 보완하기 위해 신체 자체를 증강시키는 것은 당연한 수순이다. '진화'는 인간의 매우 근원적인 욕구다. 더 잘 볼 수 있고, 더 빨리 달릴 수 있으며, 더 오래 뛸 수 있도록 신체적 진화를 이루어 낼 수 있다면 굳이 인류 진화의 길을 선택하지 않을 이유는 무엇인가. 인간 배아 유전자 편집을 통한 유전자 증강은 디스토피아로 가는 미끄러운 비탈길이 아닌, 유토피아로 가는 비탈길이다. 인류가 시대에 따라 진화해 현재에 이른 것처럼, 유전자 증강은 자연스러운 진화의 과정이라고 보아야 한다. 오히려 이러한 인류 진화의 길을 ㉣ 열기 위해 인간 배아 유전자 편집 연구를 활성화해야 한다.

19 이 글의 논지를 약화하는 것만을 〈보기〉에서 모두 고르면?

/ 보기 /

㉮ 인간은 자신의 한계를 극복하고 잠재력을 실현하기 위해 다양한 선택을 할 수 있는 본질적인 권리를 지닌 존재이다.

㉯ 다세대에 걸쳐 천천히 일어나는 진화와, 단기적이고 인위적으로 일어나는 유전자 편집을 동일시하는 것은 부적절하다.

㉰ 유전자 편집 기술을 이용해 쥐의 유전자를 편집하던 중 의도하지 않은 염기 서열 변이가 다수 발생한 사실이 보고되었다.

① ㉯
② ㉰
③ ㉮, ㉯
④ ㉯, ㉰

20 ㉠~㉣과 바꾸어 쓸 수 있는 유사한 표현으로 적절하지 않은 것은?

① ㉠: 극복(克服)하기
② ㉡: 만연(蔓延)하고
③ ㉢: 생존(生存)하기
④ ㉣: 개척(開拓)하기

공무원 국어의 독보적 기준
선재국어가 제시하는 매일 학습 전략!

공무원 국어의 독보적 기준
선재국어가 제시하는 매일 학습 전략!

공무원 국어의 독보적 기준
선재국어가 제시하는 매일 학습 전략!

선재국어가 제시하는 매일 학습 전략

정답과 해설

2026 선재국어

신유형
매일 국어

3

이선재·선재국어연구소 편저

수비니겨

1위

가장 많은 수험생들이
선택하는 공무원 국어
공단기 국어 과목 패스 수강생 기준

선재국어가 제시하는 매일 학습 전략

정답과 해설

2026 선재국어

신유형
매일 국어

3

이선재·선재국어연구소 편저

수비니겨

선재국어

공무원 국어의 독보적 기준 선재국어가 제시하는 매일 학습 전략!

ANSWER

정답과 해설

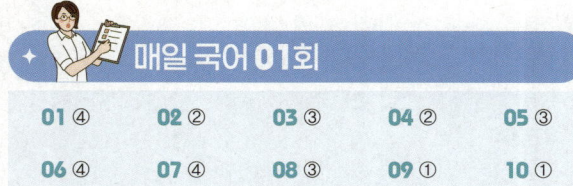

매일 국어 01회

01 ④	02 ②	03 ③	04 ②	05 ③
06 ④	07 ④	08 ③	09 ①	10 ①

01 정답 ④

출전 행정 안전부, 〈AI가 보이스 피싱 사기 대본 분석하고 키워드 추출해 범죄 조직 잡는다〉, 수정

해설
앞말이 직접 인용 되는 말임을 나타내는 격 조사는 '라고'이므로 ② '쏟겠다"라고'는 고치지 않고 그대로 두어야 한다. '고'는 앞말이 간접 인용 되는 말임을 나타내는 격 조사이다.

오답 풀이
① 체언인 '본격'이 용언인 '제공한다고'를 수식하는 것은 어색하다. 따라서 ③을 '본격적으로'와 같이 부사어의 형태로 수정한 것은 적절하다.
② '높이다'는 '…을 높이다'의 형태로 쓰인다. 따라서 ⓒ에는 '수사의 속도를 크게 높일 수 있다'와 같이 적절한 목적어를 넣어 주어야 한다.
③ '전망되어지다(✕)'는 피동 접미사 '–되다'와 통사적 피동문의 표현인 '–어지다'를 중복하여 사용한 이중 피동 표현이다. 따라서 ⓒ을 '전망된다'로 수정한 것은 적절하다.

02 정답 ②

해설
③~② 을 기호화하면 다음과 같다.

> ③ 기초 디자인 ∨ 미술사
> ⓒ 기초 디자인 → 색채학
> ⓒ ~조형 원리 → ~미술사
> ② ~색채학

② 로 인해 ⓒ 의 후건이 부정되어 [~기초 디자인]이 도출되고, 이로 인해 ③에서 선언지가 제거되어 [미술사]가 도출된다. 그러면 ⓒ의 후건도 부정되어 [조형 원리]가 도출된다.
따라서 [~색채학], [~기초 디자인], [미술사], [조형 원리]이므로, 철수가 수강할 과목의 수는 '2'이다.

03 정답 ③

해설
앞에서 부력은 물체가 밀어낸 물의 양에 비례한다고 하였다. ⓒ은 밀려난 물의 양이 줄어듦에 따라 변화하는 부력의 상태를 설명한 것이므로, ⓒ을 '줄어드는 결과 부력이 작아진다'로 수정하는 것이 적절하다.

오답 풀이
① 물속에서는 위쪽으로 향하는 부력이 작용하고, ③은 물속 바닥에 있는 돌을 위로 들어 올릴 때의 상황이므로 돌은 부력 때문에 '가볍게' 느껴질 것이다. 따라서 ③은 수정하지 말아야 한다.
② 부력은 위쪽으로 작용하는 힘이므로 돌이 물속 바닥에 있다는 것은 돌의 무게가 부력보다 크다는 사실을 의미한다. 따라서 ⓒ은 수정하지 말아야 한다.
④ 돌이 물속에 완전히 잠겨 있을 때보다 돌이 수면 밖으로 나오면 부력이 작아지고, 이 상황에서 돌을 들려면 이 줄어든 힘만큼 팔에 힘을 더 주어야 한다는 문맥이다. 따라서 ②은 수정하지 말아야 한다.

04 정답 ②

해설
⑦는 '돌을 들어 올리는 힘'을 의미하고, ④는 합쳐진 '힘', 즉 '돌을 들어 올리는 힘과 부력을 합친 힘'을 의미한다. ⑤는 돌이 물 밖으로 드러나기까지 가해지는 힘, 즉 '돌을 들어 올리는 힘'을 의미한다. ⑳는 돌이 수면 밖으로 나와 줄어드는 힘, 즉 '부력'을 의미한다. 따라서 문맥적 의미가 같은 것은 ⑦·⑤이다.

05 정답 ③

출전 황승용, 〈인간의 유전자는 멀티미디어〉, 수정

해설
ⓒ B는, 인간의 유전자로 만들어진 단백질이 다른 생물의 그것과 달리 동시에 여러 가지 기능을 하기 때문에 인간이 적은 수의 유전자로 탁월한 능력을 보일 수 있다고 주장한다. 한 단백질이 다양한 기능을 수행하여 각 기능을 최적화하지 못한 경우는 단백질이 여러 가지 기능을 하는 것이 긍정적 결과를 도출하지 못한다는 것이므로, B의 주장을 반박한다. 따라서 B의 주장은 약화된다.
ⓒ C는 인간의 유전자로 만들어진 단백질이 분업화되어 협력한다고 주장한다. 단백질 분업화가 진화적 관점에서 긍정적 기능을 했다는 사실은 C의 주장을 뒷받침한다. 따라서 C의 주장은 강화된다.

오답 풀이
③ A는, 인간과 침팬지의 '기억 단백질을 만드는 유전자'를 비교하여 인간의 유전자가 다른 생물보다 더 많은 단백질을 만들어 냄으로써 더 뛰어난 기능을 창조할 수 있다고 주장한다. 이는 인간의 유전자 수가 다른 생물과 별 차이가 없는 이유를 설명한 것으로, 환경에 따른 인간 기억력의 변화는 A의 주장과 무관하다. 따라서 A의 주장을 강화하지 않는다.

06 정답 ④

출전 이기문, 《국어사개설》

해설

2문단에서, 중세의 《번역박통사》의 언해문에 나온 고유어가 근대에 나온 《박통사언해》에서 한자어로 바뀌었다는 사실만 알 수 있다. 이 두 책에서 제일 많이 쓰인 어휘가 무엇인지는 추론할 수 없다.

오답 풀이

① 마지막 문단의, 근대 국어 시기의 주된 문화 공급처가 중국이었기 때문에 외래어의 안정적 공급원은 생활 문물어를 중심으로 한 중국어였다는 데에서 추론할 수 있다.

② 2문단의, '고유어 – 한자어 – 외래어' 부문에서 모두 양적 확장을 보여 준다는 내용에서 추론할 수 있다.

③ 2문단의, '논리와 개념어 부문이 한자어에 의해 점령당한 것'에서 논리 등의 학문 분야에서 한자어가 주로 쓰였음을 추론할 수 있다.

07 정답 ④

해설

'차용(借用)되다'는 '돈이나 물건 따위가 빌려져서 쓰이다 / 다른 나라 언어의 단어, 형태소, 문자나 개별적 표현 따위가 빌려져 쓰이다'라는 뜻이다. 따라서 ② '바뀐'을 '차용된'으로 바꾸어 쓰는 것은 적절하지 않다.

오답 풀이

① '지칭(指稱)하다'는 '어떤 대상을 가리켜 이르다'라는 뜻이므로, ③ '이른다'는 '지칭한다'로 바꾸어 쓸 수 있다.

② '전래(傳來)되다'는 '예로부터 전하여져 내려오다 / 외국에서 전하여져 들어오다'라는 뜻이므로, ⑥ '들어왔기'는 '전래되었기'로 바꾸어 쓸 수 있다.

③ '빼다'는 '전체에서 일부를 제외하거나 덜어 내다'의 뜻으로 쓰였으므로, ⑥ '빼면'은 '제외(除外)하면'으로 바꾸어 쓸 수 있다.

08 정답 ③

출전 2012학년도 10월 고3 전국연합학력평가, 수정

해설

③ 알파 붕괴는 알파선을 방출하는데, 여기서 알파선은 각각 2개의 양성자와 중성자로 이루어진 헬륨의 원자핵이다. 따라서 알파 붕괴를 하면 양성자와 중성자가 각각 그만큼 줄어든다. 이에 따라 92개의 양성자와 146개의 중성자를 가진 우라늄 238이 알파 붕괴를 하면, 양성자와 중성자가 각각 2개씩 줄어든다. 따라서 ③에는 '90개의 양성자와 144개의 중성자'가 들어가야 한다.

⑥ 베타 붕괴는 원자핵에 있는 중성자가 각각 1개의 양성자와 전자로 변한 다음, 양성자는 핵에 그대로 남고 전자만 외부로 방출함으로써

중성자의 수를 줄인다. 따라서 55개의 양성자와 82개의 중성자를 가진 세슘이 베타 붕괴를 하면, 중성자 1개가 사라지는 대신 양성자 1개가 늘어난다. 따라서 ⑥에는 '56개의 양성자와 81개의 중성자'가 들어가야 한다.

09 정답 ①

출전 박선영, 〈한국 사회 증상으로서의 집단주의와 개인주의: 정신 분석적 고찰〉

해설

2문단에 따르면, 집단주의 – 개인주의는 부모의 양육 태도에 영향을 미치고, 이러한 부모의 태도는 다시 유아의 집단주의 – 개인주의적 성향에 영향을 미친다. 이는 양육 과정을 통해 부모의 집단주의 – 개인주의적 성향이 아동에게 전승된다는 의미이므로 적절한 설명이다.

오답 풀이

② 2문단에 따르면, 집단주의 문화권의 아동이 개인주의 문화권의 아동보다 더 이타적이고 타인 지향적이다. 하지만 이를 통해 개인주의 문화권에서 개인이 이기적이라고 할 수는 없다.

③ 1문단에 따르면, 집단주의와 개인주의는 집단을 구성하는 개인과 개인의 상호 의존성을 기준으로 구분할 수 있다. 그리고 집단 구성원 간의 상호 의존성을 강조하는 것은 집단주의이다.

④ 2문단에 따르면, 집단주의 사회에서 억제하는 것은 '자기중심적 정서 표현'이다. 타인 중심적 정서 표현은 격려하므로, 개인의 정서 표현을 모두 억제한다고 볼 수는 없다. 개인주의 사회에서는 개인의 직접적 표현을 격려하는 것이 맞다.

10 정답 ①

해설

제시문을 기호화하면 다음과 같다.

1. 광주a ∧ 대전a
2. 부산 → 천안
3.
∴ 광주a ∧ 천안a

1과 결론에 모두 [광주a]가 있으므로 [대전a]와 [천안a]를 연결해 주면 된다. 따라서 '대전 → 천안'이 있어야 한다. 그런데 2가 '부산 → 천안'이므로 '대전 → 부산'을 추가하면 가언 삼단 논법에 의해 '대전 → 천안'이 도출된다. 선택지에는 '대전 → 부산'의 대우인 '~부산 → ~대전'이 있다.

따라서 '부산으로 출장을 가지 않는 사무관은 아무도 대전으로 출장을 가지 않는다'가 빈칸에 추가할 내용으로 가장 적절하다.

매일 국어 02회

01 ②	02 ④	03 ③	04 ①	05 ④
06 ③	07 ②	08 ①	09 ③	10 ②

01

정답 ②

출전 임지룡 외, 《학교 문법과 문법 교육》, 수정

해설

'물약'은, 마지막 문단의 '가을일'과 마찬가지로, [물냑]으로 소리 나는 데에서는 없던 음운인 'ㄴ'이 첨가되는 '첨가'가 나타나고, 다시 [물략]으로 소리 나는 데에서는 'ㄴ'이 'ㄹ'로 바뀌는 '교체'가 나타난다.

오답풀이

① 2문단의 '쓰-+-어 → [써]'와 같이 음운 변동은 모음 사이에서도 나타날 수 있다.

③ '부엌'이 [부억]으로 소리 나는 데에서는 'ㅋ'이 'ㄱ'으로 바뀌는 '교체'가 나타난다. 그러나 '부엌을'이 [부어클]로 소리 나는 것은 앞 음절의 끝 자음이 모음으로 시작되는 뒤 음절의 초성으로 이어져 나는 것(연음)이므로, 여기에서는 음운 변동이 나타나지 않는다.

④ 2문단에 따르면, 어떤 음운이 다른 음운으로 바뀌는 현상은 '교체'이다. '흙'은 2문단의 '닭'과 마찬가지로, [흑]으로 소리 나는 데에서 'ㄺ' 중 'ㄹ'이 없어지는 '탈락'이 나타난다.

02

정답 ④

해설

제시문을 기호화하면 다음과 같다.

㉮ 요리a ∧ 식자재a
㉯ 요리 → ~운동
─────────────────
∴ ☐

㉮에서 연언지 단순화로 [요리a], [식자재a]가 도출된다. [요리a]로 인해 ㉯의 전건이 긍정되어 [~운동a]가 도출되고, 이를 [식자재a]와 연언화하면 '식자재a ∧ ~운동a'가 도출된다.

따라서 '식자재에 관심이 있는 사람 중 일부는 운동에 관심이 없다'가 결론으로 가장 적절하다.

오답풀이

① '~요리 → 운동'은 ㉯에서 전건 부정의 오류를 범한 추론이다.

03

정답 ③

출전 〈방제 기술은 어디까지 왔나〉, 《동아일보》, 수정

해설

2문단에 따르면, 유겔화제는 기름이 서로 달라붙게 한다. 그리고 최종적으로는 이 기름을 유회수기나 흡착포를 사용하여 물리적으로 제거하므로, 적절한 설명이다.

오답풀이

① 2문단에 따르면, 2차 환경 오염을 일으킬 수 있는 것은 화학적 방법이다. 유처리제는 화학적 방법이지만, 유회수기는 물리적 방법이다. 물리적 방법도 2차 환경 오염을 일으킬 수 있는지는 제시문에 나오지 않는다.

② 흡착포는 폴리프로필렌 재질의 섬유로 만들어지는데, 폴리프로필렌은 기름과 친하고 물을 싫어해 기름만 빨아들인다는 내용과 배치된다.

④ 1문단에 따르면, 유처리제는 기름을 분산시키고, 유겔화제는 기름을 서로 달라붙게 한다. ④는 이를 거꾸로 설명한 것이다.

04

정답 ①

해설

앞에 제시된 순서에 따라 ㉠과 ㉡은 각각 '유회수기'와 '흡착포'를 지시한다. ㉢과 ㉣도 앞에 나온 순서에 따라 각각 '유처리제'와 '유겔화제'를 지시한다. ㉤은 유회수기와 흡착포 중 뒤의 것이므로 '흡착포'를 지시한다. 따라서 지시하는 바가 같은 것은 ㉡·㉤이다.

05

정답 ④

해설

빈칸에는 2장의 원인 때문에 발생하는 1장의 문제점을 개선하는 방안이 들어가야 한다. '주거 환경 개선과 삶의 질 증진'은 층간 소음 개선 이후의 기대 효과이지, 층간 소음 발생 원인과 문제점을 개선하는 방안이 아니므로 빈칸에 들어갈 내용으로 적절하지 않다.

오답풀이

① '분쟁 조정 기관 확충'은 '분쟁 해결 시스템 미비'로 인해 발생하는 '법적 분쟁으로 인한 사회적 비용 증가'를 개선하는 방안이 될 수 있다.

② '방음 기준 및 설계 기준 강화'는 '건축 구조적 결함'으로 인해 발생하는 '거주자의 정신적·신체적 스트레스'를 개선하는 방안이 될 수 있다.

③ '갈등 중재 기구 및 소통 프로그램 도입'은 '층간 소음에 대한 인식 차이와 소통 부재'로 인해 발생하는 '이웃 간 갈등의 격화'를 개선하는 방안이 될 수 있다.

06

정답 ③

출전 이아영, 〈백신 1·2차 접종은 어느 팔에?… 같은 팔에 맞으면 더 효과적〉, 《나침반 36.4도》(2025. 6.), 수정

해설

2문단의, 첫 백신 접종 시 가까운 림프절 외곽 층에 위치한 대식 세포가 기억 B 세포와 상호 작용하고, 같은 위치에 추가 접종하면 이 대식 세포가 기억 B 세포를 활성화해 항체 형성 반응이 신속하고 강하게 일어난다는 내용에서 추론할 수 있다.

오답 풀이

① 1문단에 따르면, 백신을 접종하면 백신 항원이 체내에 들어와 기억 B 세포가 이를 인식하고 이에 대응하는 항체를 생성한다. 즉 백신 '항원'이 들어오고, '항체'가 생성되는 것이다.

② 빠르고 효과적인 면역 반응을 위한 '접종 위치'를 설명한 글이다. '접종 시간'에 대한 내용은 제시문에 나오지 않는다.

④ 2문단에 따르면, 추가 접종 시 대식 세포가 기억 B 세포를 활성화해 항체 형성 반응이 신속하고 강하게 일어나게 유도한다. 따라서 추가 접종 시에 기억 B 세포의 역할이 없다는 것은 잘못된 추론이다.

07

정답 ②

해설

2문단에 따르면, 연구 팀은 생쥐 실험을 통해 같은 위치에 추가 접종하면 기억 B 세포와 대식 세포가 상호 작용하여 항체 형성 반응이 신속하고 강하게 일어나고, 주사 부위에서 먼 위치에 추가 접종하면 상호 작용이 신속하게 일어나지 않음을 밝혀냈다. 그리고 이 결과가 사람에게도 그대로 나타난다고 했으므로, 빈칸에는 전자의 참가자들(다른 팔에 접종)보다 후자의 참가자들(같은 팔에 접종)이 바이러스에 대한 항체를 훨씬 빠르게 생성한다는 내용이 들어가야 한다.

오답 풀이

④ 같은 위치에 추가 접종하면 항체 형성 반응이 신속하고 강하게 일어난다고 했으므로, '바이러스에 대한 항체를 생성하지 못하는 것'은 빈칸에 들어갈 수 없다.

08

정답 ①

출전 권송태, 〈미장센과 몽타주를 통합하는 디지털 편집〉, 《미술문화연구》(2021), 수정

해설

미장센이 숏들을 연결하는 영화 연출 기법인 것은 맞다. 하지만 2문단에 따르면, 숏에 그래픽적인 요소를 포함하는 것은 미장센이 아니라 몽타주의 특성이다.

오답 풀이

② 1문단에서 원 신 원 컷으로 구성된 신도 다른 숏과 연결됨을 확인할 수 있다.

③ 몽타주가 넓은 의미에서 미장센을 포함하는 개념이며, 미장센은 한 숏과 다음 숏과의 관계 속에서 그 구성이 결정된다는 내용에서 알 수 있다.

④ 2문단에서 영화 〈전함 포툠킨〉의 사례를 통해 충돌 몽타주가 극적인 상황을 연출할 수 있음을 알 수 있다.

09

정답 ③

출전 2021 국가공무원 5급 PSAT, 지문 발췌

해설

B는 산업화가 진전됨에 따라 정규직 노동자들의 일자리는 사회적 희소재로서 앞으로 늘어나지 않을 것이라고 주장한다. 산업화가 진전된 선진국의 모든 기업들이 정규직 채용을 회피하고 있다는 것은 B의 주장에 부합하므로, B의 주장은 강화된다.

오답 풀이

① A는 산업화가 진전됨에 따라 특권적인 노동자가 나타나고, 그는 '한 사람의 임금으로 가족 전부를 부양할 수 있을 만큼의 급여를 확보'한 자라고 주장한다. 현대 산업 사회에서 최저 임금을 받는 정규직 노동자가 있다는 사실은 정규직에 대한 A의 정의를 반박한 것이므로, A의 주장은 강화되지 않는다.

② A는 근대화란 곧 산업화이고, 산업화는 농민들이 도시의 임금 노동자가 되어 가는 과정이라고 주장한다. 일제 강점기 근대화 과정에서 농민들이 임금 노동자로 전환되었다는 사실은 이에 부합하는 사례이므로, A의 주장은 약화되지 않는다.

④ 산업화가 진행될수록 임금 체계가 보다 세분화되는 것은 '핵심부 노동자는 늘어나지 않고, 반주변부, 주변부 노동자들이 남아돌 것'이라는 B의 주장과 무관하다. 따라서 B의 주장은 약화되지 않는다.

10

정답 ②

해설

제시문을 기호화하면 다음과 같다.

1. (~김 팀장 ∧ 동장) → 정 주무관
2. ~정 주무관
3. 김 팀장 → 이 팀장
4. ☐☐☐☐☐☐☐☐☐☐

∴ ~동장

2로 인해 1의 후건이 부정되어 '김 팀장 ∨ ~동장'이 도출된다. 여기서 결론인 [~동장]이 도출되려면 선언지가 제거되어야 하므로 [~김 팀장]이 필요하다. 그런데 3의 후건이 부정되면 [~김 팀장]이 도출되므로, [~이 팀장]이 필요하다.

따라서 '이 팀장이 참석하지 못한다'가 빈칸에 들어갈 정보로 가장 적절하다.

매일 국어 03회

01 ②	02 ①	03 ③	04 ②	05 ③
06 ③	07 ④	08 ②	09 ③	10 ③

01　정답 ②

해설

'-시키다'는 서술성을 가진 명사 뒤에 붙어 '사동'의 뜻을 더하고 동사를 만드는 접미사이다. '-시키다'를 '-하다'로 바꾸어도 의미의 변화가 없으면 과도한 사동 표현으로 본다. 그러나 ②는 문맥상 기술을 발전하게 하는 것이므로 '발전시킬'은 고치지 않고 그대로 두어야 한다.

오답 풀이

① '임차(賃借)하다'는 '돈을 내고 남의 물건을 빌려 쓰다'라는 뜻이므로 문맥에 맞지 않는다. 따라서 ㉠에 따라 '돈을 받고 자기의 물건을 남에게 빌려주다'의 의미인 '임대(賃貸)하여'로 수정한 것은 적절하다.

③ '안전하고 편리한'이 '폐의약품'을 수식하는지 '처리 방법'을 수식하는지 명확하지 않으므로, ㉢에 따라 '~ 폐의약품의 안전하고 편리한 처리 방법을 안내하였다'로 수정한 것은 적절하다.

④ 대등한 것끼리 접속할 때는 구조가 같은 표현을 사용해야 하므로, ㉣에 따라 '~ 현장 사례를 조사하고 바람직한 시간제 근무 모델을 보급한다'와 같이 앞뒤의 문장 구조를 맞추어 수정한 것은 적절하다.

02　정답 ①

해설

㉠
> 1. 철수 강의실 ∨ ~영희 강의실
> 2. 영희 강의실
> ─────────────
> ∴ 철수 강의실

2로 인해 1에서 선언지가 제거되어 [철수 강의실]이 도출된다.

㉡
> 1. 태풍 ∨ 눈
> 2. 태풍 → 배
> 3. 눈 → 배
> ─────────────
> ∴ 배

1, 2, 3으로부터 단순 양도 논법에 의해 [배]가 도출된다.

따라서 ㉠과 ㉡은 모두 전제로부터 결론의 참이 필연적으로 도출되는 연역 논증이다.

오답 풀이
ⓒ 해외여행객 대부분이 과소비를 한다고 해서, 해외여행을 간 철수가 꼭 과소비를 했다고 확신할 수는 없다. 해외여행객 '전부'와 '대부분'은 같지 않기 때문이다.
ⓔ 금붕어, 송사리, 메기 이 3가지 경우만을 가지고 '모든' 물고기가 그럴 것이라고 결론 내릴 수는 없다.

03 정답 ③

출전 석혜원, 〈실패를 바라보는 두 개의 시선〉, 수정

해설
경험자들은 총 3문제를 풀었는데, 2라운드에서 평균 1.86개의 정답을 맞혔다. 그리고 예측자들은 경험자들이 평균 2.42개의 정답을 맞힐 것이라고 예상했다. 즉 경험자들은 예측자들이 예상한 것보다 더 문제를 많이 틀린 것(실패한 것)이다.

오답 풀이
① 2문단의, 예측자 집단은 경험자들이 피드백을 확인하는 정도를 실제보다 과대평가했다는 내용과 배치되는 추론이다.
② 피드백을 통해 실패로부터 더 많이 배워 그 결과 더 쉽게 성공한다는 것은 예측자 집단이 가진 기대이다. 실제 경험자 집단 중 피드백 선택 여부에 따라 맞힌 문제의 개수가 달라졌는지는 추론할 수 없다.
④ 1문단에 따르면, 대다수의 사람들은 실패 앞에서 위축되고 이를 고통스럽게 생각한다. 반면 2문단에 따르면, 타인은 '실패로부터 더 많이 배우며, 그 결과 더 쉽게 성공할 것'이라는 과도한 기대를 가진다. 즉 자기 실패는 부정적으로 보지만, 타인의 실패는 긍정적으로 본 것이다.

04 정답 ②

해설
㉠은 실험을 진행한 '연구 팀'을 지시한다. ㉡은 두 라운드에 걸쳐 문제를 푼 '경험자들'을 지시하고, ㉢은 피드백을 확인하고 문제를 푼 대상이므로 '경험자들'을 지시한다. ㉣은 경험자들의 수행 과제에 평가를 내린 '예측자들'을 지시한다. 따라서 지시 대상이 같은 것은 ㉡·㉢이다.

05 정답 ③

출전 정균승, 《일상생활의 경제학》

해설
과시 소비와 모방 소비의 개념을 소개하고, 이에 대한 문제점을 제시하는 글이다.

> ㉯ 경제학에서는 과소비와 비슷한 말로 과시 소비를 사용한다. → ㉮ '과시 소비'의 정의 → ㉰ 그런데 문제는 없는 사람들까지도 과시 소비를 부러워하고 모방하려고 애쓴다는 사실이다. 이러한 행동은 모방 본능 때문에 나타난다. → ㉱ 모방 본능은 필연적으로 모방 소비를 부추겨 과시 소비 못지않게 큰 경제 악이 된다.

06 정답 ③

해설
ⓒ 앞에 아파트 현관문의 여닫는 방향이 비상시 대피를 고려했다는 내용이 나온다. 그리고 ⓒ 뒤에 사람들이 동시에 많이 모이는 장소의 문은 많은 사람들이 한꺼번에 밖으로 대피하기 쉽도록 보통 바깥쪽으로 열리도록 되어 있다는 내용이 이어진다. 즉 아파트의 현관문과 공공장소의 문이 열리는 방향은 비슷한 이유에서 정해진다는 것이므로, ⓒ '이와 비슷한 예를'은 수정하지 말아야 한다.

오답 풀이
① 신발들이 현관문에 쓸리지 않도록 신발을 벗어 둘 공간이 필요하다는 내용으로 보아, ㉠을 '공간 확보의 측면이 강하다'로 수정하는 것은 적절하다.
② 사람들의 대피가 수월하도록 반드시 피난 방향으로 열리게 법으로 규정하고 있다는 내용으로 보아, ㉡을 '비상시 대피의 측면이 강하다'로 수정하는 것은 적절하다.
④ 방 안에서 나오는 사람과 방 밖에서 안으로 들어가는 사람이 서로 부딪치지 않도록 문이 열리는 방향을 정했다는 것이므로, ㉣을 '안쪽으로 열리도록 한 것은'으로 수정하는 것은 적절하다.

07 정답 ④

출전 2019학년도 6월 고1 전국연합학력평가

해설
㉠ '알다'는 '어떤 사실이나 존재, 상태에 대해 의식이나 감각으로 깨닫거나 느끼다'의 뜻으로 쓰였다. 이와 가장 가까운 의미로 쓰인 것은 ④이다.

오답 풀이
① 돈만 **알다**: 어떤 사람이나 사물에 대하여 소중히 생각하다.
② **알고 지내다**: 다른 사람과 사귐이 있거나 안면이 있다.
③ **알아서 처리하다**: (주로 '알아서'의 꼴로 쓰여) 사람이 어떤 일을 어떻게 할지 스스로 정하거나 판단하다.

08 정답 ②

출전 제환정, 《문외한 씨, 춤 보러 가다》

해설
콜링우드는 예술가들의 마음 안에 창조된 상태가 진정한 예술 작품이라고 주장한다. 창작자의 경험뿐만 아니라 감상자의 경험까지 포함해야 예술이라는 견해는 창작자의 마음 안에 창조된 상태만으로는 예술 작품이 될 수 없다는 의미이므로, 콜링우드의 주장을 약화한다.

오답 풀이

① 관객이 무용수의 움직임을 보면서 무용수와 유사한 감각을 경험한다는 것은, 무용수와 관객의 감각 기관이 연결되어 있다는 존 마틴의 주장을 약화하지 않는다.

③ 표현주의자들은 무용수가 신체를 통해 무언가를 표현하고 있으며, 관객은 이 무언가를 있는 그대로 이해해야 한다고 주장한다. 무용수가 팔, 다리의 움직임으로 표현한 슬픈 감정을 관객이 그대로 이해하고 있는 사례는 표현주의자들의 주장에 부합하므로, 그들의 주장을 약화하지 않는다.

④ 마지막 문단에서 글쓴이는, 언어가 신체의 움직임보다 메시지를 더 효율적으로 전달하는 도구라고 주장한다. 책과 무용 작품 중 후자가 주제를 더 효율적으로 전달한다는 것은 글쓴이의 주장과 반대되므로, 글쓴이의 주장은 강화되지 않는다.

09 정답 ③

해설

㉠과 ㉡은 앞에 나온 '예술가들'을 의미한다. 또한 ㉢은 신체를 통해 에너지의 그림을 만들어 내는 '예술가들'을, ㉣은 예술가들의 움직임을 해석하는 '관객들'을 의미한다. 따라서 ㉠·㉡·㉢의 문맥적 의미가 동일하다.

10 정답 ③

해설

㉠~㉢을 기호화하면 다음과 같다.

> ㉠ 순종적 → 소심
> ㉡ 학식 풍부a ∧ ~소심a
> ㉢ 학식 풍부a ∧ 순종적a

㉴ ㉡에서 연언지 단순화로 [학식 풍부a], [~소심a]가 도출된다. [~소심a]로 인해 ㉠의 후건이 부정되어 [~순종적a]가 도출되고, 이를 [학식 풍부a]와 연언화하면 '학식 풍부a ∧ ~순종적a'가 도출된다. 따라서 옳은 평가이다.

㉷ ㉢에서 연언지 단순화로 [학식 풍부a], [순종적a]가 도출된다. [순종적a]로 인해 ㉠의 전건이 긍정되어 [소심a]가 도출되고, 이를 [학식 풍부a]와 연언화하면 '학식 풍부a ∧ 소심a'가 도출된다. 따라서 옳은 평가이다.

오답 풀이

㉸ '소심 → 순종적'은 ㉠에서 후건 긍정의 오류를 범한 것이다. 따라서 반드시 옳다고 할 수 없다.

✦ 매일 국어 04회

| 01 ④ | 02 ① | 03 ② | 04 ① | 05 ④ |
| 06 ③ | 07 ④ | 08 ③ | 09 ④ | 10 ② |

01 정답 ④

출전 임성윤, 〈MZ 세대의 개인주의 문화, 어떻게 볼 것인가?〉(2023. 1.), 수정

해설

㉠ 집단을 위해 개인의 희생을 감수하고, 공동체의 규범과 위계를 중요시하는 것과 관련이 있다. 따라서 ㉠에는 공동체인 집단을 중시하면서도, 위계(수직적)를 강조하는 '수직적 집단주의'가 들어가야 적절하다.

㉡ 평등한 관계에서 공동체적 삶을 중시하는 것과 관련이 있다. 따라서 ㉡에는 평등과 공통의 목표를 강조하는 '수평적 집단주의'가 들어가야 적절하다.

㉢ 코로나 시국에서 정부를 신뢰하고 따르면서도, 경쟁을 통한 나의 위계적 상승도 중시하는 것과 관련이 있다. 따라서 ㉢에는 타인과의 경쟁을 중시하면서, 사회적 위계를 인정하는 '수직적 개인주의'가 들어가야 적절하다.

02 정답 ①

해설

주어진 진술을 기호화하면 다음과 같다.

> 1. 축구 → 농구
> 2. 배구 → 야구
> 3. ~축구 → 배구

'~축구 → ~농구'는 1에서 전건 부정의 오류를 범한 진술이다. 따라서 반드시 참이라고는 할 수 없다.

오답 풀이

② 1의 대우인 '~농구 → ~축구'와 3으로부터 가언 삼단 논법에 의해 '~농구 → 배구'가 타당하게 도출된다.

③ 2, 3으로부터 가언 삼단 논법에 의해 '~축구 → 야구'가 도출된다. 이는 대우 규칙에 따라 '~야구 → 축구'와 동치이므로 반드시 참이다.

④ 앞서 도출된 '~야구 → 축구'와 1로부터 가언 삼단 논법에 의해 '~야구 → 농구'가 도출된다.

03 정답 ②

출전 김지영, 〈'문학' 개념의 역사〉

해설

오늘날의 '문학'이 언어 예술에 상응하는 개념이라면, 전통 한국 사회에서 '문학'은 학식 일반을 포괄적으로 가리키는 '문'이나 '학문'과 같은 의미를 지니고 있었다는 내용에서 알 수 있다.

오답 풀이

① 오늘날의 '문학'은 언어 예술로서의 'literature'에 상응하고, 전통적인 '문학'은 학식 일반을 포괄한다는 내용에서 오늘날의 '문학'의 범위가 전통적 '문학' 범위보다 더 넓다고 생각할 수 없다.

③ 현재의 '문학'은 예술의 하위 개념이다. 또한 전근대 사회의 '문학'은 예술의 하위 개념이 아니라 '대립 개념'에 더 가깝다.

④ 음악, 미술, 연극과 같은 병렬적 위치에 속하는 것은 전통적 '문학'이 아니라 오늘날의 '문학'이다.

04 정답 ①

해설

㉠ '맺다'는 '관계나 인연 따위를 이루거나 만들다'의 뜻으로 쓰였다. 이와 가장 가까운 의미로 쓰인 것은 ①이다.

오답 풀이

② 매듭을 맺다: 끄나풀, 실, 노끈 따위를 얽어 매듭을 만들다.

③ 끝을 맺다: 하던 일을 끝내다.

④ 봉오리를 맺다: 열매나 꽃망울 따위가 생겨나거나 그것을 이루다.

05 정답 ④

출전 정성태, 〈비의 미학, 커튼콜은 없다〉, 《매일신문》

해설

1문단에서는 비의 위험성을 설명한 뒤 비로 인한 재난이 반복되고 있음을 지적하고 있다. 그리고 2문단에서는 수해가 반복되지 않도록 새로운 대본, 즉 실질적인 대책을 마련해야 한다고 주장하고 있다. 따라서 장마 피해를 막기 위한 실질적 대책 마련을 강조한 ④가 중심 내용으로 가장 적절하다.

오답 풀이

① 1문단에 일부 제시된 내용이다. 또한 예술에서 비가 구조적 취약성을 드러내는 장치라는 설명도 없다.

② '되풀이되는 폭우 피해'는 주장의 전제에 해당한다.

③ 예술과 현실이 공유하는 본질은 제시문의 주장과 무관하다.

06 정답 ③

출전 〈망원경의 발명, 현대 천문학의 출발점〉, 《EUREKA》(2025. 4.), 수정

해설

2문단에 따르면, 천동설에서는 금성이 태양 반대편에 위치할 수 없고, 금성이 항상 태양과 지구 사이에 있어야 한다고 본다. 이에 따르면, '지구 - 태양 - 금성' 순서가 불가능하다.

오답 풀이

① 1문단에 따르면, 갈릴레이가 관측한 것은 '목성 주위를 도는 4개의 위성'과 '금성의 위상 변화'이다. 2문단에 따르면, 기존의 천동설에서 목성과 금성이 지구를 중심으로 회전한다고 주장했으므로 갈릴레이가 목성과 금성을 처음 발견한 것은 아니다.

② 1문단에 따르면, 리퍼셰이가 발명한 망원경은 '이미 망원경과 관련한 이론과 개념이 널리 퍼져 있어' 당시에 정부 특허권 심사를 통과하지 못했다. 따라서 리퍼셰이가 망원경에 대한 이론과 개념을 처음 정립했다고 추론할 수 없다.

④ 리퍼셰이의 망원경을 개선한 갈릴레이가 자신의 망원경을 통해 코페르니쿠스의 지동설을 뒷받침할 수 있는 관측 내용을 발표한 것이다. 리퍼셰이가 자신의 망원경을 통해 코페르니쿠스의 지동설이 참임을 입증했다고 추론할 근거는 없다.

07 정답 ④

해설

㉠은 '리퍼셰이가 망원경을 발명했을 당시의 망원경'을 의미한다. ㉡은 '리퍼셰이가 발명한 망원경'을 의미한다. ㉢은 리퍼셰이의 망원경을 바탕으로 '갈릴레이가 새롭게 만든 망원경'을 의미하고, ㉣은 갈릴레이가 천체 관측을 할 때 이용한 망원경, 즉 '갈릴레이가 새롭게 만든 망원경'을 의미한다. 따라서 의미하는 바가 같은 것은 ㉢·㉣이다.

08 정답 ③

출전 나찬연, 《현대 국어 문법의 이해》

해설

'할아버지, 아버지가 지금 돌아왔습니다'에서 주체는 '아버지', 듣는 이는 '할아버지'이고, 말하는 이는 '아버지의 자식이자 할아버지의 손주'일 것이다. 즉 '말하는 이 < 주체 < 듣는 이'이다. 1문단에 따르면, 주체가 말하는 이보다 상위자이면 '-(으)시-'를 써서 주체를 높여야 하지만, 주체보다 듣는 이가 더 높을 경우에는 듣는 이를 고려해 주체를 높이지 않을 수 있다. 따라서 ㉢을 '주체는 말하는 이보다 상위자이지만, 듣는 이를 고려하여'로 수정한 것은 적절하다.

오답 풀이

① 1문단에 따르면, 주체가 말하는 이보다 상위자일 때에 서술어에 선어말 어미인 '-(으)시-'를 실현해 주체를 높인다. ⊙은 '선생님께서 댁에 가셨습니다'를 설명한 것이며, 이 문장에는 '-(으)시-'가 나타난다. 이는 주체인 '선생님'이 말하는 이보다 상위자이기 때문이다. 따라서 ⊙은 수정하지 말고 그대로 두어야 한다.

② ⓒ은 '아버지, 할아버지께서 돌아오셨습니다'를 설명한 것이다. 이 문장에서 주체인 '할아버지'는 듣는 이인 '아버지'보다 상위자이다. 또한 '-(으)시-'를 통해 주체인 '할아버지'를 높이고 있다. 따라서 ⓒ은 수정하지 말고 그대로 두어야 한다.

④ ⓔ 뒤에서 '할아버지, 아버지께서 지금 돌아오셨습니다'는 듣는 이를 상대적으로 낮추어서 발화한 셈이라고 하였으므로 ⓔ을 '듣는 이를 높여서 발화하면'이라고 한다면 모순된다. '할아버지, 아버지께서 지금 돌아오셨습니다'는 주체인 '아버지'를 '-(으)시-'를 통해 높이고 있으므로 ⓔ은 수정하지 말고 그대로 두어야 한다.

09   정답 ④

출전 이진형, 〈뇌파는 '뇌의 언어'… 뇌 데이터 축적-판독으로 뇌 건강 지키기〉, 《동아일보》(2025. 3. 18.), 수정

해설
⊙에 따르면, 깨어 있는 동안 베타파의 상대적 증가는 알코올 의존증 환자에게서 나타난다. 알코올 중독 환자가 깨어 있는 상태에서 베타파가 증가했다는 것은 이에 부합하므로, ⊙은 약화되지 않는다.

오답 풀이

① ⊙에 따르면, 깨어 있는 동안 델타파의 상대적 증가는 인지 능력 저하의 위험을 나타낸다. 따라서 깨어 있는 동안 델타파가 증가한 사람들이 인지 테스트에서 평균보다 낮은 점수를 받았다는 연구 결과는 ⊙을 뒷받침하므로, ⊙을 강화한다.

② ⊙은 세타파가 상대적으로 감소하면 뛰어난 인지 능력 및 기억력과 관계가 있다고 보았다. 따라서 깨어 있는 동안 세타파를 감소시키면 학업 능력 향상에 도움이 된다는 견해는 ⊙을 강화한다.

③ 알파파의 상대적인 감소는 알츠하이머와 관련이 있고, 감마파의 상대적인 감소는 알츠하이머에서 관찰된다는 것이 ⊙의 논지이다. 따라서 알파파와 감마파의 감소가 알츠하이머와 관련이 없다는 주장은 ⊙의 논지를 반박하므로, ⊙은 약화된다.

10   정답 ②

해설
'당신이 미녀라면, 당신은 잠꾸러기이다'는 '미녀 → 잠꾸러기'로 기호화되는 조건문이다. 조건문은 전건이 참, 후건이 거짓일 때만 거짓이 된다. 따라서 [미녀]는 참이고 [잠꾸러기]는 거짓이다.

⊙ '미녀 ∨ 잠꾸러기'로 기호화되는 선언문이다. 선언문은 선언지 중 하나만 참이어도 참이므로, 이 선언문은 참이다.

ⓒ '미녀 ∧ ~잠꾸러기'로 기호화되는 연언문이다. [미녀]는 참이고, [~잠꾸러기]도 참이므로 이 연언문은 참이다.

오답 풀이

ⓒ '~잠꾸러기 → 미녀'로 기호화되는 조건문이다. 전건인 [~잠꾸러기]는 참이 되고, 후건인 [미녀]도 참이므로 이 조건문은 참이다.

매일 국어 05회

01
정답 ②

해설

'유래(由來)'는 '사물이나 일이 생겨남. 또는 그 사물이나 일이 생겨난 바'라는 뜻이므로, ⓒ을 '집중 호우로 인한 유래 없는'으로 수정하면 문맥에 맞지 않는다. '유례(類例)없다'는 '같거나 비슷한 예가 없다 / 전례가 없다'를 뜻하므로, ⓒ '집중 호우로 인한 유례없는'은 고치지 않고 그대로 두어야 한다.

오답 풀이

① 대등한 것끼리 접속할 때는 구조가 같은 표현을 사용해야 하므로, ㉠을 '인구 감소 지역의 활성화를 도모하고 지역 자원의 활용 모델을 구축하기 위해'와 같이 앞뒤의 문장 구조를 맞추어 수정한 것은 적절하다.

③ 생소하거나 어려운 외래어는 우리말로 다듬어야 하므로, ⓒ '매뉴얼을 마련해'를 '지침을 마련해'로 수정한 것은 적절하다. '매뉴얼'은 '설명서, 안내서, 지침' 등으로 다듬어 쓸 수 있다.

④ '조정하다'는 '…을 조정하다'의 형태로 쓰인다. 따라서 ⓔ에는 '신청 내역을'과 같은 적절한 목적어를 넣어 주어야 한다.

02
정답 ①

해설

제시문을 기호화하면 다음과 같다.

> 1. 해양 산성화 ∨ 기상 이변
> 2. 기상 이변 → 황 교수 발표
> 3. 황 교수 발표 → ~황 교수 학회
> 4. _____
> ∴ ~황 교수 학회

결론인 [~황 교수 학회]를 도출하려면 3의 전건이 긍정되어야 하므로 [황 교수 발표]가 필요하다. 2의 전건이 긍정되면 [황 교수 발표]가 도출되므로 [기상 이변]이 필요하다. 1의 선언지가 제거되면 [기상 이변]이 도출되므로 [~해양 산성화]가 필요하다.

따라서 '해양 산성화가 주제가 되지 않는다'가 빈칸에 추가되어야 한다.

오답 풀이

② [~기상 이변]이면 1의 선언지가 제거되어 [해양 산성화]만 도출될 뿐이다.

03
정답 ③

출전 최진형, 〈고전 문학에 나타난 재담의 양상〉, 수정

해설

'대학생이 왜 강한지 알아? 개강하니까'라는 언어유희의 사례를 들어, 현대의 언어 표현을 통해 당대 사람들이 사는 현실을 파악할 수 있음을 보여 주고 있다. 따라서 '현대의 언어 표현은 당대 사람들이 겪는 현실을 반영한다'가 말하고자 하는 바로 가장 적절하다.

오답 풀이

① 접사 '개-'에 새로운 의미가 추가되었다는 내용은 나오지만, 시간의 흐름에 따른 언어의 변화 자체가 중심 내용은 아니다.

② 마지막 문단에 일부 나오는 내용이다.

④ 제시문의 범위를 넘어선 내용이다.

04
정답 ②

해설

2문단에 따르면, '대학생이 왜 강한지 알아? 개강하니까'라는 문구는 '개강할 무렵 대학생은 매우 강하다'로 이해할 수 있다. 즉 '개강하니까'는 '매우 강하다'라는 의미인 것이다. 따라서 '강한지'와 '개강하니까'의 '강하다'는 모두 '강(強)하다'의 의미로 사용되었다.

오답 풀이

① 2문단에 따르면, 요즘 대학생들이 사용하는 '개좋다, 개이뻐, 개맛있어'에서 접사 '개-'는 '아주, 매우'라는 의미를 강조하기 위해 사용한 것이다. 그리고 이는 《표준국어대사전》의 설명만으로 그 쓰임새를 파악하기 힘들다.

③ '개강하니까'에 사용된 접사 '개-'는 '아주, 매우'의 의미를 강조한 것이고, '개꿈, 개수작'에 사용된 접사 '개-'는 '헛된, 쓸데없는' 등의 의미를 더하므로 '개-'의 의미가 다르다.

④ 1문단에 따르면, 언어유희는 문학 작품에만 쓰이는 것이 아니라, 우리의 일상생활 속에서도 쓰인다. 또한 언어유희가 단순한 말장난을 의미하는 것도 아니다.

05
정답 ③

출전 2020학년도 6월 고2 전국연합학력평가, 수정

해설

2문단에 따르면, 지방 법원은 배심원 후보 예정자 명부에서 무작위로 '배심원 후보자'를 추출한다. 이들 중 선정 기일에 출석한 자를 대상으로 '추첨된 배심원 후보자'를 선정하는데, 이들을 대상으로 검사와 변호사는 질문을 통해 배심원 후보자에 대한 기피 신청을 할 수 있다. 즉 지방 법원에 의해 배심원으로 선정되더라도 기피 신청이 되면 제외될 수 있는 것이다.

오답 풀이

① 1문단에 따르면, 배심원의 결원에 대비해 예비 배심원을 두는 것은 맞다. 하지만 배심원은 상황에 따라 5~9인으로 결정되고, 예비 배심원은 5인 이내로 결정된다. 따라서 예비 배심원이 배심원의 수보다 더 많은 것은 아니다.

② 2문단에 따르면, 선정 기일에 출석한 배심원 후보자 중에서 필요한 배심원과 예비 배심원을 합한 수만큼 추첨한 것이 '추첨된 배심원 후보자'이다. 따라서 추첨된 배심원 후보자는 예비 배심원을 포함한다.

④ 1·마지막 문단에 따르면, 예비 배심원은 평의와 평결에 참여할 수 없다. 하지만 배심원과 동일한 역할을 수행하여, 증거 조사를 지켜보게 된다.

06 정답 ①

해설

㉠은 평의와 평결에 참여하지 못하면서 배심원과 동일한 역할을 수행하는 '5인 이내의 예비 배심원들'을 지시한다. ㉡은 배심원 후보 예정자 명부에서 무작위로 추출된 '배심원 후보자들'을 지시한다. ㉢은 최종적으로 선정된 '배심원 및 예비 배심원'을 지시한다. ㉣은 '예비 배심원들'을 지시한다. 따라서 지시 대상이 동일한 것은 ㉠·㉣이다.

07 정답 ④

출전 2025학년도 3월 고1 전국연합학력평가, 수정

해설

'지목(指目)되다'는 '사람이나 사물이 어떠하다고 가리켜져 정해지다'라는 뜻이고, '손꼽히다'는 '많은 가운데 다섯 손가락 안에 들 만큼 뛰어나거나 그 수가 적다고 여겨지다 / 여럿 중에서 뛰어나다고 여겨지다'라는 뜻이다. 따라서 ㉣ '지목된'을 '손꼽힌'으로 바꾸어 쓰는 것은 적절하지 않다.

오답 풀이

① '박탈(剝奪)하다'는 '남의 재물이나 권리, 자격 따위를 빼앗다'라는 뜻이다. 따라서 ㉠ '박탈하는'은 '빼앗는'으로 바꾸어 쓸 수 있다.

② '상이(相異)하다'는 '서로 다르다'라는 뜻이므로, ㉡ '상이할'은 '서로 다를'로 바꾸어 쓸 수 있다.

③ '합당(合當)하다'는 '어떤 기준, 조건, 용도, 도리 따위에 꼭 알맞다'라는 뜻이다. 따라서 ㉢ '합당한'은 '알맞은'으로 바꾸어 쓸 수 있다.

08 정답 ②

출전 배기동, 〈5,000년 전 한반도 신석기인, 우리 생각보다 훨씬 멋있게 잘 살았다〉, 《한국일보》(2025. 4. 7.), 수정

해설

이 글에서는 강원도 문암리에서 발굴된 신석기 시대의 2세대 토기, 즉 덧띠무늬 토기가 북쪽과 남쪽에서는 나타나지만 서해안 지역에서 나타나지 않는다는 사실을 근거로 남북으로 이어진 문화 동풍이 있었음을 주장하고 있다. 덧띠무늬 토기가 서해안 지역에서 발굴되었다는 것은 이 근거를 반박하므로, 이 글의 논지를 약화한다.

오답 풀이

① 2,000년의 시간에 걸쳐 서해안 지역에서 동해안 지역으로 문화적 서풍이 불어 3세대 토기인 빗살무늬 토기가 전달되었다는 것이 이 글의 논지이다. 따라서 서해안 지역과 동해안 지역에서 동일한 형태의 신석기 시대의 유물이 발굴된 사실은 이 글의 논지를 약화하지 않는다.

③ 러시아 극동 아무르강 – 강원도 문암리 – 제주 고산리 쪽으로 문화의 흐름이 이어졌다는 것이 이 글의 논지이다. 따라서 러시아 아무르강 유역과 강원도 문암리에서 발굴된 유물 사이에 유사성이 있다는 것은 이 글의 논지를 뒷받침하므로, 이 글의 논지를 약화하지 않는다.

④ 이 글에서는 옥제결상이식을 사례로 우리나라의 경우 남북으로 길게 뻗어진 문화 동풍의 영향력이 존재함을 주장하고 있다. 옥제결상이식과 똑같은 모양의 옥 제품이 전 세계에 나타난다는 사실은 이 글의 논지와 무관하다. 따라서 이 글의 논지를 약화하지 않는다.

09 정답 ④

출전 고등학교 《통합과학》 교과서, 천재교육

해설

마지막 문단을 통해 핵산과 단백질 등의 물질은 각각의 기본 단위체인 뉴클레오타이드와 아미노산이 다양한 순서로 결합하여 만들어진다는 것을 알 수 있다.

오답 풀이

① 2문단에 따르면, DNA와 RNA를 구성하는 뉴클레오타이드의 가닥 개수는 서로 다르다. 그러나 뉴클레오타이드의 염기 종류 또한 동일한 것이 아니라, 서로 차이가 있다.

② 제시문을 통해서 DNA로부터 RNA가 만들어지는지는 알 수 없다. DNA는 이중 나선 구조, RNA는 단일 가닥이라는 사실을 알 수 있을 뿐이다.

③ 마지막 문단의 '기본 단위체인 아미노산과 뉴클레오타이드가 각기 다른 순서로 결합하여 수많은 종류의 단백질과 핵산이 만들어지는 것처럼'을 통해 아미노산이 연결된 순서에 따라 단백질의 성질이 결정됨을 알 수 있다. 그러나 아미노산이 연결된 사슬의 길이와 관련이 있는지는 알 수 없다.

10
정답 ①

해설

'가수 → 출중한 노래 실력'은 성립하지만 '출중한 노래 실력 → 가수'는 성립하지 않는다고 했다. 따라서 '~가수 → ~출중한 노래 실력'은 '가수 → 출중한 노래 실력'에서 전건 부정의 오류를 범한 진술이므로, 옳지 않다.

오답 풀이

② '필기시험 통과 → 최종 합격'이 성립하지 않는다고 했으므로 [필기시험 통과]가 [최종 합격]의 충분조건이 될 수 없다는 진술은 옳다.
③ '주차장 → 출입 카드'라고 했으므로 [출입 카드]는 [주차장]이기 위한 필요조건이다.
④ '~고양이 → ~알레르기'라고 했는데, 이의 대우는 '알레르기 → 고양이'이다. 따라서 [알레르기]는 [고양이]의 충분조건이다.

매일 국어 06회

| 01 ③ | 02 ② | 03 ④ | 04 ③ | 05 ① |
| 06 ③ | 07 ② | 08 ② | 09 ④ | 10 ③ |

01
정답 ③

출전 양정호 외, 고등학교 《화법과 언어》 교과서, 동아출판, 수정

해설

마지막 문단의 '놀이＋터'와 같이, 직접 구성 성분을 나누었을 때 어근과 어근으로 나뉘는 것은 합성어에 해당한다.

오답 풀이

① 2문단의 '멋쟁이'와 마찬가지로, '겁쟁이'의 '-쟁이'는 명사인 어근 '겁'의 품사를 바꾸지는 않는다.
② 1문단에 따르면, '머리'는 하나의 어근으로만 이루어진 단일어이다. 따라서 '머리 손질을 하다'에서 '머리'는 단일어임을 알 수 있다. 그러나 '손질'은, 1문단의 '가위질'과 마찬가지로, 어근과 접사가 결합한 복합어(파생어)이다.
④ 1문단에 따르면, 둘 이상의 어근이 결합한 합성어나 어근과 접사가 결합한 파생어를 복합어라고 한다. 따라서 실질적인 의미를 나타내는 중심 부분, 즉 어근이 두 개 이상인 것만을 복합어로 이른다는 설명은 적절하지 않다.

02
정답 ②

해설

제시문을 기호화하면 다음과 같다.

---
1. ~제주도 → 부산
2. 대전a ∧ ~부산a
3. 제주도 → 광주

∴ [ ]

2에서 연언지 단순화로 [대전a], [~부산a]가 도출된다. [~부산a]로 인해 1의 후건이 부정되어 [제주도a]가 도출되고, 이를 [대전a]와 연언화하면 '대전a ∧ 제주도a'가 도출된다. 여기서 다시 연언지 단순화로 [대전a], [제주도a]가 도출된다. [제주도a]로 인해 3의 전건이 긍정되어 [광주a]가 도출되고, 이를 [대전a]와 연언화하면 '대전a ∧ 광주a'가 도출된다.

따라서 '대전에 출장을 가는 어떤 사무관은 광주에 출장을 간다'가 빈 칸에 들어갈 결론으로 가장 적절하다.

03　정답 ④

출전 현택수, 〈나의 이름은 다섯 개의 ID〉,《일상 속의 대중문화 읽기》

해설 이름에 대한 인식의 변화를 설명한 글이다.

> **다** 우리 사회에서 이름은 사람의 운명론적 존재와 사회적 정체성을 나타내는 것으로 인식되어 예로부터 사람들은 사주와 성명학에 근거하여 운명에 합치되는 이름을 지어 왔다. → **라** 그러나 요즘에는 단지 음운적으로 부르기 좋고 듣기 좋은 이름을 짓기도 한다. → **나** 그리고 전통적인 이름의 의미가 중요시되지 않으면서 대신 다른 형태의 식별 기호가 출현하게 되었다. → **가** 숫자, 별명, 아이디 같은 것들이다.

04　정답 ③

출전 차우진 외, 〈정서 조절 전략이 강박 성향군의 심리적 불편감에 미치는 효과〉, 수정

해설 마지막 문단에 따르면, 재평가 전략은 사전·사후 불편감 사이의 변화가 없었고, 수용 전략에서는 사후 불편감이 감소했고, 억제 전략에서는 사후 불편감이 증가했다. 수용 전략과 억제 전략에서 사전·사후 불편감 차이가 발생했음은 알 수 있지만, 두 전략 중 어느 것에서 더 큰 차이가 발생했는지는 추론할 수 없다.

오답 풀이
① 1문단에 따르면, 강박 장애는 강박 사고로 강박 행동이 유발되는 것이며, 강박 장애 환자는 강박 행동을 반복하여 삶의 질이 저하된다.
② 2~마지막 문단에 따르면, 수용 전략은 개인이 원치 않는 정서를 회피하기보다 있는 그대로 직면하도록 하는 것인데, 이는 강박 성향군의 사후 불편감을 감소시켰다. 따라서 강박 장애 환자에게 강박 사고를 직면·수용하라고 요청할 때, 부정 정서는 감소될 것이라고 추론할 수 있다.
④ 마지막 문단에 따르면, 억제 전략을 쓴 강박 장애 환자의 사후 불편감은 증가했고, 재평가 전략을 쓴 강박 장애 환자의 사전·사후 불편감은 차이가 없었다. 따라서 억제 전략을 시행했을 때 재평가 전략을 시행했을 때보다 강박 장애 환자의 사후 심리적 불편감은 증가했을 것이다.

05　정답 ①

해설 ㉠ '나다'는 '어떤 현상이나 사건이 일어나다'의 의미로 쓰였다. 이와 가장 가까운 의미로 쓰인 것은 ①이다.

오답 풀이
② 새싹이 나다: 신체 표면이나 땅 위에 솟아나다.
③ 생각이 나다: 생각, 기억 따위가 일다.
④ 냄새가 나다: 소리, 냄새 따위가 밖으로 드러나다.

06　정답 ③

출전 송채안, 〈친환경 AI 푸드 스캐너 분야에서 확장된 계획 행동 이론에 대한 연구: 친환경 행동 동기를 중심으로〉, 세종대학교 대학원 외식경영학과 박사학위논문

해설 2문단에 따르면, 식사 전후를 비교한 데이터 분석을 기반으로 음식물 쓰레기를 절감한 것은 영국 기업이 아니라 국내 기업의 푸드 스캐너이다.

오답 풀이
① 2문단의, 환경을 악화시키는 생산 프로세스를 개선하여 지속 가능성을 높이는 '친환경 푸드 테크'가 부상하고 있으며, 일례로 영국의 한 기업이 푸드 스캐너를 개발하였다는 내용에서 알 수 있다.
② 2문단의, 국내의 한 기업에서 개발한 푸드 스캐너는 소비자들의 개인별 맞춤 헬스 케어를 가능하게 함으로써 식단 및 식습관 관리 개선에 도움을 줄 수 있다는 내용에서 알 수 있다.
④ 2문단의, 자율 주행차에 적용되는 '순간 감지 기술' 등을 적용해 푸드 스캐너를 개발했다는 내용에서 알 수 있다.

07　정답 ②

출전 정선학, 〈역사를 보는 눈, 사관(史觀)〉, 수정

해설
㉠ 갑은, 역사가가 과거의 기록을 있는 그대로 밝혀 객관적으로 재구성한 것이 역사라고 주장한다. 그런데 그 기록 자체가 가치 중립적이지 않다는 것은 객관적 역사가 불가능하다는 의미이므로, 갑의 주장을 반박한다. 따라서 갑의 주장은 약화된다.
㉡ 을은 역사가의 판단에 따라 같은 프랑스 혁명도 다르게 해석할 수 있다고 주장하고, 병도 프랑스 혁명이 시대에 따라 그 해석이 변화했다고 주장한다. 즉 을과 병은 모두 같은 역사적 사건을 다르게 해석할 수 있다고 전제한 것이다. 따라서 을과 병의 주장은 모두 강화된다.

오답 풀이
㉢ '과거의 사실을 있는 그대로 드러내는 역사가의 임무'는 갑의 주장에 부합하므로, 갑의 주장을 강화한다. 반면 을은 '역사란 객관적 사실의 단순한 복원이 아니'라고 했고, 병도 '역사가는 과거 사건만을 추종하는 노예가 아니'라고 했다. 따라서 을의 주장은 약화되고, 병의 주장은 강화되지 않는다.

08　정답 ②

출전 조동일, 〈한국 문학의 양상과 미적 범주〉, 수정

해설 '있는 것'과 '있어야 할 것'이 대립될 때 비장미와 골계미를 느끼게 되고, 그중 비장미는 '있어야 할 것'을 긍정하고 '있는 것'을 부정할 때 느

껴진다. 따라서 비장미는 대립되는 '있는 것'과 '있어야 할 것' 중 '있는 것'을 부정한다는 내용이 가장 적절하다.

오답 풀이
① '있는 것'과 '있어야 할 것'이 대립될 때 느껴지는 아름다움은 비장미와 골계미이다. 숭고미는 '있는 것'과 '있어야 할 것'이 융합될 때 느낄 수 있다.
③ '있어야 할 것'을 긍정하는 문학 작품에서 느껴지는 것은 비장미이다. 골계미는 '있는 것'을 긍정하고 '있어야 할 것'을 부정할 때 느껴진다.
④ '있어야 할 것'에 의해 '있는 것'이 어우러질 때 느껴지는 아름다움은 숭고미이다.

09　　　　　　　　　　　　　　　정답 ④

해설
㉠ 〈제망매가〉는 누이의 죽음이라는 슬픈 현실을 극락세계에서 다시 만날 것에 대한 믿음으로 극복하고 있다. 즉 '있어야 할 것(다시 만날 것을 지향함)'에 의해 '있는 것(현실)'이 융합되고 있다. 따라서 ㉠에는 '숭고미'가 들어가야 한다.
㉡ 〈어부사시사〉는 현실 생활이 이미 화자가 바라는 세계이다. 즉 '있는 것(현실)'에 의해 '있어야 할 것(자연 속 한가로운 삶)'이 융합되고 있다. 따라서 ㉡에는 '우아미'가 들어가야 한다.
㉢ 〈원생몽유록〉은 '있어야 할 것', 즉 현명한 임금과 충성스러운 신하가 흥하는 세상을 긍정하고, '있는 것', 즉 현명한 임금과 충성스러운 신하가 참혹한 지경에 이른 상황을 부정한 작품이다. 따라서 ㉢에는 '비장미'가 들어가야 한다.

10　　　　　　　　　　　　　　　정답 ③

해설
제시문을 기호화하면 다음과 같다.

1. 유동 인구a ∧ 상권 발달a
2. 상권 발달 → ~외곽
3. ~외곽 → ~노령 인구
4. ☐
∴ 유동 인구a ∧ 공원a

2, 3으로부터 가언 삼단 논법에 의해 '상권 발달 → ~노령 인구'가 도출된다. 1에서 연언지 단순화로 [유동 인구a], [상권 발달a]가 도출된다. [상권 발달a]로 인해 '상권 발달 → ~노령 인구'의 전건이 긍정되어 [~노령 인구a]가 도출되고, 이를 [유동 인구a]와 연언화하면 '유동 인구a ∧ ~노령 인구a'가 도출된다. 여기서 주어진 결론을 이끌어 내기 위해서는 [~노령 인구a]와 [공원a]를 연결해 주어야 하므로, '~노령 인구 → 공원'이 추가되어야 한다.
따라서 '노령 인구가 많지 않은 지역은 모두 공원을 가지고 있다'가 빈칸에 들어갈 전제로 가장 적절하다.

매일 국어 07회

01 ①	02 ②	03 ②	04 ④	05 ①
06 ②	07 ③	08 ④	09 ④	10 ③

01　　　　　　　　　　　　　　　정답 ①

해설
①은 주어 '외국인들이'와 서술어 '(한국 여행이) 되다'가 호응하지 않아 어색한 문장이다. 그러나 수정한 문장 또한 이러한 문제점이 해결되지 않았다. ㉠에 따라 '외국인들이 편안하고 기분 좋게 한국을 여행할 수 있도록 대책을 서둘러야 할 때입니다' 정도로 수정하는 것이 적절하다.

오답 풀이
② 대등한 것끼리 접속할 때는 구조가 같은 표현을 사용해야 하므로, ㉡에 따라 '~ 어른신의 건강 증진과 민생 경제 활성화를 위해 추진되었다'로 수정한 것은 적절하다. '~ 어른신의 건강을 증진하고 민생 경제를 활성화하고자 추진되었다'로 수정할 수도 있다.
③ 어렵고 상투적인 한문 투 표현을 피하고 되도록 쉽고 자연스러운 우리말로 표현해야 하므로, ㉢에 따라 '~ 전력 수급 관리를 철저히 할 것을 요청하였다'로 수정한 것은 적절하다. '기(期)하다'는 '이루어지도록 노력하다'의 뜻이다.
④ '매(每)'는 '하나하나의 모든. 또는 각각의'라는 뜻이므로 '매 2년마다'는 같은 뜻을 나타내는 표현을 반복하여 사용한 것이다. ㉣에 따라 '매 2년마다'를 '2년마다'로 수정한 것은 적절하다.

02　　　　　　　　　　　　　　　정답 ②

해설
주어진 진술을 기호화하면 다음과 같다.

1. 을 사무관
2. 을 사무관 → ~갑 사무관
3. (을 사무관 ∧ 병 사무관) → 갑 사무관
4. (갑 사무관 ∨ ~병 사무관) → 정 사무관

1로 인해 2의 전건이 긍정되어 [~갑 사무관]이 도출된다. 이로 인해 3의 후건이 부정되어 '~(을 사무관 ∧ 병 사무관)'이 도출되고, 이는 드모르간 법칙에 의해 '~을 사무관 ∨ ~병 사무관'과 동치이다. 여기서 1로 인해 선언지가 제거되어 [~병 사무관]이 도출된다. 그러면 4의 전건이 긍정되어 [정 사무관]이 도출된다.
따라서 [~갑 사무관], [을 사무관], [~병 사무관], [정 사무관]이므로, 회의에 반드시 참석하는 사무관은 '2명'이다.

03　정답 ②

해설

㉠ 갑은 공동체의 이익이 개인의 자유보다 중요하다는 점을 근거로 하여, 감시의 필요성을 주장하고 있다. 반면 을은 감시가 개인의 자유를 침해하고 민주주의의 기반을 위협할 수 있다는 점을 근거로 들어 감시의 필요성을 부정하고 있다. 따라서 갑과 을의 주장은 대립한다.

㉡ 갑은 감시를 긍정적으로 바라보고 있다. 반면 병은 감시가 특정 집단의 자유를 제한한다는 점을 근거로 들어 감시를 비판하고 있다. 따라서 갑과 병의 주장은 대립한다.

오답 풀이

㉢ 을과 병은 모두 감시를 비판하는 입장이므로, 둘의 입장은 대립하지 않는다.

04　정답 ④

출전 〈촉각 상과 시각 상〉, 고등학교 《국어 상》 교과서, 비상교육

해설

2문단에 따르면, 사람이 네 발로 지상을 돌아다닐 때는 옆면이 대표적인 이미지 면이었지만, 진화해서 두 발로 걸어 다니면서는 옆면과 앞면이 동시에 대표적인 이미지 면이 되었다. 따라서 두 발 보행을 하게 된 뒤로는 앞면만 전형의 면이 되었다는 설명은 적절하지 않다.

오답 풀이

② 동물을 떠올리다 보면 제일 먼저 떠오르는 면이 하나씩 있으며, 사람은 다른 동물과 달리 두 개의 경쟁적인 이미지 면을 동시에 가지고 있다는 내용에서 사람을 제외한 동물이 하나의 전형의 면을 지닌다는 것을 알 수 있다. 또한 물고기를 떠올릴 때 옆면을 떠올린다는 내용에서 물고기의 전형의 면이 옆면임을 알 수 있다.

③ 2문단의, 고대 이집트 벽화 대부분이 얼굴과 다리는 측면에서 본 모습을, 가슴과 눈은 정면에서 본 모습을 혼합해서 그렸다는 내용에서 알 수 있다.

05　정답 ①

해설

㉠ '걷다'는 '다리를 움직여 바닥에서 발을 번갈아 떼어 옮기다'의 뜻으로 쓰였다. 이와 가장 가까운 의미로 쓰인 것은 ①이다.

오답 풀이

② 이불을 **걷다**: 널거나 깐 것을 다른 곳으로 치우거나 한곳에 두다.

③ 증가 일로를 **걷다**: 어떠한 방향으로 나아가다.

④ 장마가 **걷다**: 비가 그치고 맑게 개다.

06　정답 ②

출전 아이카와 아쓰시, 〈감성 지수[EQ]가 중요한 이유〉

해설

감성의 장단점을 설명한 후, 인간의 감성과 이성이 조화롭게 통합된 상태가 바람직하다고 주장하는 글이다.

> 인간을 동요하게 만드는 여러 감정을 '감성'이라고 한다. → ㉯ 그런데 감성은 불필요한 것으로 간주되기 쉽다. → ㉮ 하지만 그렇지 않다. 감성과 이성의 통합이 필요하다. → ㉰ 감성과 이성은 서로를 보완한다.

07　정답 ③

출전 이승원, 〈이야기의 메신저, 전기수〉, 《사라진 직업의 역사》

해설

㉢ 뒤에, 묵독은 고립된 개인을 양산하지만 낭독은 공동체적 개인을 길러 낸다는 내용이 나온다. 따라서 ㉢을 수정하여, 낭독이 '파편화되어 있는 개인들을 하나의 공동체로 묶어 주는' 역할을 한다는 문맥이 되어야 적절하다.

오답 풀이

① '묵독'의 관행은 좀처럼 찾아보기 힘든 일이었다는 내용으로 보아, 근대 이전에 이야기책을 조용히 혼자 읽는 것은 흔한 일이 아니었다는 ㉠은 수정하지 말아야 한다.

② 근대 사회에 접어들어 글을 읽고 쓸 줄 아는 사람들이 증가하고 읽을거리가 많아지면서 전기수의 수에 변화가 나타났지만, 반면 구연의 전통은 지속되었다는 문맥이다. 따라서 ㉡ '전기수는 점점 사라져 갔다'는 수정하지 말아야 한다.

④ 공적 장소에서 책을 읽을 경우 묵독을 해야만 했기 때문이라는 내용으로 보아, ㉣ '근대적인 '공적 영역'이 생겨났기'는 수정하지 말아야 한다.

08　정답 ④

해설

병은 비슷한 능력을 지니고 비슷한 노력을 하는 사람에게 비슷한 대가가 돌아가야 한다고 주장한다. 또한 정은 우연히 주어진 능력이 아닌 오로지 노력만을 기준으로 보상을 결정해야 올바른 사회라고 주장한다. 이는 병과 정 모두 개인의 노력을 기준으로 보상을 결정하는 것이 바람직하다고 여기는 것이다.

오답 풀이

① 갑은 어떤 능력을 가졌든 모두가 자원을 똑같이 분배받아야 한다고 주장하고, 을은 자신의 타고난 능력을 발휘하고, 또 그가 이룬 업적에 따라 보상받아야 한다고 주장한다. 즉 갑은 차등 보상이 정당하지 않다고 보고, 을은 정당하다고 보는 것이다.

② 갑은 사회 구조나 환경에 따라 개인의 능력이나 성취가 차이 날 수 있다고 본다. 또한 정도 타고난 재능, 외모 등과 같이 우연히 주어진 자연적 능력이 서로 다를 수 있으므로 이러한 능력에 의해 보상을 결정해서는 안 된다고 주장한다.

③ 을은 자신의 타고난 능력을 발휘하고, 또 그 업적에 따라 보상받아야 사회는 건강하게 발전할 수 있다고 주장한다. 병도 '개인의 능력을 충분히 ~ 발전하지 못할 거야'에서 개인의 능력 발휘와 사회 발전 간에 연관성이 있다고 보고 있다.

09 정답 ④

출전 카지하라 요시하루 외, 《베이킹은 과학이다: 제빵 편》, 수정

해설
1문단에 따르면, 빵 반죽이 지나치게 딱딱하다는 것은 반죽이 알칼리성 쪽으로 치우친 상태라는 것이다. 또한 발효를 성공적으로 이루려면, 반죽은 약산성을 유지해야 한다. 따라서 알칼리성 쪽으로 치우친 반죽에 알칼리 이온수보다 산성수를 첨가하여 pH를 낮추면 발효가 성공할 가능성이 높아질 것이라고 추론할 수 있다.

오답 풀이
① 마지막 문단에 따르면, 발효가 진행됨에 따라 반죽에 섞인 유산균의 발효에 의해 반죽은 서서히 산성으로 치우치게 된다. 믹싱 시점에 빵 반죽이 약산성인 상태에서 유산균이 과도하게 발효되면 빵 반죽은 산성 쪽으로 치우칠 것이다. 1문단에 따르면, 빵 반죽이 산성 쪽으로 많이 치우치면, 글루텐이 연화해서 반죽은 늘어진다.
② pH가 떨어지면 반죽은 산성이 된다. 반죽이 딱딱해지는 것은 pH가 높아져 알칼리성이 되는 경우이므로 잘못된 추론이다.
③ 정수기에서 산성수를 설정하여 그 물로 빵 반죽을 만들면, 빵 반죽은 산성 쪽으로 치우칠 것이다. 그리고 발효가 진행됨에 따라 유산이 만들어져 반죽은 점점 더 산성으로 치우친다. 이는 pH가 점차 높아지는 것이 아니라, 낮아지는 것을 의미한다.

10 정답 ③

해설
㉠ '자기 관리 → 매력적'이고 '~자기 관리 → ~매력적'이라고 한다. 즉 둘은 쌍조건문의 관계로서, [자기 관리]는 [매력적]의 필요충분조건으로서 원인이므로, ㉰에 들어가야 한다.
㉡ 흡연을 했다고 해서 호흡기 질환이 발생하는 것은 아니므로, '흡연 → 호흡기 질환'은 성립하지 않는다. 그러나 흡연을 하지 않으면 호흡기 질환이 발생하지 않으므로, '~흡연 → ~호흡기 질환'이다. 따라서 [흡연]은 [호흡기 질환]의 필요조건으로서 원인이므로, ㉮에 들어가야 한다.

㉢ 눈이 건조해지는 원인은 휴대폰 화면을 오래 보는 것 이외에도 다양하다는 것은, 눈이 건조하다고 반드시 휴대폰 화면을 오래 본 것은 아니라는 뜻이다. 즉 '눈 건조 → 휴대폰 오래 봄'은 성립하지 않는다. 그러나 휴대폰 화면을 오래 본다면 눈이 건조해지므로, '휴대폰 오래 봄 → 눈 건조'이다. 따라서 [휴대폰 오래 봄]은 [눈 건조]의 충분조건으로서 원인이므로, ㉯에 들어가야 한다.

매일 국어 08회

| 01 ② | 02 ① | 03 ② | 04 ③ | 05 ④ |
| 06 ③ | 07 ① | 08 ④ | 09 ③ | 10 ① |

01 　　　　　　　　　　　　　정답 ②

출전 이도영 외, 중학교 《국어 3-1》 교과서, 창비, 수정

해설

학생들은 [밤이 새도록] 토론을 계속하였다.: 마지막 문단에 따르면, '-도록, -게'가 결합해 부사어의 역할을 하는 것은 부사절이다. 이 문장에 서술절은 나타나지 않는다.

오답 풀이

① 2문단의, 대등하게 이어진 문장은 두 개 이상의 홑문장이 연결 어미에 의해 나란히 이어진 것으로, 나열, 대조 등의 의미 관계를 갖는다는 데서 알 수 있다.

③ [(물이) 맑은] 물이 졸졸 흐른다.: 1문단에 따르면, '(물이) 맑은 물이 졸졸 흐른다'에는 주어가 생략되어 있다. 또한 마지막 문단에 따르면, '-(으)ㄴ'이 결합해 체언을 수식하는 것은 관형절이다. 따라서 '맑은 물이 졸졸 흐른다'는 주어가 생략된 형태의 관형절을 안은 문장임을 알 수 있다.

④ 아이들이 [소풍을 가자고] 떼를 쓴다.: 마지막 문단에 따르면, 다른 사람의 말이나 글을 간접 인용할 때에는 '고'를 쓴다.

02 　　　　　　　　　　　　　정답 ①

해설

제시문을 기호화하면 다음과 같다.

> ㉮ ~입장객 많은 경기 → ~상위 순위 팀
> ㉯ 상위 순위 팀a ∧ 우승 가능성 높은 팀a
> ─────────────────────
> ∴ [　　　　　　　　]

㉯에서 연언지 단순화로 [상위 순위 팀a], [우승 가능성 높은 팀a]가 도출된다. [상위 순위 팀a]로 인해 ㉮의 후건이 부정되어 [입장객 많은 경기a]가 도출되고, 이를 [우승 가능성 높은 팀a]와 연언화하면 '입장객 많은 경기a ∧ 우승 가능성 높은 팀a'가 도출된다.

따라서 '입장객이 많은 어떤 경기는 이번 시즌에 우승할 가능성이 높은 팀이 하는 경기이다'가 빈칸에 들어갈 결론으로 가장 적절하다.

03 　　　　　　　　　　　　　정답 ②

출전 정재서, 《이야기 동양 신화》

해설

마지막 문단에 따르면, 그리스 신화가 로마 제국에 수용되면서 신들의 성격이나 직능에 다소 변화가 생긴 것은 사실이다. 따라서 중국 신화의 신들만 직능이 고정되지 않은 것은 아니다.

오답 풀이

① 마지막 문단의, 고대 중국 대륙에는 수많은 종족들이 함께 살고 있었고 지배적인 종족이 바뀌면 그에 따라 신들의 지위도 바뀌었다는 내용에서 알 수 있다.

③ 마지막 문단에 따르면, 고대의 중국은 세월이 흐르면서 영역이 넓어지자 방위 개념도 바뀌면서 신들의 관할 공간에도 변화가 생겼다.

④ 1문단의, 그리스 로마 신화의 신들은 '하늘, 바다, 지하 세계'를 각기 맡아 다스렸지만, 중국의 신들은 세계를 '동·서·남·북·중'의 다섯 방향으로 나누어 지배하였다는 내용에서 알 수 있었다.

04 　　　　　　　　　　　　　정답 ③

출전 송하춘, 〈토속어 지방어에 대하여 – 이문구의 소설 언어〉, 수정

해설

2~마지막 문단에 따르면, 지방어는 그 뜻이 무엇인지 단숨에 알 수 없고 사전을 들춰 봐야 알 수 있다. 반면 사투리는 애초에 사전에 없는 육성의 언어이고, 이는 문법적으로 맞지 않아도 어렴풋하게 알아듣기는 더 편하다. 따라서 지방어와 사투리 중 사전 없이 이해하기 쉬운 것은 사투리이다.

오답 풀이

① 2문단에 따르면, 지방에서 쓰는 표준어는 사투리가 아니라 '지방어'이다.

② 마지막 문단에 따르면, 육성의 언어를 규범화하여 사전에 올리면 규범어가 된다. 그런데 3문단에 따르면, 사투리는 사전에 없는 말이므로, 사투리가 규범어에 포함된다고 볼 수 없다.

④ 1문단의, 〈암소〉에서 지문은 주로 지방어를, 대화문에서는 사투리를 썼다는 내용을 뒤바꾼 것이다.

05 　　　　　　　　　　　　　정답 ④

해설

㉮는 사전에도 없이 육성으로 소통되는 언어, 즉 '사투리'를 의미한다. ㉠은 '지방어'를, ㉡은 '사투리'를 의미한다. ㉢은 문법학자들이 만들어 내 사전에 올라간 말, 즉 '규범어'를 의미한다. ㉣은 사전에 없으면서, 육성으로 소통되는 언어이므로 '사투리'를 의미한다. 따라서 ㉮에 해당하는 의미로 사용된 것은 ㉡·㉣이다.

06 정답 ③

출전 천혜봉, 〈고인쇄 기술〉

해설
《용재총화》에 소개된 활자 주조 방법을 설명한 글이다.

《용재총화》에 활자 주조 방법이 소개되어 있다. → ④ 필요한 글자들을 나무판에 도드라지게 새기고 한 글자씩 잘라 만든 어미자는 모형의 역할을 한다. → ㉮ 거푸집(아래쪽)에 어미자를 박은 다음, 가지쇠를 박는다. 거푸집(위쪽)을 덮고 흙을 다져 넣는다. → ㉯ 위아래 거푸집을 분리하여 어미자와 가지쇠를 빼내고, 두 거푸집을 다시 합쳐 고정시킨 다음 구멍으로 녹인 쇳물을 붓는다. → ⑤ 쇳물이 식어서 굳으면 활자들을 떼어 내 다듬는다.

07 정답 ①

출전 2025학년도 7월 고3 전국연합학력평가, 수정

해설
'담보(擔保)하다'는 '맡아서 보증하다'라는 뜻이다. 따라서 ㉠ '담보할'을 '뒷받침할'로 바꾸어 쓰는 것은 적절하지 않다.

오답 풀이
② '간주(看做)되다'는 '상태, 모양, 성질 따위가 그와 같다고 여겨지다'라는 뜻이다. 따라서 ㉡ '간주되어'는 '여겨져'로 바꾸어 쓸 수 있다.
③ '해체(解體)하다'에는 '체제나 조직 따위를 붕괴하게 하다'의 뜻이 있다. 따라서 ㉢ '해체하여'는 '허물어'로 바꾸어 쓸 수 있다.
④ '창출(創出)되다'는 '전에 없던 것이 처음으로 생각되어 지어내어지거나 만들어지다'라는 뜻이므로, ㉣ '창출되었다는'은 '만들어졌다는'으로 바꾸어 쓸 수 있다.

08 정답 ④

출전 정대현, 〈인식에 있어서 필요충분조건은 가능한가〉, 수정

해설
마지막 문단에 따르면, 참인 명제를 믿고 있으면서 그 타당한 이유를 댈 수 있어야 안다고 할 수 있다. 따라서 '모든 인간은 죽는다'라는 참인 명제를 믿으면서 이에 대한 타당한 이유를 밝혔다면, 이 명제를 안다고 할 수 있다.

오답 풀이
① 1문단에 따르면, 명제는 참이거나 거짓이거나 믿음의 대상이 될 수 있다. 따라서 '동물은 인간이다'는 거짓인 명제이지만 믿음의 대상이 될 수 있다.
② 2문단에 따르면, 인식의 대상이 되는 명제는 참일 것이 필요하다. 따라서 '태양은 서쪽에서 뜬다'라는 거짓인 명제는 인식의 대상이 될 수 없다.

③ 2~3문단에 따르면, 인식의 대상이 되려면 참인 명제여야 한다. 하지만 명제가 참일지라도 믿지 않으면 그 명제는 인식의 대상이 될 수 없다. 따라서 '대한민국은 동아시아에 있다'를 믿지 않는 사람에게 이 명제는 인식의 대상이 될 수 없다.

09 정답 ③

해설
명제를 믿지 않으면 그 명제는 인식의 대상이 될 수 없다. 이는 명제를 인식하기 위해서는 그 명제를 믿는 것이 필요하다는 뜻이므로 '명제의 인식 → 믿음'으로 기호화할 수 있다. 따라서 어떤 명제를 인식하는 것은 그 명제를 믿기 위한 충분조건이다. 따라서 ㉢ '필요조건이다'를 '충분조건이다'로 수정한 것은 적절하다.

오답 풀이
① '명제는 참이거나 거짓이거나 믿음의 대상이 될 수 있다'라는 ㉠ 뒤의 내용을 고려할 때, ㉠은 수정하지 말아야 한다.
② '인식의 대상이 되는 명제는 참일 것이 필요하다'라는 ㉡ 앞의 내용을 고려할 때, ㉡은 수정하지 말아야 한다.
④ 마지막 문단에 따르면, '왜 서울이 한국의 수도인가?'라는 질문에 타당한 이유를 말한 사람은 김 씨이고, 타당하지 않은 이유를 말한 사람은 박 씨이다. 따라서 ㉣과 ㉤은 수정하지 말아야 한다.

10 정답 ①

해설
주어진 사실을 기호화하면 다음과 같다.

1. 호랑이 → ~판다
2. 판다 → 호랑이
3. ~기린 → 판다
4. 기린 ∨ ~판다

㉠ 3은 대우 규칙에 따라 '~판다 → 기린'과 동치이다. 이 사실과 4가 연결되어 '기린 ∨ 기린'이 도출된다. 이는 동어 반복이므로 결국 [기린]이 참임을 알 수 있다.

오답 풀이
㉡ 1, 2로부터 가언 삼단 논법에 의해 '판다 → ~판다'가 도출된다. 이는 모순이므로 전제인 [판다]가 거짓임을 알 수 있다. 따라서 [~판다]이다.
㉢ [호랑이]의 참·거짓은 알 수 없다.

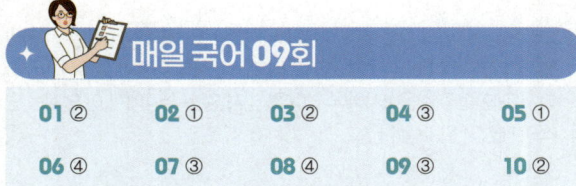

매일 국어 09회

| 01 ② | 02 ① | 03 ② | 04 ③ | 05 ① |
| 06 ④ | 07 ③ | 08 ④ | 09 ③ | 10 ② |

01　　　　　정답 ②

해설

갠(○)/개인(✕): '흐리거나 궂은 날씨가 맑아지다'의 의미로는 '개다'가 바른 표기이고, '개이다(✕)'는 비표준어이다. 사동 접사를 의미상 불필요한 경우에 과도하게 사용하지 않는다.

오답 풀이

① '해고하다'는 '…을 해고하다'의 형태로 쓰인다. 따라서 ㉠에는 '근로자를 해고할 수 없다'와 같이 적절한 목적어를 넣어 주어야 한다.
③ '자문(諮問)'은 '어떤 일을 좀 더 효율적이고 바르게 처리하려고 그 방면의 전문가나, 전문가들로 이루어진 기구에 의견을 물음'라는 뜻이므로, '의견을 수렴해'는 '자문'과 의미상 중복되어 불필요한 표현이다. 따라서 ㉢을 '녹색 성장 위원회에 자문해'로 수정한 것은 적절하다.
④ ㉣은 명사의 지나친 나열로 그 의미가 명확하게 전달되지 않으며, 어조가 매우 딱딱하고 어색하다. 따라서 조사와 어미, '-하다' 등을 활용하여 '자기 계발을 할 기회를 보장하려면 학습 여건을 조성하는 등'으로 수정한 것은 적절하다.

02　　　　　정답 ①

해설

㉠~㉣을 기호화하면 다음과 같다.

| ㉠ 레드 → ~블루 |
| ㉡ 옐로 → 화이트 |
| ㉢ 레드 ∨ ~화이트 |
| ㉣ 블루 |

㉣로 인해 ㉠의 후건이 부정되어 [~레드]가 도출된다. 이로 인해 ㉢에서 선언지가 제거되어 [~화이트]가 도출된다. 그러면 ㉡의 후건이 부정되어 [~옐로]까지 도출된다.
따라서 [~레드], [블루], [~옐로], [~화이트]이므로, 출전하는 팀은 '블루'이다.

03　　　　　정답 ②

해설

중심 내용은 마지막 부분에 잘 드러난다. 마지막 부분에서는 미시적 방법론에 치우쳐 온 사회 복지 방법론의 한계를 제시하면서, 사회 복지 문제를 해결하기 위해서는 미시적 방법론뿐만 아니라 사회 정책을 입안하고 개선하기 위한 활동, 즉 거시적 방법론도 필요하다고 주장하고 있다. 따라서 미시적 방법론과 거시적 방법론의 균형적 발전을 언급한 ②가 중심 내용으로 가장 적절하다.

오답 풀이

① 미시적 방법론에 치우쳐 발전된 사회 복지 방법론의 한계가 나오므로 미시적 방법론을 강조하는 것은 중심 내용으로 적절하지 않다.
③ 미시적 방법론과 거시적 방법론 모두를 지양하자고 언급하고 있지는 않다.
④ 미시적 방법론과 거시적 방법론 중 무엇이 더 사회 복지의 목적 달성에 적합한지는 제시문에 나오지 않는다.

04　　　　　정답 ③

해설

㉠·㉡·㉣은 모두 사회 복지의 혜택을 받는 사람들, 즉 '사회 복지 대상자'를 의미한다. 반면 ㉢은 사회 복지를 진행하는 '미시적 방법론을 활용하는 전문가'를 의미한다. 따라서 문맥적 의미가 다른 하나는 ㉢이다.

05　　　　　정답 ①

출전 2023학년도 대학수학능력시험

해설

2문단에 따르면, 조선에서는 특정 주제의 전문 유서가 집중적으로 편찬되었다. 그러나 중국에서 일반 유서가 집중적으로 편찬되었다는 내용은 제시문에 나오지 않는다.

오답 풀이

② 1~2문단의, 중국에서는 대체로 많은 학자를 동원하여 국가 주도로 대규모 유서를 편찬하였으며, 조선에서는 대체로 국가보다 개인이 소규모로 유서를 편찬하는 경우가 많았다는 내용에서 알 수 있다.
③ 1·마지막 문단의, 중국에서는 대규모 유서 편찬을 통해 이전까지의 지식을 집성하고 왕조의 위엄을 과시했으며, 조선의 실학자들은 지식의 제공과 확산에 중점을 두어 유서를 편찬하였다는 내용에서 알 수 있다.
④ 2·마지막 문단의, 시문 창작, 과거 시험 등 개인적 목적으로 활용된 유서 편찬 경향은 17세기부터 변화하는데, 이때부터 현실 개혁의 뜻을 담고, 지식의 재분류와 범주화, 평가를 더한 저술 성격의 유서가 편찬되기 시작한다는 내용에서 알 수 있다.

06 정답 ④

해설
㉠ '나누다'는 '여러 가지가 섞인 것을 구분하여 분류하다'라는 뜻으로 쓰였다. 이와 가장 가까운 의미로 쓰인 것은 ④이다.

오답 풀이
① 사과를 세 조각으로 **나누다**: 하나를 둘 이상으로 가르다.
② 피를 **나누다**: 같은 핏줄을 타고나다.
③ 차를 **나누다**: 음식 따위를 함께 먹거나 갈라 먹다.

07 정답 ③

출전 2005학년도 중등교사 임용시험 국어과

해설
제시문에서는 의사소통 시 필요한 두 가지를 설명하고 있다. 첫 번째는 의사소통의 목적이고, 두 번째는 의사소통을 위한 화자와 청자의 관계이다. 〈보기〉는 말을 주고받는 사람들의 관계에 대한 언급이 시작되는 자리에 들어가야 하므로 ㉢에 들어가는 것이 가장 적절하다.

08 정답 ④

출전 조동일 외, 《한국문학강의》

해설
국문 소설은 주로 여성층이 독자였고, 17세기에 발흥하였으므로 17세기에는 남성 독자층보다 여성 독자층이 많았다고 추론할 수는 있다. 하지만 18세기 이후에 남성 독자층이 늘었다는 내용만으로 남성 독자층이 여성 독자층보다 우세하였는지는 추론할 수 없다.

오답 풀이
① 한문 소설 창작 경험의 축적, 국문의 광범한 보급, 임진왜란 이후 서민의 자아 각성과 문학 환경 조성, 여성 독자층 형성 등의 요인으로 인해 17세기에 국문 소설이 발흥했다는 내용에서 추론할 수 있다.
② 한문 소설의 독자층은 주로 사대부 남성이었고, 국문 소설은 주로 여성층이 독자였다는 데에서 추론할 수 있다.
③ 국문 소설은 전대에 창작된 한문 소설의 경험을 수용하면서도, 독자층의 변화로 한문 소설과는 질적으로 다른 면모를 가질 수밖에 없었다는 내용에서 추론할 수 있다.

09 정답 ③

출전 에르네스트 르낭, 《민족이란 무엇인가》, 수정

해설
㉠ 서로 다른 종족이 동일한 언어를 사용한 사례는 언어의 유사성이 종족의 유사성을 초래하지 않는다는 이 글의 논지를 뒷받침한다. 따라서 이 글의 논지는 강화된다.
㉡ 언어가 민족의 역사와 정신을 담은 상징적 자산이라는 견해는 언어가 민족(종족)을 구분하는 표식이 된다는 뜻이다. 이 글은 언어를 종족의 표식으로 간주하는 것이 잘못되었다고 주장하므로, ㉡의 견해가 추가되면 이 글의 논지는 약화된다.

오답 풀이
㉢ 한 국가의 공용어가 계속해서 바뀐다는 것은 언어를 통해 종족을 구분할 수 없다는 이 글의 논지를 뒷받침한다. 따라서 이 글의 논지는 약화되지 않는다.

10 정답 ②

해설
주어진 전제는 특칭 긍정 명제이다. '모든 작품은 공모전에서 수상한 작품이다'는 전칭 긍정 명제이므로 둘은 함축 관계이다. 함축 관계에서는 특칭이 참일 때 전칭의 참·거짓은 알 수 없으므로, 올바른 판단이다.

오답 풀이
① '모든 작품은 공모전에서 수상하지 않은 작품이다'는 전칭 부정 명제이므로 둘은 모순 관계이다. 모순 관계에서 진릿값은 항상 반대이므로, 전제가 참일 때 전칭 부정 명제는 거짓이다.
③ '모든 작품은 공모전에서 수상한 작품이다'는 전칭 긍정 명제이므로 둘은 함축 관계이다. 함축 관계에서 특칭이 거짓이면 전칭은 거짓이다.
④ '어떤 작품은 공모전에서 수상하지 않은 작품이다'는 특칭 부정 명제이므로, 둘은 소반대 관계이다. 소반대 관계에서는 동시에 거짓은 될 수 없으므로, 전제가 거짓일 때 특칭 부정 명제는 반드시 참이다.

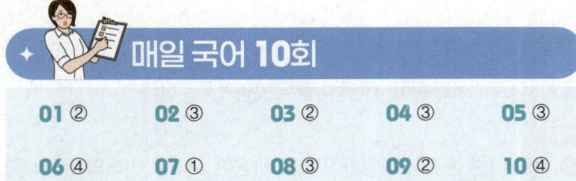

매일 국어 10회

| 01 ② | 02 ③ | 03 ② | 04 ③ | 05 ③ |
| 06 ④ | 07 ① | 08 ③ | 09 ② | 10 ④ |

01　　　정답 ②

출전 국립국어원, 〈한글 맞춤법〉 제34항~제35항 해설, 수정

해설
2문단에 따르면, '추었다 → 췄다'와 같이 모음 'ㅜ'로 끝난 어간에 '-었-'이 어울려 '줬'으로 될 적에는 준 대로 적으며, '추었다/췄다'를 모두 쓸 수 있다. 이와 마찬가지로 '여쭈었다'는 '여쭈었다/여쭸다'를 모두 쓸 수 있다.

오답 풀이
① 났다고(✕) → 나았다고(○): 1문단에 따르면, '젓-+-어 → 저어'와 같이 'ㅅ' 불규칙 용언의 어간에서 'ㅅ'이 줄어든 경우에는 원래 자음이 있었으므로 'ㅏ, ㅓ'가 줄어들지 않는다. 이와 마찬가지로 '낫다[愈]'는 '낫-+-았-+-다고 → 나았다고'와 같이 표기해야 하므로, '났다고(✕)'를 '나았다고'로 고쳐 쓰는 것은 적절하다.
③ 쬐어(○)/쫴(○): 2문단에 따르면, '외어 → 왜'와 같이 'ㅚ' 뒤에 '-어'가 어울려 'ㅙ'로 될 적에도 준 대로 적는다. 따라서 '쬐어/쫴'를 모두 쓸 수 있다.
④ 2문단에 따르면, '보아 → 봐', '추었다 → 췄다'와 같이 모음 'ㅗ, ㅜ'로 끝난 어간에 '-아/-어'가 어울릴 적에는 'ㅘ/ㅝ'로 쓸 수 있다.

02　　　정답 ③

해설
주어진 진술을 기호화하면 다음과 같다.

```
1. 갑 화학 → 을 수학
2. 병 철학 ∨ ~을 수학
3. 을 수학 → 정 국문
```

[갑 화학]이라고 가정하면, 1의 전건이 긍정되어 [을 수학]이 도출된다. 그러면 2에서 선언지가 제거되어 [병 철학]이 도출된다.
따라서 '갑이 화학과 학생이면, 병은 철학과 학생이다'는 반드시 참이다.

오답 풀이
① 1, 3으로부터 가언 삼단 논법에 의해 '갑 화학 → 정 국문'이 도출될 뿐이다. '정 국문 → 갑 화학'이 참이라고 본다면 후건 긍정의 오류를 범한 것이다.
② [~병 철학]이라고 가정하면, 2에서 선언지가 제거되어 [~을 수학]이 도출된다. 이는 3과 연결될 수 없으므로 이를 통해 [정 국문]을 도출할 수는 없다.
④ 2에서 선언지 긍정의 오류를 범한 추론이다.

03　　　정답 ②

출전 2012학년도 10월 고3 전국연합학력평가, 수정

해설
1~2문단에 따르면, 왕이 책제를 제시하면 예비 관리들은 책문을 작성한다. 책문의 본문에는 책제에 대한 대책이 나오지만, 왕에 대한 찬사는 본문 전에 나오므로 본문에 나오는 내용이 아니다.

오답 풀이
① 2문단에 따르면, 책문은 겸사로 시작하고 현안에 대한 대책을 쓴 후 다시 겸사를 반복한다.
③ 2문단의 "책문은 ~ 일정한 형식에 따라 짓는다"에서 알 수 있다.
④ 책문의 본문에서는 다양한 근거를 들어 책제에 대한 대책을 제시한다. 이때 근거는 중국의 유교 사상가들과 조선의 학자들이 집필한 유교 경전과 역사서에서 찾는다.

04　　　정답 ③

해설
㉠은 왕이 제시한 책제를 받고 책문을 작성하는 '예비 관리들'을 지시한다. 또한 ㉡도 책문을 작성하는 사람들이므로 '예비 관리들'을 지시한다. 반면 ㉢은 예비 관리들이 근거를 찾는 유교 경전과 역사서를 지은 사람들, 즉 '중국의 유교 사상가들과 조선의 학자들'을 지시한다. ㉣은 출사의 최종 단계에 올라 책문을 작성하는 사람들이므로 '예비 관리들'을 지시한다. 따라서 지시 대상이 다른 것은 ㉢이다.

05　　　정답 ③

출전 고종석, 〈방언에 대하여〉

해설
한국어에서 지역 방언의 경계를 구분하는 문제가 간단하지 않음을 설명한 글이다.

> 방언의 지리적 경계선을 등어선이라고 한다. → ㉰ 이런 등어선들을 묶은 등어선속을 커다란 방언의 경계로 삼는다. → ㉮ 그러나 여러 이유로 인해 등어선속을 확정하기는 힘들다. → ㉯ 그래서 한국어에 몇 개의 방언이 있느냐는 문제는 연구자나 연구 대상에 따라 제각각이다.

06

정답 ④

출전 이종호, 《로봇은 인간을 지배할 수 있을까?》, 수정

해설

뱀을 본 적이 없어 뱀에게 공포를 느끼지 않았던 실험실의 원숭이들은 뱀을 무서워하는 야생 원숭이들의 모습을 보고 뱀에 대한 공포를 학습하게 된다. 이를 통해 영장류의 뇌에는 자기에게 해가 될지 모르는 것을 두려워하는 경향이 이미 각인되어 있지만, 이것이 겉으로 나타나려면 학습과 같은 외부 자극이 있어야 한다는 사실을 알 수 있다.

오답 풀이

① 실험실의 원숭이들은 야생 원숭이들이 꽃을 무서워하는 것처럼 편집한 영상을 보고도 꽃에 대한 공포심을 나타내지 않았다는 내용에서 알 수 있다.
② "태어나기 전에 이미 자연계의 먹이 사슬 관계가 유전자 속에 기록되어 있는 것이다"에서 알 수 있다.
③ 영장류의 뇌에는 자기에게 해가 될지 모르는 것을 두려워하는 경향이 이미 각인되어 있다는 내용에서 알 수 있다.

07

정답 ①

해설

㉠ '보다'는 '눈으로 대상의 존재나 형태적 특징을 알다'의 뜻으로 쓰였다. 이와 가장 가까운 의미로 쓰인 것은 ①이다.

오답 풀이

② **책을 보다**: 책이나 신문 따위를 읽다.
③ **기회를 보다**: 기회, 때, 시기 따위를 살피다.
④ **행동을 실수로 보다**: 대상을 어떠하다고 평가하다.

08

정답 ③

출전 문명호, 〈트럼펫의 '운지법'〉

해설

2문단에, 벨은 제조 회사에 따라 길이와 크기가 다를 수 있는데, 벨의 직경이 크거나 규격 이하로 작으면 소리가 다르게 난다는 내용이 나온다. 이를 통해 벨의 크기에 규격이 있지만, 이보다 작거나 크게 만든 것이 있다고 추론할 수 있다.

오답 풀이

① 1문단의, 트럼펫은 예로부터 행진곡과 환희, 기쁨과 승리의 메시지를 주었다는 내용에서 행진곡에 자주 등장했다고 추론할 수 있다. 그러나 트럼펫의 역사는 기원전으로 거슬러 올라가므로, 트럼펫은 기원전에 발명되었을 것이다.
② 1문단의, 현재의 트럼펫은 관의 길이가 축소되어 긴 관에서 나오는 저음의 깊고 웅장한 소리를 잃어버리고 말았다는 내용에서, 반대로 된 추론임을 알 수 있다.

④ 2문단에, 트럼펫이 세 부분으로 나누어진다는 내용이 있을 뿐, 어느 곳의 길이가 더 짧은지는 추론할 수 없다.

09

정답 ②

출전 한국고소설학회, 《한국 고소설 강의》, 수정

해설

갑: ㉠ '중국인 원작설'이나 ㉡ '연암 개작설'은 《열하일기》는 일기 형식을 취한 기록 문학이므로 거짓 언어를 쓰지 않았을 것이라고 주장한다. '일기'라는 제목이 붙은 당대 문헌의 기록이 사실을 바탕으로 하여 작성되었다는 연구 결과는 이를 뒷받침하는 근거이다. 따라서 ㉠과 ㉡은 강화된다.

병: 중국의 문헌에서 〈호질〉의 내용이나 사상과 유사한 작품이 발견된다면 '중국 사람이 〈호질〉을 지었을 것'이라는 ㉠은 사실일 가능성이 높아지는 것이므로, ㉠은 강화된다. 반면 〈호질〉의 작가가 연암이라고 보는 ㉡은 약화된다.

오답 풀이

을: ㉡은 위선적인 선비에 대한 풍자가 위험한 발언이기에, 연암이 〈호질〉을 쓰지 않은 척했을 것이라고 주장한다. 지배 세력을 비판한 소신 있는 학자들이 지배 권력에 의해 탄압을 당한 다수의 역사적 사례는 ㉡을 뒷받침하며 〈호질〉의 작가가 중국인이라고 주장한 ㉠은 반박한다. 따라서 ㉠은 약화되지만, ㉡은 약화되지 않을 것이다.

10

정답 ④

해설

주어진 결과를 기호화하면 다음과 같다.

1. 정수기 → ~핸드폰
2. 핸드폰 ∨ 선풍기
3. ~(핸드폰 ∧ 컴퓨터)
4. 선풍기 → 핸드폰

2, 4로부터 '핸드폰 ∨ 핸드폰'이 도출된다. 이는 동어 반복이므로 [핸드폰]이 참임을 알 수 있다. 그러면 1의 후건이 부정되어 [~정수기]가 도출된다. 또한 3은 드모르간 법칙에 의해 '~핸드폰 ∨ ~컴퓨터'와 동치이다. 여기서 앞서 도출된 [핸드폰]으로 인해 선언지가 제거되어 [~컴퓨터]가 도출된다.

따라서 '컴퓨터는 불량이 아니다'는 반드시 참이다.

오답 풀이

① [선풍기]의 참·거짓 여부는 알 수 없다.

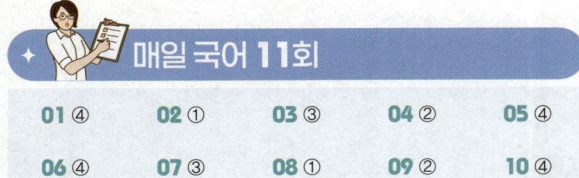

01

정답 ④

해설

근로자로서(○)/근로자로써(×): '로서'는 지위나 신분 또는 자격을 나타내는 격 조사이며, '로써'는 수단이나 도구를 나타내는 격 조사이다. 따라서 ⓔ '근로자로서'는 고치지 않고 그대로 두어야 한다.

오답 풀이

① '재난 안전 기술의 우수성'과 호응하는 서술어가 생략되어 있으므로, ㉠에는 '재난 안전 기술의 우수성을 알리고 관련 산업을 활성화하기 위해'와 같이 적절한 서술어를 넣어 주어야 한다.

② 생소하거나 어려운 외래어는 우리말로 다듬어 쓰는 것이 좋다. 따라서 ㉡의 '롤모델로'를 '본보기로'로 수정한 것은 적절하다. '롤모델'은 '본보기, 본보기상, 모범' 등으로 다듬어 쓸 수 있다.

③ '구워지게 되다(×)'는 통사적 피동문의 표현인 '-어지다'와 '-게 되다'를 중복하여 사용한 것이므로, ㉢의 '구워지게 된다'를 '구워진다'로 수정한 것은 적절하다.

02

정답 ①

해설

주어진 정보를 기호화하면 다음과 같다.

> 1. ~최 주무관
> 2. 김 주무관 ∨ 정 주무관(배타적 선언)
> 3. 최 주무관 ∨ 김 주무관
> 4. 정 주무관 → 한 주무관
> 5. ~정 주무관 ∨ ~김 주무관

1로 인해 3의 선언지가 제거되어 [김 주무관]이 도출된다. 2에서 [김 주무관]과 [정 주무관]은 배타적 선언 관계이므로 [~정 주무관]이 도출된다. [한 주무관]이 참인지는 알 수 없다.
따라서 반드시 참여하는 사람은 '김 주무관'이다.

03

정답 ③

출전 〈지구상에 피어나는 세상의 모든 불, 불의 속성〉, 《EUREKA》 (2025. 6.)

해설

㉠·㉡ 갑은 흡연율 감소를 위해 담뱃값을 인상해야 한다고 주장한다. 이에 대해 을은 가격이 올라도 흡연율은 감소하기 어려우며, 그 부담은 개인한테만 지워진다고 하면서, 담뱃값 인상에 반대하고 있다. 또한 병도 흡연율 감소를 위한 방법으로 담뱃값 인상이 아닌 교육이나 심리적 지원을 주장하고 있다. 따라서 갑의 주장과 을의 주장, 갑의 주장과 병의 주장은 대립한다.

오답 풀이

㉢ 을과 병은 모두 담뱃값 인상에 반대하고 있으므로, 두 사람의 주장은 대립하지 않는다.

04

정답 ②

출전 캐리 뮬러, 〈결정 장애란 무엇이며 어떻게 대처해야 할까〉, 수정

해설

마지막 문단에 따르면, 결정 장애를 극복하기 위해서는 완벽한 결정이란 없다는 것을 인식해야 한다. 이는 '결정 장애 극복 → 완벽한 결정은 없다는 것을 인식'으로 기호화할 수 있고, 이는 '~완벽한 결정은 없다는 것을 인식 → ~결정 장애 극복'과 동치이다. 따라서 ②는 적절한 추론이다.

오답 풀이

① 온라인과 오프라인 상황에서의 결정 장애를 비교할 수 있는 내용은 제시문에 나오지 않는다.

③ 만족자가 잘못된 결정에 후회를 많이 느낄 것이란 내용을 추론할 수 있는 내용은 제시문에 나오지 않는다.

④ 2문단에 따르면, 극대화자는 가능한 최선의 선택을 찾으려는 동기가 높은 사람이고, 만족자는 최선의 여부에 관계없이 가능한 선택지 중 충분히 괜찮은 선택으로 만족해하는 사람이다. 이는 극대화자, 만족자 모두 다양한 선택지를 고려하면서, 전자는 그중 최선의 선택지를 찾으려고 하고 후자는 그중 괜찮은 선택지를 찾으려는 것이다.

05

정답 ④

해설

ⓔ이 포함된 문장은 결정 장애를 겪는 사람들의 잘못된 행위를 지적한 것이다. 따라서 ⓔ은 결정 장애를 겪는 사람들의 잘못된 행위, 즉 '결정을 끝없이 미루는 것'을 의미한다.

06

정답 ④

해설

'Ⅲ-2'에 기대 효과가 나왔으므로 ㉣에는 〈지침〉에 따라 해결 방안의 보완점이 들어가야 한다. 하지만 '청소년 범죄 및 2차 범죄 예방'은 기대 효과이므로 ㉣에 들어갈 내용으로 적절하지 않다. ㉣에는 '불법 도박 사이트 차단 기술 고도화' 정도의 내용이 들어가야 적절하다.

오답 풀이

① 〈지침〉에 따라 ㉠에는 'Ⅰ-1~2'를 포괄하는 내용이 들어가야 한다. 'Ⅰ-1~2'는 모두 청소년 도박 중독으로 인해 발생하는 문제점이므로, '청소년 도박 중독의 문제점'은 ㉠에 들어갈 내용으로 적절하다.

② 'Ⅱ-2-가'에서 불법 도박 사이트 상시 모니터링 시스템 구축을 해결 방안으로 제시했으므로, 이에 대응하는 원인인 ㉡에는 불법 도박 사이트 상시 모니터링 시스템이 구축되어 있지 않다는 내용이 들어가야 한다. 따라서 '불법 도박 사이트에 대한 관리·감독 미흡'은 ㉡에 들어갈 내용으로 적절하다.

③ 'Ⅱ-1-나'에서 청소년의 미숙한 충동 조절 능력을 청소년 도박 중독의 원인으로 제시하고 있다. 따라서 이에 대응하는 해결 방안인 ㉢에는 미숙한 충동 조절 능력을 관리해야 한다는 내용이 들어가야 한다. 따라서 '전문 상담 및 치료 지원 체계 강화'는 ㉢에 들어갈 내용으로 적절하다.

07

정답 ③

출전 2025학년도 대학수학능력시험 9월 모의평가, 수정

해설

'조성(造成)하다'는 '무엇을 만들어서 이루다 / 분위기나 정세 따위를 만들다'라는 뜻이다. 따라서 ㉢ '만들어 낸다'는 '조성한다'로 바꾸어 쓸 수 있다.

오답 풀이

① '개선(改善)되다'는 '잘못된 것이나 부족한 것, 나쁜 것 따위가 고쳐져 더 좋게 되다'라는 뜻이다. 따라서 ㉠ '새로운'을 '개선된'으로 바꾸어 쓰는 것은 적절하지 않다.

② '막연(漠然)하다'는 '갈피를 잡을 수 없게 아득하다 / 뚜렷하지 못하고 어렴풋하다'라는 뜻이다. 따라서 ㉡ '낯설게'를 '막연하게'로 바꾸어 쓰는 것은 적절하지 않다.

④ '지탱(支撐)하다'는 '오래 버티거나 배겨 내다'라는 뜻이다. 따라서 ㉣ '깨뜨릴'을 '지탱할'로 바꾸어 쓰는 것은 적절하지 않다.

08

정답 ①

출전 2016학년도 법학적성시험 추리 논증, 지문 발췌

해설

1문단에서는 음모론 속 가설이 높은 설명력을 가진다는 것이 가설에 대한 과학적 근거가 될 수 있는지에 대한 의문을 제기하고 있다. 2~마지막 문단에서는 과학적 추론인 '최선의 설명으로의 추론'과 달리 '음모론 속 가설'은 단순성과 정합성이 떨어져 미래 증거에 대한 올바른 설명을 제공할 수 없다고 밝히고 있다. 그리고 이를 근거로 하여 '음모론 속 가설의 높은 설명력이 가설에 대한 과학적 근거를 제공하지 못한다'라는 결론을 내리고 있다. 즉 '음모론 속 가설'과 '최선의 설명으로의 추론' 간의 차이점을 밝혀 결론의 근거로 삼고 있는 것이다.

오답 풀이

② 마지막 문단에서 음모론 속 가설이 미래 증거를 올바르게 설명할 수 없는 문제를 언급하고 있지만, 이에 대한 해결 방안은 나오지 않는다.

③ '음모론 속 가설'처럼 기존 증거에 대해 개연성 높은 설명을 제공하는 과학적 추론인 '최선의 설명으로의 추론'을 제시하고 있지만, 이것의 문제점을 지적하는 것은 아니다.

④ 1문단에서, '음모론 속 가설들은 터무니없다'라는 반응에 '음모론 속 가설들은 참'이라는 일부 사람들의 반박이 제시되어 있다. 그러나 이러한 반박의 사례는 나오지 않는다. 또한 글쓴이의 주장을 반박하는 사례도 제시되어 있지 않다.

09

정답 ②

해설

마지막 문단에 따르면, ㉠ '음모론 속 가설들'은 '복잡하고 비정합적'인 특징을 띤다. 복잡성, 비정합성은 2문단에 제시된 '이론적 아름다움인 단순성, 정합성'과 반대되는 특징이므로 ㉠ '음모론 속 가설들'은 이론성이 떨어진다는 사실을 알 수 있다.

* **이론성(理論性)**: 이론으로서의 법칙성이나 논리성을 띤 성질

오답 풀이

① ㉠이 아닌 과학적 추론인 '최선의 설명으로의 추론'에 대한 설명이다.

③ 마지막 문단에 따르면, ㉠은 과학적 추론인 '최선의 설명으로의 추론'과 달리 미래 증거를 올바로 설명할 수 없다. 하지만 기존 증거(사실)에 대한 놀라운 설명은 제공한다.

④ 마지막 문단에 따르면, ㉠은 예외적인 원인의 뛰어난 설명력을 유지하기 위해 '복잡하고 비정합적'이 되어 미래 증거를 올바로 설명할 수 없다.

10 정답 ④

해설

제시문을 기호화하면 다음과 같다.

1. A 거리 활성화 → ~B 동네 침체
2. ~(~B 동네 침체 ∧ ~C 동네 침체)
3. ~A 거리 활성화 → D 거리 활성화
4. [ ]

∴ C 동네 침체

2는 드모르간 법칙에 따라 'B 동네 침체 ∨ C 동네 침체'와 동치이다. 여기서 [C 동네 침체]라는 결론을 도출하려면 선언지가 제거되어야 하므로 [~B 동네 침체]가 필요하다. 이를 위해 1의 전건이 긍정되어야 하므로 [A 거리 활성화]가 필요하다. 이는 3의 후건이 부정되면 도출되므로 [~D 거리 활성화]가 필요하다.
따라서 'D 거리가 활성화되지 않을 것이다'가 추가로 필요한 진술이다.

오답 풀이

① [~A 거리 활성화]가 추가되면 3의 전건이 긍정되어 [D 거리 활성화]만 도출될 뿐이다.
② [B 동네 침체]가 추가되면 1의 후건이 부정되어 [~A 거리 활성화]가 도출되고, 이로 인해 3의 전건이 긍정되어 [D 거리 활성화]가 도출될 뿐이다.
③ 'C 동네 침체 → B 동네 침체'가 추가되면 1의 대우와 연결되어 가언 삼단 논법에 의해 'C 동네 침체 → ~A 거리 활성화'가 도출된다. 그러면 3과 연결되어 가언 삼단 논법에 의해 'C 동네 침체 → D 거리 활성화'가 도출된다.

✦ 매일 국어 12회

01 ③	02 ①	03 ①	04 ②	05 ④
06 ③	07 ④	08 ②	09 ③	10 ②

01 정답 ③

출전 김정선, 〈굳이 있다고 쓰지 않아도 어차피 있는〉, 《내 문장이 그렇게 이상한가요?》

해설

1문단에서 동사 '있다'의 예로 '오늘은 하루 종일 집에 있었다'를 들었으므로, '집에 있다'의 '있다'는 동사임을 추론할 수 있다. 또한 2문단에 따르면, '있다'는 보조 동사로 쓰이기도 하므로, '보고 있다'의 '있다'는 행위가 진행될 수 있는 동사에 붙여진 보조 동사임을 추론할 수 있다. 즉, 두 '있다'의 품사는 모두 동사로, 동일하다.

오답 풀이

① 1문단에 따르면, '있다'를 '있어라'로 바꾸어도 이상하지 않으면 동사, 이상하면 형용사로 가릴 수 있다. '나을 때까지 병원에 있다'의 '있다'는 '있어라'로 바꾸어도 어색하지 않으므로 이때 '있다'는 동사라고 추론할 수 있다.
② 2문단에 따르면, '깨어 있다'의 '있다'는 보조 동사이다. 그리고 보조 동사 '있다'는 행위가 진행될 수 있는 동사에만 붙을 수 있다. 따라서 '깨다'는 상태를 계속 유지할 수 있는 행위임을 추론할 수 있다.
④ 1문단에 따르면, 동사로도 쓰이고 형용사로도 쓰이는 '있다'는 동사일 때는 동작을, 형용사일 때는 상태를 나타낸다.

02 정답 ①

해설

주어진 정보를 기호화하면 다음과 같다.

1. 사과a
2. ~(사과a ∧ 수박a ∧ 참외a)
3. 사과 → 수박

1로 인해 3의 전건이 긍정되어 [수박a]가 도출되므로, 연언화로 '사과a ∧ 수박a'가 참임을 알 수 있다. 그런데 2에 따르면, '사과a ∧ 수박a'인 고객이 [참외a]인 것은 아니다. 즉 [~참외a]가 참인 것이다.
따라서 '참외를 매주 구매하지는 않는 고객이 있다'가 반드시 참이다.

03 　　　　　　　　　　정답 ①

해설

마지막 문단에서 알 수 있다. 증발기에서 작동 유체를 가열, 증발시킨 다음 그 증기를 터빈으로 보내 발전하고, 여기서 나온 증기는 응축기에서 냉각되어 다시 액체로 변환되는데, 이것을 반복하여 발전시키는 것이 해양 온도 차 발전 사이클이다.

오답 풀이

② 1문단에 따르면, 해양 온도 차 발전 시스템의 주요 구성 기기는 분리되어 있지 않고 관으로 연결되어 있다.
③ 1문단의, 해양 온도 차 발전은 해양에 축적된 열에너지를 전기 에너지로 변환하는 시스템이라는 내용을 뒤바꾸어 말한 것이다.
④ 2문단에 따르면, 해양 온도 차 발전에서는 작동 유체로 암모니아를 사용하지만 원자력 발전에서는 물을 사용한다.

04 　　　　　　　　　　정답 ②

해설

표준어가 필요한 이유를 설명한 글이다.

> ㉮ 언어는 사회 구성원 모두에게 공통적이어야 하는데, 언어의 말소리와 뜻의 관계는 상황에 따라 얼마든지 바뀔 수 있다. → ㉰ 그러나 언어가 서로 다른 모습을 보인다면, 의사소통 도구로서의 기능은 크게 떨어진다. → ㉱ 그래서 어느 한 가지로 공통되게 기준을 정하게 되는데, 이것이 바로 표준어이다. → ㉯ 표준어는 국민들의 효과적인 의사소통을 위해 필요하다.

05 　　　　　　　　　　정답 ④

해설

마지막 문단의, 시대에 맞지 않는 문화, 사람을 괴롭히는 고약한 문화를 바꾸는 것이 문화 개혁이고, 문화 개혁을 담당해야 하는 것이 시민 사회의 역할이라고 한 데에서 추론할 수 있다.

오답 풀이

①·③ 2문단에 따르면, 인간은 생물학적 존재이면서 문화적 존재이다. 따라서 인간의 모든 속성을 생물학적 특성만으로 이해할 수는 없다. 또한 생물학적 특성과 문화적 특성이 모두 인간에게 영향을 미친다는 사실은 알 수 있지만, 둘 중 무엇이 더 큰 영향을 미치는지는 추론할 수 없다.
② 1문단에 따르면, 게놈 지도는 신의 비밀 장부였으나 이제 완성되어 그 책을 읽을 수 있게 되었다. 하지만 마지막 문단에 따르면, 문화의 비밀은 아직 많은 부문이 비밀로 남아 있으므로 문화와 관련된 비밀이 모두 밝혀진 것은 아니다.

06 　　　　　　　　　　정답 ③

해설

오스카 와일드가 문화를 정의한 '봉투'라는 말보다 '우주'라는 말이 더 정확하다는 문맥이다. 따라서 '봉투'라는 말이 너무 협소하다는 ㉢은 수정하지 말아야 한다.

오답 풀이

① 1문단에 따르면, 몸은 유전자 책이며, 이 책에는 한 개체의 생물학적 생애를 결정하는 모든 유전 정보들이 들어 있다. 따라서 '몸'을 설명하는 ㉠을 '그 자체만으로 모든 정보를 가지고 있다'로 수정하는 것은 적절하다.
② 우리는 대개 문화 하면 몇몇 문화만을 떠올리지만, 실제 생활에서는 다양한 범위에서 문화를 사용하고 있다는 맥락이다. 따라서 ㉡을 우리가 실제 쓰는 문화라는 말의 범위가 '넓다'라는 내용으로 수정하는 것은 적절하다.
④ 마지막 문단에 따르면, 시대에 맞지 않는 문화, 사람을 괴롭히는 고약한 문화는 바꿀 수 있다. 따라서 ㉣을 '바꿀 수 있고 거기서 탈출할 수도 있다'로 수정하는 것은 적절하다.

07 　　　　　　　　　　정답 ④

출전 2024학년도 7월 고3 전국연합학력평가

해설

㉠ '오르다'는 '값이나 수치, 온도, 성적 따위가 이전보다 많아지거나 높아지다'의 뜻으로 쓰였다. 이와 가장 가까운 의미로 쓰인 것은 ④이다.

오답 풀이

① 궤도에 **오르다**: 어떤 정도에 달하다.
② 산에 **오르다**: 사람이나 동물 따위가 아래에서 위쪽으로 움직여 가다.
③ 판매 실적이 **오르다**: 실적이나 능률 따위가 높아지다.

08 　　　　　　　　　　정답 ②

출전 윤수하, 〈이상 시의 시공간 형상에 관한 연구〉, 수정

해설

1문단에 따르면, 인간에게는 현상적 자아와 초월적 자아가 동시에 존재하는데, 전자는 인식의 대상이 되는 자아이고 후자는 모든 인식을 가능케 하는 전제 조건이다. 이를 바탕으로 초월적 자아가 존재해야 인식이 가능해져 현상적 자아가 존재할 수 있음을 추론할 수 있다.

오답 풀이

① 1문단에 따르면, 현상적 자아는 인간의 감각과 인식을 통해 구성된 자아이다. 하지만 초월적 자아는 감각적으로 주어지지도 않고 감각으로 포착되지도 않는 자아이다.

③ 2문단에 따르면, 모든 인간은 현상적 존재이면서 초월적 존재로 살아간다. 따라서 한 인간이 초월적 자아로만 혹은 현상적 자아로만 존재할 수는 없다.

④ 2문단에 따르면, 칸트는 모든 인간이 '초월적 존재'이기 때문에 어떤 목적을 위한 수단으로 취급해서는 안 된다고 주장했다.

09 정답 ③

해설
㉠은 인간의 인식에 의해 파악된 자아이므로 '현상적 자아'를 의미한다. 반면 ㉡은 인간 본래의 자아로, 2문단에서 초월적 자아가 인간 본래의 자아라고 했으므로 ㉡은 '초월적 자아'를 의미한다. ㉢은 앞에 나온 '현상적 자아'를 의미하고, ㉣은 앞 문장의 뒷부분에 나오는 '초월적 자아'를 의미한다. 따라서 문맥적 의미가 동일한 것끼리 묶으면 ㉠·㉢, ㉡·㉣이다.

10 정답 ②

해설
주어진 진술을 기호화하면 다음과 같다.

1. 주말 → 영희 아르바이트
2. ~주말 → ~철수 운동
3. 철수 운동 ∨ 민호 외갓집
4. 영희 아르바이트 ∧ 민호 외갓집

4에서 연언지 단순화로 [영희 아르바이트], [민호 외갓집]이 도출된다. 그러나 [영희 아르바이트]가 참이라고 하여 [주말]도 참이라고 볼 수는 없다. 이는 1에서 후건 긍정의 오류를 범한 것이다.
따라서 '주말이 되었다'가 반드시 참이라고 볼 수는 없다.

오답풀이
① 1, 그리고 2의 대우인 '철수 운동 → 주말'로부터 가언 삼단 논법에 의해 '철수 운동 → 영희 아르바이트'가 도출된다.
③ 2는 단순 함축에 의해 '주말 ∨ ~철수 운동'과 동치이다.

매일 국어 **13회**

01 ④	**02** ②	**03** ④	**04** ③	**05** ①
06 ②	**07** ④	**08** ③	**09** ①	**10** ③

01 정답 ④

출전 행정 안전부, 〈〈2025 안전 실천 캠퍼스〉 모집 공고〉, 수정

해설
'접수(接受)'는 '신청이나 신고 따위를 구두(口頭)나 문서로 받음'이라는 뜻이다. 지원자는 지원서를 내는 것이므로, ㉣은 '문안(文案)이나 의견, 법안(法案) 따위를 냄'의 의미인 '제출(提出)'을 고치지 않고 그대로 두어야 한다.

오답풀이
① 어려운 한자어 대신 쉬운 우리말로 다듬어 쓴다. 따라서 ㉠을 '하나로'로 수정한 것은 적절하다. '일환(一環)'은 '줄지어 있는 많은 고리 가운데 하나 / 서로 밀접한 관계로 연결되어 있는 여러 것 가운데 한 부분'이라는 뜻이다.
② 대등한 것끼리 접속할 때는 구조가 같은 표현을 사용해야 하므로, ㉡을 '안전 문화를 확립하고 안전 의식을 높이기 위해'와 같이 앞뒤의 문장 구조를 맞추어 수정한 것은 적절하다.
③ 아라비아 숫자만으로 연월일을 표시할 때에는 '마침표(.)'를 쓴다. 이때 '일'을 나타내는 마침표를 생략해서는 안 되므로, ㉢을 '20○○. 10. 1.'로 수정한 것은 적절하다.

02 정답 ②

해설
제시문을 기호화하면 다음과 같다.

1. A 부서 → B 부서
2. C 부서 → ~B 부서

∴ [   ]

1과, 2의 대우인 'B 부서 → ~C 부서'에서 가언 삼단 논법에 의해 'A 부서 → ~C 부서'가 도출된다.
따라서 'A 부서 직원 중에 C 부서 직원과 함께 프로젝트를 진행하는 사람은 아무도 없다'가 빈칸에 들어갈 결론으로 가장 적절하다.

오답풀이
① '~A 부서 → C 부서'는 앞서 도출된 결론에서 전건 부정의 오류를 범한 것이다.
③ '~B 부서 → C 부서'는 2에서 후건 긍정의 오류를 범한 것이다.

④ 'C 부서a ∧ A 부서a'는 교환 법칙에 따라 'A 부서a ∧ C 부서a'와 동치이다. 1과, 2의 대우에서 가언 삼단 논법에 의해 도출된 'A 부서 → ~C 부서'와 'A 부서a ∧ C 부서a'는 모순 관계이므로, 'A 부서a ∧ C 부서a'는 거짓이다.

03 정답 ④

출전 2017 기상직 9급 지문, 수정

해설

㉣ 뒤에 문자 기호의 커뮤니케이션은 영원히 남을 수 있기 때문에 소리 기호의 커뮤니케이션보다 더 큰 책임이 따르므로, 절제와 세련됨이 요구된다는 내용이 나온다. 즉 온라인 커뮤니케이션은 기억되었다가 사라지는 것이 아니라 기록되어 남는다는 문맥이므로, ㉣을 '기억된다는 것이 아니라 기록된다는'으로 수정하는 것은 적절하다.

오답 풀이

① 얼굴이 보이지 않고 목소리도 들리지 않는다는 내용으로 보아, ㉠ '온라인으로 해결한다'는 수정하지 말아야 한다.
② 이모티콘으로 최소한의 감정을 전달한다는 내용으로 보아, ㉡ '감정의 낭비가 없다'는 수정하지 말아야 한다.
③ 온라인 커뮤니케이션에서 세련되지 못한 감정을 드러내는 것은 금기시되므로 진짜 욕이나 슬픔 등을 표현한 이모티콘은 없다는 내용이 나온다. 따라서 ㉢ '귀엽게 포장된다'는 수정하지 말아야 한다.

04 정답 ③

출전 한경구, 〈왜 문화인가〉

해설

글쓴이는 자문화 중심주의의 부정적 특징을 설명한 뒤, 문화 상대주의의 태도를 갖는 것은 자문화 중심주의를 벗어나기 위해 꼭 필요한 과정임을 강조하고 있다. 따라서 '자문화 중심주의를 벗어나기 위해 문화 상대주의적 태도를 가져야 한다'가 이 글의 중심 내용으로 가장 적절하다.

오답 풀이

① 제시문의 부분적인 내용일 뿐이다.
② 2문단에 따르면, 자신의 문화를 당연시하는 태도는 자문화 중심주의에 포함된다. 그러나 글쓴이가 주장하는 것은, 자문화 중심주의를 극복하기 위해 문화 상대주의의 태도를 갖자는 것이다.
④ 문화 상대주의의 태도가 필요하다는 내용이 빠져 있어, 글의 내용을 모두 포괄하지는 못하고 있다.

05 정답 ①

해설

㉠ '살다'는 '어느 곳에 거주하거나 거처하다'의 뜻으로 쓰였다. 이와 가장 가까운 의미로 쓰인 것은 ①이다.

오답 풀이

② **불씨가 살아 있다**: 불 따위가 타거나 비치고 있는 상태에 있다.
③ **삶을 살다**: (주로 '삶'을 목적어로 취하여) 어떤 생활을 영위하다.
④ **머릿속에 살아 있다**: 마음이나 의식 속에 남아 있거나 생생하게 일어나다.

06 정답 ②

출전 고인석, 〈인공 지능이 자율성을 가진 존재일 수 있는가?〉

해설

첫 번째 문장에서 '자율성'은 기계에 적용되는 개념으로, 공학적 의미의 자동화 시스템을 의미한다. 반면 두 번째 문장에서 '자율성'은 사람에게 적용되는 개념으로, 철학적·윤리적 의미의 자율적 의지와 도덕적 자기 결정 능력을 의미한다. 의미가 서로 다른 '자율성'을 연결하여 하나의 문장으로 결론 내리고 있으므로 '애매어 사용의 오류'를 범한 것이다. ②에서도 법적인 의미와 종교적 의미의 두 가지 다른 뜻으로 쓰인 '죄인'이라는 말을 동시에 사용하고 있으므로 '애매어 사용의 오류'가 나타난다.

오답 풀이

① 신이 존재하는 이유를 '신이 계시한 성서'에서 찾고 있다. 이는 같은 내용을 말만 바꾸어 되풀이한 것이므로 '순환 논증의 오류'를 범한 것이다.
③ '우리 팀원들이 찬성'한 것을 근거로 '우리 회사 사람들이 모두 찬성'했다고 주장하고 있으므로 '성급한 일반화의 오류'를 범한 것이다.
④ '승객들이 항의하지 않으면 버스 배차 간격은 줄어들지 않을 것이다'에서 전건을 부정하여 후건 부정의 결론을 내리고 있다. 이는 '전건 부정의 오류'가 나타난 것이다.

07 정답 ④

출전 폴 벤느, 《사생활의 역사》, 수정

해설

2문단의, 세네카가 자기 운명에 따라 타고난 자리에서 해야 할 일을 하는 것이 선한 사람의 의무라고 생각했다는 내용에서 알 수 있다. 즉 주인의 운명을 타고난 사람이라면 그에 따라 훌륭한 주인 노릇을 해야 선한 것이다.

오답 풀이

① 1문단에 따르면, 로마 사회는 노예에 대한 흉포한 처벌 등이 있었지만, 노예를 결혼시키도록 허락했다.

② 1문단의, 세네카의 눈에 노예 제도는 계급 사회의 산물이 아니라 개인적인 불행이었다는 내용과 배치된다.
③ 세네카가 노예들을 몸소 가르쳤는지는 제시문에서 알 수 없다. 2문단에서, '만약 그가 노예들에게 직접 가르침을 주었다면'으로 가정을 하고 있을 뿐이다.

08
정답 ③

출전 조태흠, 《〈훈민가〉의 말하기 방식과 그 의의》, 수정

해설
〈훈민가〉의 제2수는 화자가 형과 아우에게 서로 다른 마음을 먹지 말라고 금지하는 내용이므로 '형제간의 우애'가 주제임을 추론할 수 있다. 또한 〈훈민가〉의 제11수는 화자가 어려운 백성들을 돌보겠다는 의지를 드러내고 있으므로 '어려운 백성을 향한 구제 의지'가 주제임을 추론할 수 있다.

오답 풀이
① 1문단에서 시에 화자와 청자가 나올 수 있음은 알 수 있지만, 시가 이들 간의 '대화 형식'으로 이루어지는지는 추론할 수 없다.
② 2~마지막 문단에서, 〈훈민가〉의 제2수, 제11수의 경우 '나'가 나오지 않는다는 사실만 알 수 있다. 이를 통해 16수 모두에서 '나'가 나오지 않는지는 추론할 수 없다.
④ 2~마지막 문단에서 글쓴이는, 〈훈민가〉의 제2수와 제11수를 각각 형과 아우의 대화 형식, 조카와 아저씨의 대화 형식으로 파악하는 것은 적절하지 않다고 주장하고 있다.

09
정답 ①

해설
1문단에 따르면, 시에서 '나'가 나오면 현상적 화자이고, 이 표현이 없으면 함축적 화자이다. 청자 또한 표면적으로 나오면 현상적 청자이고, 그렇지 않으면 함축적 청자이다.
㉠·㉡ 제2수에는 '나'가 나오지 않는다. 즉 제2수의 화자는 숨겨져 있는 '함축적 화자(㉠)'이다. 이 화자가 작품 표면에 드러나 있는 '형, 아우'에게 말하고 있으므로 청자는 표면에 드러난 '현상적 청자(㉡)'이다.
㉢·㉣ 제11수에는 '나'가 나오지 않는다. 즉 제11수의 화자는 숨겨져 있는 '함축적 화자(㉢)'이다. 이 화자가 어려운 처지에 놓인 백성들을 향해 말하고 있으므로 청자는 표면에 드러나 있지 않은 '함축적 청자(㉣)'이다.

10
정답 ③

해설
제시문을 기호화하면 다음과 같다.

> 1. 추어튀김 → 추어탕
> 2. 남원a ∧ ~추어튀김a
> 3. ~(남원a ∧ ~추어탕a)

3은 단순 함축에 의해 '남원 → 추어탕'과 동치이다. 2에서 연언지 단순화로 [남원a], [~추어튀김a]가 도출된다. [남원a]로 인해 '남원 → 추어탕'의 전건이 긍정되어 [추어탕a]가 도출되고, 이를 [~추어튀김a]와 연언화하면 '추어탕a ∧ ~추어튀김a'가 도출된다.
따라서 '추어탕을 파는 어떤 식당은 추어튀김을 팔지 않는다'가 반드시 참이다.

오답 풀이
② '추어탕 → 남원'은 3의 단순 함축인 '남원 → 추어탕'에서 후건 긍정의 오류를 범한 것이다.

매일 국어 14회

01 ①	02 ④	03 ③	04 ④	05 ②
06 ④	07 ④	08 ③	09 ①	10 ②

01

정답 ①

출전 2024학년도 6월 고1 전국연합학력평가, 수정

해설

1문단에 따르면, 주어가 다른 주체에 의해 동작이나 행위를 당하는 것을 피동이라고 한다. 또한 마지막 문단에 따르면, 피동 표현은 객관적인 느낌을 주고자 할 때 사용한다. 따라서 피동 표현이 문장에 객관성을 더할 수 있음을 알 수 있다.

오답 풀이

② 마지막 문단에 따르면, '보여지다(×)'와 같은 이중 피동은 잘못된 표현이다. '이 책은 수많은 사람에게 읽혀졌다'의 '읽혀지다(읽-+-히-+-어지다)' 또한 이중 피동 표현이므로, 올바른 표현이라고 볼 수 없다.

③ 2문단의 '날씨가 풀렸다'와 같이, 피동문의 서술어가 자연적인 상태 변화를 나타낼 때는 행위의 주체를 설정하기 어려워 '(누가) 날씨를 풀었다'처럼 능동문으로 만들면 어색하게 느껴진다. 그러나 '벽에 그림이 걸렸다'의 '걸리다'는 자연적인 상태 변화를 나타내는 서술어가 아니므로, '철수가 벽에 그림을 걸었다'처럼 행위의 주체를 설정해 능동문으로 만들 수 있다.

④ 2문단에 따르면, 능동문을 피동문으로 만들 때 일반적으로 능동문의 목적어는 피동문의 주어가 된다. 능동문 '고양이가 쥐를 잡았다'를 피동문으로 만들면 '쥐가 고양이에게 잡혔다'가 되므로, 능동문의 목적어(쥐를)는 피동문의 주어(쥐가)가 된다.

02

정답 ④

해설

주어진 계획을 기호화하면 다음과 같다.

1. (~잡채 ∨ ~매운탕) → ~갈비찜
2. ~탕수육 → (잡채 ∧ ~매운탕)
3. 탕수육 → 갈비찜
4. 매운탕

4로 인해 2의 후건이 부정되어 [탕수육]이 도출된다. [탕수육]으로 인해 3의 전건이 긍정되어 [갈비찜]이 도출된다. 그러면 1의 후건도 부정되어 '~(~잡채 ∨ ~매운탕)'이 도출되고, 이는 드모르간 법칙에 의해 '잡채 ∧ 매운탕'과 동치이다. 여기서 연언지 단순화로 [잡채]가 도출된다.
따라서 [매운탕], [탕수육], [갈비찜], [잡채]이므로, 상차림에 오를 음식은 모두 '네 가지'이다.

03

정답 ③

해설

갑은 족벌 신문의 경영 불투명성, 권력과의 유착 등의 문제점에 근거하여 세무 조사, 불공정 거래 조사와 같은 정부에 의한 신문 개혁을 해결 방안으로 제시하고 있다. 또한 병도 '언론의 자유를 탄압하는 것은 신문사 사주'라는 문제점에 근거하여 신문사의 자체 개혁을 해결 방안으로 제시하고 있다. 따라서 갑과 병 모두 문제점을 제시한 후 이에 근거한 해결 방안을 도출하고 있다.

오답 풀이

① 갑은 '신문사 사주의 재산권을 침해한다고 도로나 지하철 노선을 바꾸기도 했다니'와 같이 족벌 신문의 폐해를 구체적 사례를 들어 제시함으로써 족벌 신문의 문제를 구체화하고 있다.

② 갑은 '고양이 앞에 쥐 꼴'과 '극복할 수 있지 않을까요?'에서, 을은 '신문 개혁의 목소리가 높아지고 있는 것이 아니겠습니까?', '미꾸라지처럼 빠져나가려고만 하고 있으니'에서 의문형 진술과 비유를 사용하고 있다.

④ 을과 병 모두 신문을 개혁해야 한다는 문제의식을 공유하고 있다.

04

정답 ④

출전 이상은, 〈학과 술은 어떻게 다른가〉, 수정

해설

학문을 이루는 개념 요소인 '학'과 '술'의 의미를 설명하는 글이다.

> 학문은 '학', '술'로 나눌 수 있는데, '술'은 원래 '도로'란 의미였다. → ㉮ 도로의 의미를 고려했을 때, '술'은 특정 목적을 달성하기 위한 수단과 방법이다. → ㉯ 다시 말해 지식 또는 기술인 것이다. 하지만 이는 방법적·응용적 가치에 불과하다. → ㉰ 이와 달리 '학'은 그 자체가 목적이고 근원적 가치를 지닌다. → ㉱ '학'과 '술'은 의미가 다르지만, 불가분의 관계를 가지고 있다.

05

정답 ②

출전 〈80세에도 50대 뇌 기능 유지… '슈퍼에이저'의 비밀〉, 《K버겐뉴스》(2025. 8. 12.), 수정

해설

마지막 문단에서, 연구 팀은 뇌 기능 유지에는 건강한 생활 습관이 아니라 유전적 요인이 중요한 역할을 한다고 주장한다. 유전자가 아니라 생활 습관이 뇌 기능에 더 큰 영향을 미친다는 것은 연구 팀의 주장과 반대되므로, 연구 팀의 주장은 약화된다.

오답 풀이

① 연구 팀은 슈퍼에이저가 뛰어난 기억력을 유지할 수 있는 이유로, 이들의 미세 아교 세포의 낮은 활성화 수준을 제시하고 있다. 따라서 슈퍼에이저와 동년배 일반 노인 간 미세 아교 세포의 활성화 수준이 비슷하다

면, 연구 팀이 제시한 이유가 반박된다. 따라서 연구 팀의 주장은 강화되지 않는다.

③ 연구 팀은 뇌 기능과 관련된 유전자가 뛰어나면 슈퍼에이저처럼 연령과 상관없이 뛰어난 기억력을 보일 수 있다고 주장한다. 따라서 연령이 어릴수록 인지 기능과 기억력이 더 우수하다는 견해는 연구 팀의 주장을 강화하지 않는다.

④ 연구 팀은 뇌 기능 유지에 유전적 요인이 중요한 역할을 한다고 보고 있다. 따라서 뇌 기능 유지에 영향을 미치는 내후각피질, 미세 아교 세포 등이 유전적 요인에 의해 결정된다면, 연구 팀의 주장은 뒷받침된다. 따라서 연구 팀의 주장은 약화되지 않는다.

06 정답 ④

해설

㉠·㉡·㉢은 연구 팀의 분석 대상이 되는 '슈퍼에이저들'을 지시한다. 반면 ㉣은 슈퍼에이저들을 분석하는 주체인 '연구 팀'을 지시한다. 따라서 지시 대상이 다른 하나는 ㉣이다.

07 정답 ④

출전 2024학년도 10월 고3 전국연합학력평가, 수정

해설

이 글에서 '탈피(脫皮)하다'는 '일정한 상태나 처지에서 완전히 벗어나다'의 뜻으로 쓰였다. 따라서 ㉣ '탈피해'는 '벗어나'로 바꾸어 쓸 수 있다.

오답 풀이

① '배격(排擊)하다'는 '어떤 사상, 의견, 물건 따위를 물리치다'라는 뜻이다. 따라서 ㉠ '배격하였다'를 '지켜 나갔다'로 바꾸어 쓰는 것은 적절하지 않다.

② '확립(確立)되다'는 '체계나 견해, 조직 따위가 굳게 서다'라는 뜻이고, '바로잡히다'는 '굽거나 비뚤어진 것이 곧게 되다 / 그릇된 일이 바르게 되거나 잘못된 것이 올바르게 고쳐지다'라는 뜻이다. 따라서 ㉡ '확립되었다'를 '바로잡혔다'로 바꾸어 쓰는 것은 적절하지 않다.

③ '포괄(包括)하다'는 '일정한 대상이나 현상 따위를 한데 묶어서 어떤 범위나 한계 안에 모두 들게 하다'라는 뜻이다. 따라서 ㉢ '포괄하는'을 '헤쳐 놓는'으로 바꾸어 쓰는 것은 적절하지 않다.

08 정답 ③

출전 손병희, 〈정지용 시와 타자의 문제〉, 수정

해설

태어나면서부터 주체가 분열된 상태인지는 추론할 수 없다. 3문단에서 주체의 분열은 '유년기의 정신적 외상과 관련'되어 있다는 사실만 알 수 있다.

오답 풀이

① 모든 주체는 타인과 구별되는 '나', 곧 주체이다. 또한 마지막 문단에 따르면, 모든 주체는 다른 주체의 타자이기도 하다.

② 2문단에 따르면, 타자는 주체 형성의 필수 조건이다. 이는 곧 '주체 형성 → 타자'로 기호화될 수 있으므로 대우 규칙에 의해 타자가 없다면 주체도 형성될 수 없다.

④ 3문단의, 주체 내부에서 타자가 경험되는 것은 주체의 분열에서 비롯되며, 이러한 경험은 자기 소외, 즉 주체의 타자화를 초래한다는 내용에서 추론할 수 있다.

09 정답 ①

해설

모든 주체는 다른 주체의 타자이기 때문에 타자이기도 하다. 이는 모든 주체가 타자에 의해 타자로 인식된다는 의미이므로 ㉠에는 '타자의 타자'가 들어가야 가장 적절하다.

10 정답 ②

해설

주어진 정보를 기호화하면 다음과 같다.

1. 찬성 ∨ 반대(배타적 명제)
2. 경력 10년 이상 → ~기숙사
3. (경력 10년 이상 ∧ 찬성) → 책임감
4. (~경력 10년 이상 ∧ 찬성) → 성실
5. (~경력 10년 이상 ∧ 반대) → ~책임감

갑은 [기숙사]이므로, 2의 후건이 부정되어 [~경력 10년 이상]이 도출된다.

만약 갑이 [~성실]이라면 4의 후건이 부정되어 '경력 10년 이상 ∨ ~찬성'이 도출된다. 그런데 갑은 [~경력 10년 이상]이므로 여기서 선언지가 제거되어 [~찬성]이 도출되고, 이는 1에 따라 [반대]이다. 따라서 갑은 '~경력 10년 이상 ∧ 반대'이므로 5의 전건이 긍정되어 [~책임감]이다.

따라서 '만일 갑이 성실하지 않다면, 갑은 책임감이 강하지 않다'가 반드시 참이다.

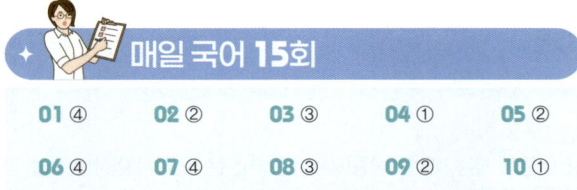

매일 국어 15회

| 01 ④ | 02 ② | 03 ③ | 04 ① | 05 ② |
| 06 ④ | 07 ④ | 08 ③ | 09 ② | 10 ① |

01 정답 ④

해설

'조장(助長)되다'는 '바람직하지 않은 일이 더 심해지도록 부추겨지다'라는 뜻이므로 문맥에 맞지 않는다. 따라서 ②에는 '무엇이 만들어져서 이루어지다 / 분위기나 정세 따위가 만들어지다'라는 뜻의 '조성(造成)되어'를 고치지 않고 그대로 써야 한다.

오답 풀이

① '재건(再建)되다'는 '허물어진 건물이나 조직 따위가 다시 일으켜져 세워지다'의 뜻이므로, '다시'와 '재건되다'의 의미가 중복되었다. 따라서 ③을 '건물이 다시 세워졌다'로 수정한 것은 적절하다. '건물이 재건되었다'로 수정할 수도 있다.

② '미끄러지다'와 호응하는 주어가 생략되어 있으므로, ⓒ에는 '차량이 미끄러지기 쉬우며'와 같이 적절한 주어를 넣어 주어야 한다.

③ ⓒ은 '신속한 의사 결정 지원'이 '방지하는'과 호응하고 있는데, '신속한 의사 결정 지원을 방지하다'는 어색하다. 대등한 것끼리 접속할 때는 구조가 같은 표현을 사용해야 하므로, ⓒ을 '신속한 의사 결정을 지원하고 행정 서비스 과부하를 방지하는'과 같이 앞뒤의 문장 구조를 맞추어 수정한 것은 적절하다.

02 정답 ②

해설

〈보기〉를 기호화하면 다음과 같다.

> ~(철수 국문학 ∧ 영희 국문학)
> ─────────────────
> ∴ ~철수 국문학 ∨ ~영희 국문학

〈보기〉는 드모르간 법칙이 활용된 논증이다. ② 역시 '~(OPIc ∧ TOEIC)'에 드모르간 법칙을 적용해 '~OPIc ∨ ~TOEIC'을 이끌어 내고 있다.

오답 풀이

① '스테이크 ∨ 케이크'에서 [스테이크]이므로 [~케이크]라고 결론 내리고 있으므로, 선언지 긍정의 오류를 범한 것이다.

③ [피아노]이므로 '피아노 ∨ 바이올린'이라고 결론 내리고 있으므로, 선언지 첨가법이 활용된 논증이다.

④ '~(채소 ∧ 버섯)'이므로 '~채소 ∧ ~버섯'이라고 결론 내리고 있으므로, 드모르간 법칙을 잘못 적용한 것이다. '~(채소 ∧ 버섯)'에 드모르간 법칙을 적용하면 '~채소 ∨ ~버섯'이 도출된다.

03 정답 ③

해설

쓰레기통을 잘 관리하는 시스템을 갖추어야 한다는 을의 견해에 병은, 그러면 관리 비용이 증가할 수밖에 없다고 말하고 있다. 따라서 병은 쓰레기통 관리 비용이 증가할 수 있다는 데에 동의한다. 그러나 을이 이에 대해 동의한다는 내용은 나오지 않는다.

오답 풀이

① 쓰레기통이 있으면 그 주변이 쓰레기 투기 장소로 인식된다는 갑의 말과, 쓰레기통이 있다는 것이 심리적으로 '여겨 버려도 되는 공간'처럼 느껴지게 만든다는 병의 말에서 알 수 있다.

② 갑은 깨끗한 도시를 만드는 방법으로 사람들이 스스로 쓰레기를 집에 가져가야 한다고 주장한다. 반면 을은 현실적으로 모든 사람이 쓰레기를 집까지 들고 갈 수는 없다고 주장한다. 즉 쓰레기를 집으로 가져가 처리하는 것의 실현 가능성에 대해 갑은 동의하지만, 을은 동의하지 않는 것이다.

④ 갑은 거리 환경 개선을 위해 쓰레기통을 없앤 파리시의 결정에 동의하고, 병은 관리 비용, 환경 심리학 등의 근거를 들어 쓰레기통을 없애야 한다고 주장한다. 반면 을은 쓰레기통을 없애는 것이 아니라 쓰레기통을 잘 관리하는 것이 거리 환경 개선에 도움이 된다고 주장하고 있다.

04 정답 ①

출전 조춘호, 〈고소설에 나타난 형제간의 갈등 양상과 의미〉, 수정

해설

제시문의 내용은 다음과 같이 표로 정리할 수 있다.

〈선우태자전〉	〈적성의전〉	〈흥부전〉
착한 형 악한 아우	악한 형 착한 아우	
이복형제	동복형제	
애정 갈등		재산 갈등
화해형 결말	응징형 결말	화해형 결말

1·마지막 문단에 따르면, 〈적성의전〉은 악한 형과 착한 아우형이고, 갈등을 일으킨 악한 형제가 벌을 받아 처치되는 응징형 결말이다. 따라서 〈적성의전〉은 악한 형이 처벌을 받는 결말로 마무리된다고 추론할 수 있다.

오답 풀이

② 〈선우태자전〉에는 부모로부터 사랑을 받기 위한 이복형제간의 애정 갈등이 나타난다.

③ 〈적성의전〉은 애정 갈등이, 〈흥부전〉은 재산 갈등이 나타나므로 두 작품에 나타나는 갈등의 양상은 동일하지 않다.

④ 세 작품 중 동복형제간의 갈등이 나타나는 것은 〈적성의전〉과 〈흥부전〉이다.

05

정답 ②

출전 송용창, 〈사후 피임약 시판〉,《한국일보》, 수정

해설

㉠ ㉠은 사후 피임약이 건강을 심각하게 해칠 수 있다는 주장이다. 이는 낙태로 인한 신체적 피해를 막기 위해 사후 피임약의 판매가 권장되어야 한다는 이 글의 논지를 반박하므로, 이 글의 논지를 약화한다.

㉡ 사후 피임약이 미성년자들의 성적 일탈을 부추길 수 있다는 것은, 사후 피임약 복용을 긍정적으로 보는 이 글의 논지를 반박하므로, 이 글의 논지를 약화한다.

오답 풀이

㉢ 사후 피임약은 낙태약이 아니므로 낙태 반대와 관련이 없다. 따라서 기독교계의 낙태 반대는 이 글의 논지와 무관하므로, 이 글의 논지를 약화하지 않는다.

06

정답 ④

출전 고등학교 《정치와 법》 교과서

해설

형식적 법치주의의 맹점은 나오지만 실질적 법치주의의 맹점은 나오지 않는다.

오답 풀이

① 초기에서 오늘날까지 법치주의의 변화를 시대의 흐름에 따라 설명하고 있다.

② 2문단의, 실질적 법치주의는 법률의 목적과 내용이 헌법 이념에 부합해야 한다는 원리로, 인간의 존엄성, 실질적 자유와 평등을 실현하고자 하는 것이라는 내용에서 알 수 있다.

③ 1문단에서 법치주의의 개념을 정의하고 있다.

07

정답 ④

해설

㉠ '거치다'는 '어떤 과정이나 단계를 겪거나 밟다'의 뜻으로 쓰였다. 이와 가장 가까운 의미로 쓰인 것은 ④이다.

오답 풀이

① 대구를 거치다: 오가는 도중에 어디를 지나거나 들르다.

② 손을 거치다: ('손을'과 함께 쓰여) 검사하거나 살펴보다.

③ 마음에 거칠 문제: 마음에 거리끼거나 꺼리다.

08

정답 ③

출전 2016 국가공무원 5급 PSAT, 지문 발췌 및 수정

해설

새 이론이 처음 제안된 상황에서 기존 이론은 몇 가지 이상 현상을 설명하지 못할 뿐 이미 상당한 문제 해결 능력을 지니고 있다. 반면 새 이론은 기존 이론이 설명하지 못한 몇 가지 이상 현상을 설명할 뿐 문제 해결 능력이 기존 이론보다 뛰어난 것은 아니다.

오답 풀이

① 1문단의, 기존 이론이 설명하지 못하는 이상 현상을 새 이론이 설명하는 것이 과학 혁명의 출발점이라는 데에서 추론할 수 있다.

② 마지막 문단에 따르면, 새 이론이 해결하는 문제의 수와 범위가 기존 이론의 그것보다 크다고 판단할 경우, 모든 개별 과학자들은 새 이론을 선택한다. 이는 곧 쿤이 말하는 과학 혁명의 완성이므로, '과학 이론이 해결하는 문제의 수와 범위'는 과학 혁명의 완성에 영향을 미치는 중요한 요소이다.

④ 마지막 문단에서, 과학자 공동체, 즉 모든 개별 과학자들이 기존 이론을 버리고 새 이론을 선택하면 과학 혁명이 완성된다고 했으므로 적절한 추론이다.

09

정답 ②

해설

㉮는 '새 이론을 처음 제안한 과학자들'을 의미한다. ㉠은 기존 이론을 수용하고 새 이론에 호의적이지 않은 '과학자 공동체에 속하는 과학자들'을 의미한다. ㉡은 '새 이론을 처음 제안한 과학자들'을, ㉢은 새 이론을 처음 제안한 과학자들로 인해 '새 이론을 수용하게 된 다른 과학자들'을 의미한다. ㉣은 주관적 판단에 의존하여 '새 이론을 수용하게 된 다른 과학자들'을 의미한다. 따라서 ㉮와 의미하는 바가 같은 것은 ㉡이다.

10

정답 ①

해설

주어진 대화를 기호화하면 다음과 같다.

1. 의사소통 → ~대인 관계
2. 정보 수집a ∧ 대인 관계a
3. ▭

∴ 정보 수집 → ~의사소통

주어진 결론은 대우 규칙에 따라 '의사소통 → ~정보 수집'과 동치이다. '~대인 관계 → ~정보 수집'이 추가되면, 1과 가언 삼단 논법으로 연결되어 주어진 결론의 대우인 '의사소통 → ~정보 수집'을 이끌어 낼 수 있다.

따라서 '대인 관계 역량을 갖추지 못한 채용 후보자는 모두 정보 수집 역량을 갖추지 못했어요'가 빈칸에 들어갈 말로 가장 적절하다.

오답 풀이

② '대인 관계 → 정보 수집'은 1과 연결되지 않으므로 전칭 명제인 결론을 도출할 수 없다.

③ '~의사소통a ∧ 정보 수집a'가 추가되면, 1과 2 어느 것과도 연결될 수 없다. 또한 특칭 명제가 추가되면 전칭인 결론을 도출할 수 없다.

④ '~의사소통 → 정보 수집'이 추가되면, 1의 대우인 '대인 관계 → ~의사소통'과 가언 삼단 논법으로 연결되어 '대인 관계 → 정보 수집'이 도출될 뿐이다. 이는 주어진 결론과 다르다.

매일 국어 16회

| 01 ④ | 02 ① | 03 ③ | 04 ④ | 05 ② |
| 06 ② | 07 ③ | 08 ③ | 09 ③ | 10 ① |

01   정답 ④

출전 민병곤 외, 고등학교 《화법과 언어》 교과서, 미래엔, 수정

해설

2문단에 따르면, 공통된 특성을 지닌 대상에 두루 쓰이는 체언은 보통 명사이다. 관형어의 수식을 받아야만 쓰일 수 있는 것은 의존 명사이다.

오답 풀이

① 3문단의 '당신은 누구십니까?', '할머니는 뭐든지 당신 고집대로 하셨다'와 같이, '당신'은 2인칭 대명사로도 3인칭 대명사로도 쓰인다. '이 일을 한 사람이 당신이오?'의 '당신'은 듣는 이를 가리키는 2인칭 대명사이고, '할아버지께서는 당신의 장서를 소중히 다루셨다'의 '당신'은 '자기'를 아주 높여 이르는 3인칭 대명사이다.

② 마지막 문단에 따르면, '첫째'가 차례를 나타내면 수사이다. '박 회장이 원하는 것은 첫째는 명예요, 둘째는 돈이다'의 '첫째'와 '둘째' 또한 차례를 나타내므로 수사로 쓰였음을 알 수 있다.

③ 1문단에 따르면, 명사, 대명사, 수사는 체언에 속한다. 일반적으로 체언은 조사와 결합할 수 있고 문장 속에서 형태가 변하지 않는다.

02   정답 ①

해설

주어진 명제를 기호화하면 다음과 같다.

1. 헬스장 → 필라테스
2. ~골프장 → 수영장
3. 헬스장a ∧ ~골프장a

3에서 연언지 단순화로 [헬스장a], [~골프장a]가 도출된다. [헬스장a]로 인해 1의 전건이 긍정되어 [필라테스a]가 도출된다. 또한 [~골프장a]로 인해 2의 전건이 긍정되어 [수영장a]가 도출된다. 그리고 [필라테스a]와 [수영장a]를 연언화하면 '필라테스a ∧ 수영장a'가 도출된다.

따라서 '필라테스 센터를 운영하는 어떤 곳은 수영장을 운영한다'가 반드시 참이다.

03 정답 ③

출전 김동명, 〈식민지 시기 차의 문화 접변〉

해설

2문단에 따르면, 차 문화는 기존에 조선에 존재하는 문화 요소였다. 따라서 차 문화가 식민지 시기에 이질적인 문화 요소였다고 볼 수는 없다.

오답 풀이

① 문화 접변은 자발적 행위에 의한 문화 수용 유형과 강요에 의한 문화 강제 유입 유형으로 나뉘는데, 후자의 경우 동일한 식민지 시대라도 문화가 강요되면 문화 접변은 실패하고 문화가 자발적으로 수용되면 문화 접변은 성공할 수 있다. 즉 시기보다 문화 수용 주체의 자발성이 문화 접변 성공에 더 중요한 역할을 하는 것이다.

② 1문단의, 식민 통치기에 자발적으로 문화 요소를 받아들이면 그 문화는 오랫동안 남을 수 있다는 내용과 일치한다.

④ 2문단의, 식민지 시기 차 문화 접변은 일본 제국주의의 지배를 강화하는 수단으로 일방적으로 진행됐기 때문에 조선인의 저항이 일어났다는 내용에서 알 수 있다.

04 정답 ④

출전 2014학년도 6월 고2 전국연합학력평가, 수정

해설

자기 손해를 감수하면서 공동체나 타인의 이익을 우선시하는 사례는, 인간이 때로는 이타적 행동을 하고 비합리적 행동을 한다는 행동 경제학자들의 주장을 뒷받침한다. 따라서 행동 경제학자들의 주장은 강화된다.

오답 풀이

① 대다수의 사람들이 합리적으로 소비한다는 것은, 인간이 철저하게 합리적이고 효용을 극대화하는 방향으로 선택한다는 기존 경제학자들의 주장을 뒷받침한다. 따라서 기존 경제학자들의 주장은 약화되지 않는다.

② 객관적으로 틀린 판단을 다수가 옳다고 했다는 이유로 따라간다는 것은, 인간이 비합리적으로 행동한다는 것을 의미한다. 이는 인간이 합리적이라는 기존 경제학자들의 주장을 반박하므로, 기존 경제학자들의 주장을 강화하지 않는다.

③ 인간의 선택이 비교 대상에 따라 달라진다는 것은, 처한 상황에 따라 인간의 선호가 바뀌어 그 행동을 예측하기 어렵다는 행동 경제학자들의 주장을 뒷받침한다. 따라서 행동 경제학자들의 주장은 약화되지 않는다.

05 정답 ②

해설

㉠은 기존의 경제학자들이 합리적이고 이기적인 존재로 상정한 대상, 즉 '인간들'을 지시한다. ㉡은 인간 행동의 예측 가능성을 바탕으로 경제 이론을 발전시킨 '기존의 경제학자들'을 지시한다. ㉢은 행동 경제학자들이 행동을 예측하기 어렵다고 판단한 대상, 즉 '인간들'을 지시한다. ㉣은 실재하는 인간을 연구 대상으로 삼은 '행동 경제학자들'을 지시한다. 따라서 지시 대상이 동일한 것은 ㉠·㉢이다.

06 정답 ②

출전 김동인, 〈빈집, 도시 문제의 원인이자 결과〉, 《나라경제》(2025. 8.), 수정

해설

특정 지역이 쇠락하여 인구가 지속적으로 유출되는 구조적 문제 때문에 빈집이 발생했고, 빈집이 생기면 각종 도시 문제가 발생한다. 이는 곧 도시 문제가 원인이 되어 빈집이라는 결과가 발생했고, 이로 인해 다시 도시 문제라는 결과가 도출된다는 의미이다. 따라서 ㉡을 '빈집은 도시 문제의 원인이자 결과이다'로 수정하는 것은 적절하다.

오답 풀이

① 전국 공실 규모에서 빠진 '오피스텔과 미분양 아파트'를 더할 경우, 빈집 규모는 더 커진다. 따라서 ㉠은 수정하지 말아야 한다.

③ 2문단에 따르면, 기초 자치 단체의 대다수는 인구가 증가할 것이라고 예측하고 있다. 이는 개별 지자체가 성장하지 않는 도시를 전제하지 않고 있다는 의미이다. 따라서 ㉢은 수정하지 말아야 한다.

④ 그들(지역 사회)이 자청한 문제가 아니기 때문에 빈집 문제 해결을 위해 사회 전체가 노력해야 한다는 맥락이다. 따라서 ㉣은 수정하지 말아야 한다.

07 정답 ③

출전 2019학년도 11월 고1 전국연합학력평가

해설

㉠ '보내다'는 '사람이나 물건 따위를 다른 곳으로 가게 하다'의 뜻으로 쓰였다. 이와 가장 가까운 의미로 쓰인 것은 ③이다.

오답 풀이

① 임을 보내다: 놓아주어 떠나게 하다.

② 선수들에게 응원을 보내다: 상대편에게 자신의 마음가짐을 느끼어 알도록 표현하다.

④ 대표 팀을 국제 대회에 보내다: 운동 경기나 모임 따위에 참가하게 하다.

08 정답 ③

출전 조혜린, 〈근대 도서관의 탄생과 현재〉, 《근대문헌》, 수정

해설

윤익선 등은 1920년 가회동에 경성도서관을 설립하였고, 이 도서관이 폐관되자 이범승이 인사동에 동일한 명칭의 경성도서관을 설립하고 윤익선의 도서관을 분관으로 운영했다. 따라서 이범승의 경성도서관 본관은 윤익선의 경성도서관과 서로 다른 곳에 위치했다고 추론할 수 있다.

오답 풀이

① 2문단에 따르면, 야마구치 세이가 설립한 경성문고가 폐관된 뒤, 그 장서와 각종 자료들을 윤익선 등이 인수하여 경성도서관을 설립했다. 그리고 이 도서관은 종로분관이 되었다. 따라서 경성도서관이 경성문고로 이름이 바뀌었다가 종로분관이 된 것은 아니다.

② 대동서관은 도서관의 역할뿐 아니라 각종 서적의 발간을 겸하였다. 그러나 대동서관은 1910년에 폐관했고, 경성도서관은 1920년에 설립되었으므로, 경성도서관의 설립 직전에 대동서관이 폐관되었다고 추론할 수는 없다.

④ 홍도도서실은 현재 부산광역시립 시민 도서관으로 이어지고 있다. 그러나 홍도도서실을 설치한 일본 홍도회 부산포 지회는 부산을 중심으로 전국 일본인 유지들이 결성한 단체였으므로, 부산에 거주하는 일본인들만 모아 결성한 단체가 홍도도서실을 설치한 것은 아니다.

09 정답 ③

해설

속지주의는 도서관이 설치된 지리적 위치를 기준으로, 속인주의는 설립자의 한국 국적을 기준으로 최초의 근대 도서관을 파악하는 것이다. 홍도도서실은 일본인 유지들이 결성한 일본 홍도회 부산포 지회가 1901년 부산에 설치한 것이다. 대동서관은 1906년 김홍윤이 설립하였는데, 1910년 폐관되었다. 반면 경성도서관은 1920년 윤익선 등이 가회동에 설립하여 현재 서울 시립 종로도서관으로 남아 있다. 따라서 속인주의 관점에서 최초의 공공 도서관인 ㉠에는 '대동서관'이, 현존 도서관 중 속인주의에 따른 최초의 공공 도서관인 ㉡에는 '경성도서관'이 들어가야 한다. 마지막으로 지리적으로 우리나라 땅에 최초로 세워진 공공 도서관은 '홍도도서실'이므로 ㉢에는 '홍도도서실'이 들어가야 한다.

10 정답 ①

해설

[증인의 진술]과 [탐정의 추론]을 기호화하면 다음과 같다.

> 1. 백화점 → (철수 ∨ 영희)
> 2. 철수 → 철수 해외
> 3. (~경찰 ∨ 영희 부모님) → ~영희
> 4. 경찰 → 철수 해외
> 5. _____
> ─────────────────
> ∴ ~백화점

탐정의 추론인 [~백화점]이 도출되려면, 1의 후건이 부정되어야 하므로, '~철수 ∧ ~영희'가 필요하다. 즉, [~철수]와 [~영희] 모두가 필요한 것이다. 먼저 [~철수]는 2의 후건이 부정되면 도출되므로, [~철수 해외]가 필요하다. 그러면 [~철수 해외]로 인해 4의 후건이 부정되어 [~경찰]이 도출되고, 이로 인해 3의 전건도 긍정되어 [~영희]도 도출된다. 즉, [~철수 해외]만 있으면 필요한 '~철수 ∧ ~영희'가 도출된다. 따라서 '철수는 해외로 출국하지 않았어'라고 말한 '갑'이 필요한 진술을 한 사람이다.

오답 풀이

② [경찰]이면 4의 전건이 긍정되어 [철수 해외]만 도출될 뿐이다.

③ [영희 부모님]이면 3의 전건이 긍정되어 [~영희]만 도출될 뿐이다.

매일 국어 17회

01 ①	02 ①	03 ②	04 ③	05 ③
06 ③	07 ②	08 ④	09 ①	10 ②

01

정답 ①

출전 〈서비스 산업 경쟁력 강화 전담반[TF] 첫 회의 개최〉, 수정

해설

전담 팀[TF](○)/전담 팀(TF)(×): 고유어나 한자어에 대응하는 외래어나 외국어 표기임을 나타낼 때에는 대괄호([ ])를 쓰고, 우리말 표기와 원어 표기를 아울러 보일 때에는 소괄호(( ))를 쓴다. 따라서 ⊙ '전담 팀[TF]'은 고치지 않고 그대로 두어야 한다.

오답 풀이

② 대등한 것끼리 접속할 때는 구조가 같은 표현을 사용해야 하므로, ⓒ을 '서비스 산업 현장의 문제점을 발굴하고 해결책을 함께 모색하기 위해'와 같이 앞뒤의 문장 구조를 맞추어 수정한 것은 적절하다.

③ 주어인 '회의의 주요 논의 내용으로는'과 서술어 '논의하였다'에서 '논의'가 중복되어 있다. 따라서 ⓒ을 '회의의 주요 논의 내용으로는 ~ 지역 특화 관광 콘텐츠 발굴 등이 있다'로 수정한 것은 적절하다.

④ 어렵거나 생소한 말을 쉬운 우리말 표현으로 다듬어야 하므로, ⓔ의 '로드 맵'을 '단계별 이행안'으로 수정한 것은 적절하다.

02

정답 ①

해설

제시문을 기호화하면 다음과 같다.

> 1. ~일자리 감소 → 지방 발전
> 2. (IT 첨단화 ∨ 정부 투자) → ~일자리 감소

'IT 첨단화 ∨ 정부 투자'는 2의 전건일 뿐, 따로 제시된 선언문이 아니다. 따라서 [~IT 첨단화]가 참이면 선언지가 제거되어 [정부 투자]가 참일 것이라고 추론할 수 없다.

오답 풀이

② [IT 첨단화]가 참이면, 2의 전건이 긍정되어 [~일자리 감소]가 도출된다. 이로 인해 1의 전건도 긍정되어 [지방 발전]이 도출된다.

③ [일자리 감소]가 참이면, 2의 후건이 부정되어 '~IT 첨단화 ∧ ~정부 투자'가 도출된다. 여기서 연언지 단순화에 의해 [~정부 투자]가 도출된다.

④ '~일 경우에만'이라는 표현이 쓰였으므로, '정부 투자 → 지방 발전'으로 기호화된다. [정부 투자]가 참이면, 2의 전건이 긍정되어 [~일자리 감소]가 도출되고, 이로 인해 1의 전건도 긍정되어 [지방 발전]까지 도출된다.

03

정답 ②

출전 〈지구상에 피어나는 세상의 모든 불, 불의 속성〉, 《EUREKA》 (2025. 6.)

해설

'불이 없었다면 인류 문명도 없었다'는 '~불 → ~인류 문명'으로 기호화할 수 있고 이는 대우 규칙에 따라 '인류 문명 → 불'과 동치이다. 따라서 '불'은 '인류 문명'의 충분조건이 아니라 필요조건이다.

오답 풀이

① 연료, 산소, 발화점 이상의 온도라는 조건이 모두 갖춰지면 연소가 일어난다. 따라서 산소가 존재하더라도 나머지 조건이 갖추어지지 않았다면 연소는 일어나지 않을 수도 있다.

③ '세 가지 요소 모두 갖춤 → 불'이므로, 후건 부정식에 따라 [~불]이면 [~세 가지 요소 모두 갖춤]이라고 추론할 수 있다.

④ 불이 한 번 붙으면 생성된 열이 주변 연료를 다시 발화점까지 데운다는 내용을 바탕으로 할 때, 적절한 추론이다.

04

정답 ③

출전 가와이 코오조오, 《중국의 자전 문학》

해설

글쓴이는 오웬의 책 내용을 근거로 사실성과 허구성을 둘러싼 중국 시와 서구 시의 본질적 차이에 대해 말하고 있다. 즉 글쓴이는 '중국 시의 경험은 역사적·현실적이라고 받아들이는 데 비하여', '서구의 시에서는 모든 것이 메타포이자 픽션'이라고 말하고 있다. 따라서 글쓴이가 말하고자 하는 바로는 '중국 시는 사실적 성격을, 서구 시는 허구적 성격을 지닌다는 점에서 본질적인 차이가 있다'가 가장 적절하다.

오답 풀이

① 글쓴이가 말하고자 하는 바는 중국 시와 서구 시가 어떤 점에서 차이가 있는지이고, 두보와 워즈워드 시는 이를 보여 주기 위한 사례이다.

② 표현 방식의 차이나 인간에 대한 인식의 차이는 제시문에 나오지 않는 내용이다.

④ '구체적 날짜와 장소'는 중국 시와 서구 시의 특징을 설명하기 위해 언급한 것일 뿐, 글쓴이가 이를 기준으로 중국 시와 서구 시를 구분할 수 있다고 주장한 것은 아니다.

05
정답 ③

해설

이 글에서 '쏟다'는 '마음이나 정신 따위를 어떤 대상이나 일에 기울이다'의 뜻으로 쓰였다. '배제(排除)하다'는 '받아들이지 아니하고 물리쳐 제외하다'라는 뜻이므로, ⓒ '쏟지'를 '배제하지'로 바꾸어 쓰는 것은 적절하지 않다.

오답 풀이

① '명시(明示)되다'는 '분명하게 드러나 보이다'라는 뜻이다. 따라서 ⊙ '나타나'는 '명시되어'로 바꾸어 쓸 수 있다.

② '발생(發生)하다'는 '어떤 일이나 사물이 생겨나다'라는 뜻이다. 따라서 ⓛ '일어났던'은 '발생했던'으로 바꾸어 쓸 수 있다.

④ 이 글에서 '받아들이다'는 '어떤 사실 따위를 인정하고 용납하거나 이해하고 수용하다'라는 뜻으로 쓰였다. 따라서 ⓔ '받아들이는'은 '인정하는'으로 바꾸어 쓸 수 있다. '인정(認定)하다'는 '확실히 그렇다고 여기다'라는 뜻이다.

06
정답 ③

해설

브레일은 라스코 동굴에 그려진 벽화가 사냥 성공을 기원하는 일종의 주술적 행위의 일부라고 주장한다. 따라서 라스코 동굴 벽화에 창이 박힌 들소 그림이 있다면, 브레일의 주장은 강화된다.

오답 풀이

① 윌리엄스는 구석기 시대의 사람들에게 분명한 상징체계를 기대할 수 없다고 주장한다. 상징을 통한 표현이 인간의 보편적 특성이라면 윌리엄스의 주장은 반박되므로, 윌리엄스의 주장은 강화되지 않는다.

② 라스코 동굴보다 더 오래된 동굴 벽화의 발견은, 선사 시대의 인간도 높은 수준의 상징 이해 능력을 지니고 있다고 한 클로드의 주장과 무관하다. 따라서 클로드의 주장은 약화되지 않는다.

④ 구랑은 라스코 동굴 벽화의 그림의 위치나 방향성 등이 의도적인 구조를 이루고 있다고 주장한다. 따라서 라스코 동굴 벽화의 그림이 어떠한 경향성에 따라 배치되어 있다면, 구랑의 주장은 뒷받침된다. 따라서 구랑의 주장은 약화되지 않는다.

07
정답 ②

해설

⊙은 동굴 벽화를 그린 '선사 시대 인류들'을 지시한다. ⓛ은 신화적 질서를 반영했다고 해석되는 대상이므로 '동굴 벽화에 그려진 다양한 동물 이미지들'을 지시한다. ⓒ은 동굴 벽화를 그린 '선사 시대 인류들'을 지시하고, ⓔ은 '윌리엄스의 주장에 반론을 제기한 학자들'을 지시한다. 따라서 지시 대상이 같은 것은 ⊙·ⓒ이다.

08
정답 ④

출전 권영민, 《문학의 이해》, 수정

해설

2문단에 따르면, 1인칭 주인공 시점과 1인칭 관찰자 시점은 둘 다 1인칭인 '나'의 입장에서 서술하므로 서술 시점이 주관적이다. 따라서 1인칭 주인공 시점뿐 아니라, 1인칭 관찰자 시점도 서술 시점의 주관성을 유지할 수 있는 것이다.

오답 풀이

① 1문단의, 브룩스와 워런은 화자가 '어디에 서 있는가'와 '어떤 방법으로 이야기를 하는가'라는 기준에 따라 시점을 구분한다는 내용에서 추론할 수 있다.

② 1인칭 주인공 시점은 주인공인 '나'가 자신의 경험이나 심리적 동향을 자신의 입장에서 직접 말한다. 또한 전지적 작가 시점에서 작가는 등장인물의 모든 것을 알고 있다. 따라서 1인칭 주인공 시점과 전지적 작가 시점은 모두 서술자가 주인공의 심리를 알고 있다고 추론할 수 있다.

③ 1인칭 관찰자 시점은 부차적 인물인 '나'가 일정한 거리를 두고 주인공의 이야기를 서술한다. 이는 '나'라는 관점이 반영됨을 의미하므로 서술 시점의 주관성을 유지한다. 반면 작가 관찰자 시점에서 작가는 관찰 가능한 사실이나 확실히 드러나는 인물의 말과 행동만을 보이는 그대로 이야기하여 객관적 입장을 철저히 지킨다. 따라서 1인칭 관찰자 시점과 작가 관찰자 시점 중 서술 시점의 주관성이 더 강한 것은 1인칭 관찰자 시점이다.

09
정답 ①

출전 노명완, 〈국어 교육과 국어 능력〉, 수정

해설

1문단에 따르면, 언어 교과의 명칭을 '언어 예술'로 사용하는 방식은, 언어 교육을 학생들이 실제 생활에서 효과적으로 의사소통할 수 있도록 돕는 기능 중심의 교육으로 본다. 그러나 이 경우, 국어학자가 주도하여 교과 내용을 선별한다고 추론할 수는 없다. 2문단에 따르면, 국어 교육의 내용을 지식 교육으로 보는 경우, 국어 교육에 대한 정책이나 내용 선정은 대부분 국어학과 국문학을 전공하는 학자들에 의해 결정되었다.

오답 풀이

② 2문단에 따르면, 제4차 교육 과정 시기까지는 국어 교육의 내용을 국어학 지식, 국문학 지식으로 보았다. 그러나 제5차 국어과 교육 과정의 개정 시기에는 국어 교육의 핵심 지도 내용을 말하기, 듣기, 읽기, 쓰기와 같은 언어 사용 능력으로 보았다. 이는 우리나라의 국어과 교육 과정이 지식 중심의 교육에서 기능 중심의 교육으로 변화했음을 의미한다.

③ 제4차 교육 과정 시기는 국어 교육의 내용을 국어학 지식, 국문학 지식으로 보았다. 이는 전통적인 방식에 해당하는 것으로, 이 관점에서 국어 교육 내용의 핵심은 '문법'과 그 언어로 표현된 '문학'의 이해에 있다는 데서 추론할 수 있다.

④ 2문단의, 제5차 국어과 교육 과정의 개정 시기에는 교육의 핵심 내용이 말하기, 듣기, 읽기, 쓰기 능력의 지도로 새롭게 바뀌었는데, 이에 맞춰 〈국어〉라는 단일 교과서를 〈말하기·듣기〉, 〈읽기〉, 〈쓰기〉 교과서로 나누어 발간하였다는 데서 추론할 수 있다.

10   정답 ②

해설

주어진 전제를 기호화하면 다음과 같다.

> 1. 범죄 → ~옳음
> 2. 범죄a ∧ 죄질 심각a
> 3. (~옳음 ∧ 죄질 심각) → 처벌

2에서 연언지 단순화로 [범죄a], [죄질 심각a]가 도출된다. [범죄a]로 인해 1의 전건이 긍정되어 [~옳음a]가 도출되고 이를 [죄질 심각a]와 연언화하면 '~옳음a ∧ 죄질 심각a'가 도출된다. 이로 인해 3의 전건도 긍정되어 [처벌a]가 도출된다. 이를 2에서 도출된 [범죄a]와 연언화하면 '범죄a ∧ 처벌a'가 도출된다. 그러나 '범죄a ∧ ~처벌a'가 참일지는 알 수 없다. 특칭 긍정 명제가 참일 때, 특칭 부정 명제의 참·거짓은 알 수 없기 때문이다.

따라서 '처벌받지 않아도 되는 범죄가 있다'는 반드시 참이 아니다.

오답 풀이

④ 1의 대우이므로 반드시 참이다.

---

01   정답 ②

출전 최형용 외, 고등학교 《화법과 언어》 교과서, 창비교육 & 임지룡 외, 《학교 문법과 문법 교육》

해설

2문단의 '선생님께서 우리에게 책을 주셨다'와 마찬가지로, '어머니는 아이에게 용돈을 주었다'의 '주다'는 주어 이외에 목적어와 부사어를 필수적으로 요구하는 세 자리 서술어이다.

오답 풀이

① 1문단에 따르면, 서술어는 주어의 동작이나 성질, 상태 따위를 풀이하는 기능을 하는 문장 성분으로, '무엇이다(체언+서술격 조사)'는 서술어의 한 형태에 해당한다. 따라서 서술격 조사 '이다'가 체언이 서술어의 기능을 하게 한다는 설명은 적절하다.

③ 마지막 문단에 따르면, 둘 이상의 뜻을 가진 동사나 형용사는 그 의미에 따라 서술어의 자릿수에서 차이를 보이기도 한다. '달이 휘영청 밝다'의 '밝다'는 '불빛 따위가 환하다'의 뜻으로, 주어만을 필요로 하는 한 자리 서술어이다. '그는 자기 고장의 지리에 밝다'의 '밝다'는 '어떤 일에 대하여 잘 알아 막히는 데가 없다'의 뜻으로, 주어 이외에 부사어를 필수적으로 요구하는 두 자리 서술어이다.

④ '그는 그녀에게 운전을 가르쳤다'에서 '가르치다'는 '…에게 …을 가르치다'의 형태로 쓰인다. 즉 주어 이외에 목적어와 부사어를 필수적으로 요구하는 세 자리 서술어이다.

02   정답 ①

해설

제시문을 기호화하면 다음과 같다.

> 진술 1. 코트a ∧ 사기범a
> 진술 2. ⟨ ㉠ ⟩
> ∴ 사기범a ∧ 절도범a

> 진술 1. 코트a ∧ 사기범a
> 진술 3. 절도범 → ~코트
> ∴ ⟨ ㉡ ⟩

㉠ 첫 번째 박스에서 주어진 결론을 도출하려면, [코트a]에서 [절도범a]를 이끌어 내야 한다. 즉 '코트 → 절도범'이 필요하다.

따라서 ㉠에는 '코트를 입은 사람은 모두 절도범이다'가 들어가는 것이 적절하다.

㉡ 두 번째 박스의 경우, 진술 1에서 [코트a]와 [사기범a]가 도출된다. [코트a]로 인해 진술 3의 후건이 부정되어 [~절도범a]가 도출되고, 이를 [사기범a]와 연언화하면 '사기범a ∧ ~절도범a'가 도출된다.

따라서 ㉡에는 '어떤 사기범은 절도범이 아니다'가 들어가는 것이 적절하다.

03 정답 ③

해설

합리적으로 해야 할 일을 감정으로 해결하면 안 된다고 주장하는 글이다.

> ㉣ 인간이 하는 일 모두가 합리적인 것은 아니다. → ㉢ 합리성이 아니라 힘이나 감정에 따라 처리해야 할 일이 얼마든지 있는 것이다. → ㉠ 그러나 이치를 따져서 해야 할 일들을 힘이나 감정으로 해결하려 하는 것은 잘못되었다. → ㉠ 합리적으로 처리해야 할 일을 힘이나 감정으로 해결하려는 것은 인간성을 비하시키기 때문에 더욱 멀리해야 한다.

04 정답 ③

출전 김성희, 〈노동자 일깨운 '강도 귀족'〉, 《이코노텔링》(2023. 5. 23.), 수정

해설

마지막 문단에 따르면, 강도 귀족들로 인해 노동자들이 각성하여 오늘날 노동자들의 권리가 확립될 수 있었다. 즉 도금 시대에 강도 귀족이 막대한 부를 쌓은 과정과 부를 사용하는 방식으로 인해 노동자들의 사회적 반발이 일어나 노동자들의 권리가 향상될 수 있었던 것이다.

오답 풀이

① 강도 귀족의 과시적 소비가 1886년 이후부터 일어난 노동 운동의 한 원인이 되었다는 것은 알 수 있지만, 노동 운동이 강도 귀족의 과시적 소비를 막았는지는 알 수 없다.

② 3문단에 따르면, 근로자의 날은 1890년 5월 1일부터 벌어진 제2 인터내셔널의 노동 운동을 계기로 시작되었다.

④ 3문단에 따르면, 미국 정부는 1886년 미국 노동자 총연맹이 진행한 총파업에 폭력으로 대응한다. 또한 미국 정부는 헤이마켓 광장 집회에서 폭탄이 터진 것을 노동자들의 소행으로 몰았다. 즉 미국 정부는 노동 운동 초기부터 노동자들을 과도하게 진압한 것이다. 또한 노동 운동 지도자들이 폭탄을 설치했는지도 제시문에 나오지 않는다.

05 정답 ①

해설

㉠은 1860~1890년대 잘못된 방법으로 부를 쌓고 사용한 '강도 귀족들'을 지시한다. ㉡은 노동자들을 향해 발포한 '경찰들'을 지시하고, ㉢은 미국 정부가 폭탄 주동자로 지목한 '노동자들'을 지시한다. ㉣은 노동자들을 각성하게 한 '강도 귀족들'을 지시한다. 따라서 지시 대상이 동일한 것은 ㉠·㉣이다.

06 정답 ③

출전 샤무스 컬헤인, 《애니메이션 제작》

해설

뒤에, 등장인물이 오른쪽에서 왼쪽으로 움직이면 그가 더 어려운 상황에 놓여 있는 것 같은 느낌을 불러일으킨다는 내용이 나온다. 따라서 ㉢을 '답은 왼쪽이다'로 수정하는 것은 적절하다.

오답 풀이

① 작가들이 등장인물의 행동 방향에 각별히 신경을 써야 한다는 내용에 부합하므로, ㉠ '관객들에게 중요한 영향을 미치므로'는 수정하지 말아야 한다.

② 등장인물이 오른쪽을 향해 가는 장면을 보여 주다가 갑자기 왼쪽으로 가는 장면을 보여 주면 관객들은 등장인물이 뒤로 돌아가는 것으로 느끼게 된다. 그런데 한 인물이 왼쪽으로 이동하고 다음 장면에서 다른 인물이 오른쪽으로 이동할 때 관객들은 두 사람이 서로를 향해 가고 있다고 느끼게 된다. 따라서 ㉡ '관객들이 느끼는 것과는 다르다'는 이 내용에 부합하므로 수정하지 말아야 한다.

④ 뒤의, 관객들은 정면으로 달려드는 코뿔소가 마치 자신에게 달려드는 느낌을 받아 공포감을 더 크게 느낀다는 내용에 부합하므로, ㉣ '코뿔소를 중앙에 놓고 코뿔소의 정면을'은 수정하지 말아야 한다.

07 정답 ②

해설

㉮ '거스르다'는 '일이 돌아가는 상황이나 흐름과 반대되거나 어긋나는 태도를 취하다'의 뜻으로 쓰였다. 이와 가장 가까운 의미로 쓰인 것은 ②이다.

오답 풀이

① **동전을 거슬러 받다**: 셈할 돈을 빼고 나머지 돈을 도로 주거나 받다.

③ **뜻을 거스르다**: 남의 말이나 가르침, 명령 따위와 어긋나는 태도를 취하다.

④ **신경을 거스르다**: ('비위', '신경' 따위의 명사와 함께 쓰여) 남의 마음을 언짢게 하거나 기분을 상하게 하다.

08
정답 ④

출전 김창현, 《〈금오신화〉로 본 한국 애정 비극의 특성》, 수정

해설
2문단에 따르면, 〈이생규장전〉은 김시습의 생애를 보여 준다. 즉 이생은 세종과 단종을 상징하는 최 부인에 대한 사랑을 유지하다가 죽은 그녀가 저승으로 떠나자 병이 들어 죽는다. 이는 김시습이 정통성을 잃지 않은 왕에 대한 충절을 지키다가 세속과 결별한 삶을 살았음을 의미한다.

오답 풀이
① 생전의 최 낭자는 세종을, 사후의 최 부인은 단종의 이미지를 떠올리게 한다는 내용에서, 최 낭자의 삶과 죽음이 세종에서부터 단종까지 정통성을 잃지 않은 왕가를 상징한다는 사실을 추론할 수 있다.
② 〈이생규장전〉의 주인공 이생은 아내와 헤어진 뒤 죽음을 택한다. 그러나 〈만복사저포기〉의 주인공 양생은 죽은 여인과 헤어지고 지리산에 들어가 살았는데 그 마친 바는 알 수 없으므로, 주인공이 죽음을 택하는 것으로 마무리된다고 추론할 수 없다.
③ 〈만복사저포기〉와 〈이생규장전〉은 모두 살아 있는 남자와 죽은 여자 간의 비극적 사랑 이야기를 다룬다. 두 작품에서 주인공은 모두 죽은 여자와 이별하는 것으로 끝이 나므로, 자연법칙의 근본적인 한계를 극복하여 사랑을 성취한 것이라고 추론할 수 없다.

09
정답 ②

출전 이현호 등, 〈스타트업의 초기 성공을 결정하는 요인에 관한 연구〉, 수정

해설
이 글의 논지는, 스타트업의 창업이 성공하기 위해서는 충분한 초기 자본이 필요하다는 것이다. 이는 '창업 성공 → 초기 자본 충분'으로 기호화될 수 있고, 이는 대우 규칙에 의해 '~초기 자본 충분 → ~창업 성공'과 동치이다. ②의 사례는 이에 부합하므로, 이 글의 논지를 약화하지 않는다.

오답 풀이
① 이 글에서는 충분한 초기 자본이 갖추어져 있다고 반드시 스타트업이 창업에 성공하는 것은 아니라고 주장하고 있다. 이는 곧 충분한 초기 자본이 있어도 스타트업이 창업에 성공하지 못할 수도 있다는 의미이므로, 여기에 부합하는 ①의 사례는 이 글의 논지를 강화한다.
③ 충분한 초기 자본이 스타트업 창업 성공의 필수적 요인이라는 것이 이 글의 논지이다. ③의 사례는 이를 뒷받침하므로, 이 글의 논지를 강화한다.
④ 아무리 훌륭한 사업 아이템과 개인적 자질을 갖추었다고 하더라도 초기 자본이 불충분하면 성공적 창업이 불가능하다는 것이 이 글의 논지이다. ④의 사례는 이를 반박하므로, 이 글의 논지를 약화한다.

10
정답 ④

해설
주어진 논증을 기호화하면 다음과 같다.

> 1. 바람 → ~한산
> 2. 조용 → ~한산
> 3. [   ]
> ─────────────────
> ∴ (비 ∨ 바람) → ~한산

결론인 '(비 ∨ 바람) → ~한산'은 '(비 → ~한산) ∧ (바람 → ~한산)'과 동치이다. 즉 결론이 참이 되려면 '비 → ~한산'이 참이고 '바람 → ~한산'도 참이어야 한다. 이때 주어진 논증의 1에 따라 후자는 이미 참임을 알 수 있다. 그러므로 '비 → ~한산'이 참이라는 것만 확실해지면 된다.
따라서 1과 연결될 수 있는 '비 → 바람' 혹은 2와 연결될 수 있는 '비 → 조용'이 필요하다. 그런데 '비 → 조용'은 단순 함축에 의해 '~비 ∨ 조용'과 동치이다.
따라서 '비가 오지 않거나 복도가 조용하다'가 빈칸에 들어갈 진술로 가장 적절하다.

오답 풀이
① '바람 → 비'가 추가되면 1을 고려해 '바람 → (~한산 ∧ 비)'가 도출될 뿐이다.
② '비 ∨ 바람'이 추가되면 1과 연결되어 '비 ~한산'이 도출될 뿐이다.
③ '조용 → 비'가 추가되면 2를 고려해 '조용 → (~한산 ∧ 비)'가 도출될 뿐이다.

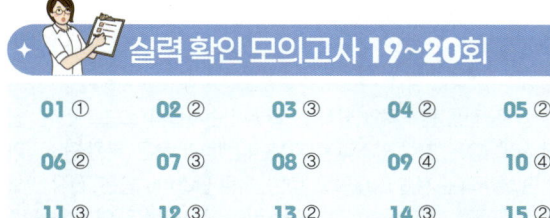

실력 확인 모의고사 19~20회

01 ①	02 ②	03 ③	04 ②	05 ②
06 ②	07 ③	08 ③	09 ④	10 ④
11 ③	12 ②	13 ②	14 ③	15 ②
16 ④	17 ④	18 ④	19 ④	20 ②

01

정답 ①

해설

'애환(哀歡)'은 '슬픔과 기쁨을 아울러 이르는 말'이므로 문맥에 어울리지 않는다. 따라서 ㉠의 '슬픔'은 고치지 않고 그대로 두어야 한다.

오답 풀이

② '가능한'은 형용사의 관형사형으로 뒤에 오는 체언을 꾸며야 한다. 따라서 ㉡에 명사 '한'을 넣어 '가능한 한'의 형태로 수정한 것은 적절하다.

③ '만전을 기하다'와 같이 어려운 한자어는 쉬운 우리말 표현으로 바꾸어 써야 한다. 따라서 ㉢을 '소홀함이 없도록 할 것을'로 수정한 것은 적절하다. '만전(萬全)'은 '조금도 허술함이 없이 아주 완전함 / 조금의 위험도 없이 아주 안전함'이라는 뜻이고, '기(期)하다'는 '이루어지도록 노력하다'라는 뜻이다.

④ '유입되다'와 호응하는 주어가 생략되어 있으므로 ㉣에는 '빗물이나 토사가 마을로 유입되지 않도록'과 같이 적절한 주어를 넣어 주어야 한다.

02

정답 ②

해설

제시된 개요는 실태와 원인의 하위 항목들이 인과 관계로 연결되어 있다. 즉 Ⅰ-1~3과 Ⅱ-1~3은 각 하위 항목이 일대일로 대응하고 있다. 그런데 '시사와 교양 프로그램을 중심으로 한 프로그램 편성표의 변화 촉구'를 해결 방안으로 마련할 항목은 제시되어 있지 않으므로, 빈칸에 들어갈 내용으로 적절하지 않다.

오답 풀이

① Ⅰ-3, Ⅱ-3과 관련된 해결 방안으로 적절하다.

③ Ⅰ-1, Ⅱ-1과 관련된 해결 방안으로 적절하다.

④ Ⅰ-2, Ⅱ-2와 관련된 해결 방안으로 적절하다.

03

정답 ③

출전 2018 서울시 7급, 지문 발췌

해설

2문단에서, 모든 정상적인 소비 현상을 터무니없는 것으로 여기는 현상이 발생하기도 하는데, 향후 몇 년 안에 달라질 전망은 보이지 않는다고 하였다. 소비 심리의 꾸준한 상승을 보여 주는 통계 지표는 이를 반박하므로, 이 글의 논지를 약화한다.

오답 풀이

① 민주주의 사회가 계속 유지되기를 바란다면 우리는 끊임없이 소비를 해야 한다는 것이 이 글의 논지이다. 소비와 민주주의 사회가 밀접한 관련을 지닌다는 견해는 이 글의 논지를 뒷받침하므로, 이 글의 논지를 약화하지 않는다.

② 사회의 발전을 위해 소비를 장려해야 한다는 견해는 이 글의 논지와 부합하므로, 이 글의 논지를 약화하지 않는다.

④ 1문단에 따르면, 절약하는 것으로는 민주주의를 구현하지 못한다. 소비보다 절약을 강조하는 것은 이 글의 논지를 반박하므로, 이 글의 논지를 강화하지 않는다.

04

정답 ②

출전 최인철, 〈프레임으로 보는 세상〉, 《프레임: 나를 바꾸는 심리학의 지혜》

해설

세상은 변하지 않았는데 부모가 됨으로써 세상을 바라보는 시각, 즉 프레임이 달라지고, 이로 인해 매일 보고 듣는 말이나 내용도 달라진다는 사실을 알 수 있다. 따라서 누군가가 세상과 주변 사람들에 대해 평가하는 말은 개개인이 어떤 프레임을 가지고 세상을 바라보고 있는가에 대해 더 많이 알려 준다는 내용이 들어가야 한다.

05

정답 ②

출전 〈프라이버시는 죽었다 VS 프라이버시 문제, 심각하다〉, 《EUREKA》(2018. 3.), 수정

해설

㉠ 갑은 개인 정보 수집과 관련한 프라이버시 기준이 엄격해져야 한다고 주장한다. 반면 을은 현재 우리나라는 개인 정보 수집에 민감하게 대응해서 빅 데이터 활용이 어렵다고 본다. 이는 프라이버시 기준이 엄격해지는 데에 동의하지 않는 것이다. 따라서 갑과 을의 주장은 대립한다.

㉢ 을은 개인 정보 수집에 민감하게 대응할 필요가 없다고 주장하고, 병은 개인 정보 수집과 관련해 기업이 소비자에게 더 많은 정보를 주어야 한다고 주장한다. 이러한 병의 주장은, 개인 정보를 중요하게 생각해야 한다는 의미이다. 따라서 을과 병의 주장은 대립한다.

오답풀이

ⓒ 갑과 병은 모두 프라이버시를 보호해야 한다는 입장이므로, 갑과 병의 주장은 대립하지 않는다.

06 　　　　　　　　　　정답 ②

출전 유시민, 《유시민의 경제학 카페》

해설

고용 보험, 국민연금, 국민 건강 보험 등의 예를 근거로 들어 사회 보험은 국가가 주도해야 함을 주장하는 글이다.

> 사회 보험은 보험 시장에 대한 국가의 부당한 개입이라고 주장하는 사람이 있다. 그런데 이 주장을 고용 보험에 적용해 보면 타당성이 없다(반박). → ⓒ 일반적으로 민간의 보험 상품이 공급되기 위해서는 보험금 지급 대상 위험이 상호 독립적이어야 한다. → ⓒ 그러나 실업은 상호 의존적 성격이 강하기 때문에 민간 보험 회사들은 고용 보험 상품을 제공하려 하지 않는다(근거 1). → ⓐ 또 국민연금이나 국민 건강 보험 역시 공익성이 우선시되기 때문에 상업적 이익을 추구하는 민간 보험사에 맡길 수 없다(근거 2). → ⓐ 그러므로 사회 보험은 국가가 주도할 수밖에 없다(주장).

07 　　　　　　　　　　정답 ③

출전 송미경, 〈시대를 담아내는 동시대 예술, 창작 판소리의 흐름과 경향〉, 수정

해설

〈장끼 타령〉은 실창 7가이고, 실창 7가는 전통 판소리에 속한다. 또한 박동진 명창은 실창 7가를 복원하였는데, 이 복원 판소리의 대표작이 〈장끼 타령〉이다. 따라서 〈장끼 타령〉은 전통 판소리이자 복원 판소리이다.

오답풀이

① 2문단에 따르면, 복원 판소리는 1960~1970년대 박동진 명창이 만든 것이고, 신작 판소리는 1930~1950년대 사이에 만든 것이다. 따라서 시기적으로 신작 판소리가 복원 판소리보다 앞선다.

② 〈춘향가〉는 전통 판소리에 속하는 전승 5가 중 하나이다. 박동진 명창에 의해 복원된 판소리는 '실창 7가'이므로 〈춘향가〉는 박동진 명창에 의해 복원된 판소리가 아니다.

④ 전승 5가는 창과 사설이 온전히 전승되는 판소리 작품이다. 반면 창을 잃은 채 사설만 남았거나 창과 사설 모두를 잃은 일곱 바탕이 실창 7가이다.

08 　　　　　　　　　　정답 ③

해설

㉠과 ㉡은 '전통 판소리와 창작 판소리'의 순서를 따르므로 ㉠은 '전통 판소리', ㉡은 '창작 판소리'를 지시한다. ㉢과 ㉣은 '복원 판소리와 신작 판소리'의 순서를 따르므로 ㉢은 '복원 판소리', ㉣은 '신작 판소리'를 지시한다. ㉤과 ㉥은 '전통 판소리와 창작 판소리'의 순서를 따르므로 ㉤은 '전통 판소리', ㉥은 '창작 판소리'를 지시한다. 따라서 지시하는 바가 같은 것은 ㉠·㉤과 ㉡·㉥이다.

09 　　　　　　　　　　정답 ④

해설

제시문을 기호화하면 다음과 같다.

> 1. 갑 바나나 보트 → 을 제트 스키
> 2. 병 윈드서핑 → 정 스쿠버 다이빙
> 3. (을 제트 스키 ∨ 정 스쿠버 다이빙) → 무 웨이크보드
> 4. _____
>
> ∴ 무 웨이크보드

[무 웨이크보드]를 도출하기 위해 3의 전건이 긍정되어야 하므로 '을 제트 스키 ∨ 정 스쿠버 다이빙'이 필요하다. 선언문의 경우 선언지 중 하나만 참이어도 참이다. [을 제트 스키]가 참이려면 1의 전건인 [갑 바나나 보트]가 참이면 되고, [정 스쿠버 다이빙]이 참이려면 2의 전건인 [병 윈드서핑]이 참이면 된다.

따라서 '병이 윈드서핑을 한다'가 빈칸에 들어갈 전제로 가장 적절하다.

10 　　　　　　　　　　정답 ④

출전 조선미, 《화가와 자화상》

해설

ⓐ은 화가들이 자신을 탐색하고 자기를 인식하기 위한 하나의 방법으로 자화상을 그렸다는 내용에 부합해야 한다. 따라서 ⓐ은 수정하지 말아야 한다.

오답풀이

① ㉠은, 자화상에는 화가 개인의 성향이 담겨 있으며 화가가 세상을 바라보는 관점을 드러낸다는 내용에 부합해야 한다. 따라서 ㉠을 '화가를 이해하는 데 있어 자화상만큼 좋은 자료는 없을 것이다'로 수정하는 것은 적절하다.

② 뒤러의 자화상은 예수를 닮았는데, 이는 예술가가 그 능력에 있어서도 만물의 창조자와 닮았다는 신념을 나타낸다는 내용이 나온다. 따라서 ㉡을 '실제의 모습을 그대로 그린 것이 아니라 자신이 되고 싶은 모습을'로 수정하는 것은 적절하다.

③ 렘브란트의 자화상에는 인간이 누구나 겪을 수 있는 삶의 흥망성쇠가 고스란히 담긴 모습이 나타난다는 내용이 나온다. 따라서 ⓒ을 '인간이 지니는 보편적 속성'으로 수정하는 것은 적절하다.

11
정답 ③

출전 서혁 외, 고등학교 《화법과 언어》 교과서, 지학사, 수정

해설
2문단의, 《표준국어대사전》에서는 동음이의어 각각을 하나의 표제어로 처리하고, 다의어는 하나의 표제어로 처리한다는 내용과 배치된다.

오답 풀이
① 1문단에 따르면, '중심적 의미'는 한 단어에서 가장 기본적이고 핵심적인 의미를 말하고, '주변적 의미'는 중심적 의미가 확장된 그 나머지 의미를 말한다. '다리에 쥐가 나다'의 '다리'는 '사람이나 동물의 몸통 아래 붙어 있는 신체의 부분'이라는 뜻으로 '중심적 의미', 즉 핵심적 의미를 지닌다. 또한 '이 의자는 다리가 하나 부러졌다'의 '다리'는 '물체의 아래쪽에 붙어서 그 물체를 받치거나 직접 땅에 닿지 아니하게 하거나 높이 있도록 버티어 놓은 부분'이라는 뜻으로 '주변적 의미', 즉 확장된 의미를 지닌다.
② 1문단의 '그 일은 손이 많이 간다'와 마찬가지로, '나는 할머니의 손에서 자랐다'의 '손'은 '어떤 일을 하는 데 드는 사람의 힘이나 노력, 기술'이라는 주변적 의미로 쓰였다. 따라서 '사람의 팔목 끝에 달린 부분'을 뜻하는 '손'의 다의어임을 알 수 있다.
④ 2문단의, 소리는 같지만 뜻이 다른 단어를 동음이의어라 하고, 동음이의 관계에 있는 단어들은 의미적 연관성을 가지고 있지 않다는 데서 알 수 있다.

12
정답 ③

출전 2011 5급 국가공무원 민경채 PSAT, 수정

해설
2문단의, 명학소민은 마현에서 철광석을 채굴하고 이를 명학소로 운반하여 명학소에서 철제품을 생산하는 작업까지 담당하였다는 내용에서 알 수 있다.

오답 풀이
① 1문단에 따르면, 명학소에서 생산된 철제품은 명학소의 갑천을 거쳐 공주로 납부되었다. 철제품이 마현으로 운반된 뒤 갑천으로 이동해 공주로 납부된 것은 아니다.
② 2문단에서, 명종 무렵 철 생산에 한계가 발생했는데도 할당된 철제품의 양이 줄어들지 않았던 것이 망이와 망소이의 반란 이유임을 알 수 있다. 하지만 '할당된 철제품의 양이 줄어들지 않았다'라는 것이 '할당된 철제품의 양이 계속 늘어났다'라는 의미는 아니다.

④ 1문단의, 명학소에서 철이 생산된 것은 아니고 철산지는 인근의 마현이었다는 내용과 배치된다.

13
정답 ②

해설
⊙ '지다'는 '책임이나 의무를 맡다'의 뜻으로 쓰였다. 따라서 이와 가장 가까운 의미로 쓰인 것은 ②이다.

오답 풀이
① 얼굴에 흉이 **지다**: 어떤 현상이나 상태가 이루어지다.
③ 그에게 **지다**: 어떤 요구에 대하여 마지못해 양보하거나 들어주다.
④ 달이 **지다**: 해나 달이 서쪽으로 넘어가다.

14
정답 ③

해설
⊙~ⓔ을 기호화하면 다음과 같다.

> ⊙ 운동화 ∨ 구두
> ⓛ 운동화 → 면바지
> ⓒ ~면바지 → ~구두
> ⓔ 운동화 → ~면바지

ⓛ과, ⓔ의 대우인 '면바지 → ~운동화'에서 가언 삼단 논법에 의해 '운동화 → ~운동화'가 도출된다. 여기서 귀류법에 의해 [운동화]가 거짓임을 알 수 있으므로, [~운동화]가 도출된다. 이로 인해 ⊙에서 선언지가 제거되어 [구두]가 도출된다. 그러면 ⓒ의 후건이 부정되어, [면바지]도 도출된다.
따라서 [~운동화], [구두], [면바지]이므로, '이 사원은 구두를 신고 면바지를 입는다'가 반드시 참이다.

15
정답 ②

출전 이호준, 〈님비와 데이터 센터〉, 《매일신문》(2025. 8. 25.)

해설
1~2문단에서 님비 취급을 받게 된 데이터 센터와 그 이유를 설명한 뒤, 마지막 문단에서 데이터 센터 건립의 중요성을 강조하고 있다. 이는 데이터 센터에 대한 부정적 인식을 극복하고 데이터 센터를 건립해야 함을 주장한 것이다. 따라서 글쓴이가 궁극적으로 말하고자 하는 바는 '데이터 센터의 필요성을 사회적으로 설득하고 수용할 방안을 마련해야 한다'이다.

오답 풀이
① 제시문에서 말하고자 하는 바와 반대된다.

③ 데이터 센터가 지역 주민들에게 초래하는 문제점보다는 필요성을 강조하는 글이다.

④ 님비 현상 자체에 대한 비판적 태도는 이 글에서 말하고자 하는 바가 아니다. 또한 이 글의 중심 내용인 '데이터 센터'도 빠져 있다.

16 　　　　정답 ④

출전 〈NH농협은행 직무능력평가〉

해설

여름을 제외한 세 계절의 체감 물가가 사과의 가격으로 정해진다고 추론할 만한 내용은 제시문에 나오지 않는다. 2문단에, 여름에는 사과보다는 참외와 수박의 가격이 체감 물가로 이어질 것이라는 내용이 있을 뿐이다.

오답 풀이

① 2문단의, 올여름 수박의 재배 면적은 지난해와 비교할 때 소폭 상승했고, 멜론은 재배 면적이 작년보다는 감소했다는 내용에서 추론할 수 있다.

② 마지막 문단에 따르면, 수박은 15℃ 이상으로, 참외는 30℃ 이하로 온도를 유지하는 것이 적절하다. 따라서 20℃ 정도라면 수박과 참외는 원활하게 생장할 것이다.

③ 1문단에 따르면, 올해 2월에는 눈·비가 자주 내려 참외의 수확량이 적었지만, 4월부터는 생육 환경이 나아져 5월부터는 4월 과실량과 함께 공급될 예정이다. 따라서 2월 참외 공급량보다 5월 참외 공급량이 많을 것이라고 추론할 수 있다.

17 　　　　정답 ④

해설

제시문을 기호화하면 다음과 같다.

> 1. 지혜로움 → 다양성 인정
> 2. 지혜로움a ∧ 결단력a
> 3. [　　　　　　　　　　]
> ──────────────
> ∴ 신뢰 받음a ∧ 결단력a

2에서 연언지 단순화로 [지혜로움a], [결단력a]가 도출된다. [지혜로움a]로 인해 1의 전건이 긍정되어 [다양성 인정a]가 도출되고, 이를 [결단력a]와 연언화하면 '다양성 인정a ∧ 결단력a'가 도출된다. 이 명제와 결론에 모두 [결단력a]가 있으므로 [다양성 인정a]와 [신뢰 받음a]를 연결해 주면 된다. 즉 '다양성 인정 → 신뢰 받음'을 추가하면 된다. 따라서 '다양성을 인정하는 사람은 모두 사람들에게 신뢰를 받는다'가 빈칸에 들어갈 말로 가장 적절하다.

18 　　　　정답 ④

출전 국립국어원, 〈표준 발음법〉 제9항~제11항 해설, 수정

해설

2문단에 따르면, '감'의 받침 'ㅁ'은 공명음이므로 종성에 놓여도 제 음가대로 발음된다. 그러나 '곶'의 'ㅈ'은 어말 또는 자음 앞에서 대표음 [ㄷ]으로 발음하는 장애음이다.

오답 풀이

① 1문단에 따르면, 음절 종성에서 장애음은 모두 [ㄱ, ㄷ, ㅂ]으로 발음되고, 공명음 'ㄴ, ㄹ, ㅁ, ㅇ'은 제 음가대로 발음된다. 또한 2~마지막 문단에 따르면, 겹받침들은 [ㄱ, ㄴ, ㄹ, ㅁ, ㅂ]으로 발음된다. 따라서 국어 음절 종성에서 발음될 수 있는 자음은 'ㄱ, ㄷ, ㅂ, ㄴ, ㄹ, ㅁ, ㅇ' 7개임을 추론할 수 있다.

② 마지막 문단에 따르면, 용언 어간의 겹받침 'ㄺ'은 어말 또는 자음 앞에서 [ㄱ]으로 발음하지만, 'ㄱ' 앞에서는 [ㄹ]로 발음된다. 따라서 '늙다[늑따]'의 '늙'은 [늑]으로, '늙고[늘꼬]'의 '늙'은 [늘]로 발음한다고 추론할 수 있다.

③ 3문단에 따르면, 겹받침 'ㄼ'은 어말 또는 자음 앞에서 [ㄹ]로 발음하지만, '밟-' 뒤에 자음으로 시작하는 어미가 붙을 때에는 [ㅂ]으로 발음된다. 따라서 '여덟[여덜]'의 받침 'ㄼ'과 '밟지[밥ː찌]'의 받침 'ㄼ'은 발음이 같지 않음을 추론할 수 있다.

19 　　　　정답 ④

출전 〈인간 배아 유전자 편집, 허용해야 될까?〉, 《유레카》(2018. 11.)

해설

ㄴ 이 글은 유전자 편집을 통한 유전자 증강이 인류 진화의 길이라고 주장하고 있다. 이는 유전자 편집 기술과 인류 진화를 동일시한 것으로, 이 둘을 동일시할 수 없다는 견해는 이 글의 논지를 약화한다.

ㄷ 이 글은 유전자 편집 기술을 통한 유전자 증강을 긍정적으로 판단하고 있다. 따라서 유전자 편집 기술의 부정적 보고는 이 글의 논지를 약화한다.

오답 풀이

ㄱ 인간이 자신의 한계를 극복하기 위해 다양한 선택을 할 수 있다는 것은 신체적 약점을 보완하는 유전자 증강이 나쁘지 않다는 이 글의 논지를 뒷받침한다. 따라서 이 글의 논지를 약화하지 않는다.

20

해설

이 글에서 '들끓다'는 '한곳에 여럿이 많이 모여 수선스럽게 움직이다'의 뜻으로 쓰였다. 그러나 '만연(蔓延/蔓衍)하다'는 '전염병이나 나쁜 현상이 널리 퍼지다'의 의미이므로, ⓒ '들끓고'를 '만연하고'로 바꾸어 쓰는 것은 적절하지 않다.

오답 풀이

① 이 글에서 '넘어서다'는 '일정한 기준이나 한계 따위를 넘어서 벗어나다'의 뜻으로 쓰였다. '극복(克服)하다'에는 '악조건이나 고생 따위를 이겨 내다'라는 뜻이 있으므로, ㉠ '넘어서기'는 '극복하기'로 바꾸어 쓸 수 있다.

③ '생존(生存)하다'는 '살아 있거나 살아남다'라는 뜻이다. 따라서 ⓒ '살아남기'는 '생존하기'로 바꾸어 쓸 수 있다.

④ '개척(開拓)하다'에는 '새로운 영역, 운명, 진로 따위를 처음으로 열어 나가다'라는 뜻이 있다. 따라서 ㉣ '열기'는 '개척하기'로 바꾸어 쓸 수 있다.

공무원 국어의 독보적 기준
선재국어가 제시하는 매일 학습 전략!

공무원 국어의 독보적 기준
선재국어가 제시하는 매일 학습 전략!